铁骨
丹青

钱瘦铁纪念文集

PAINTER
OF FORTITUDE
Festschrift of Qian Shoutie

薛晔 钱晟 ◎ 编

上海社会科学院出版社

闲章（白）天真烂漫是吾师

钱瘦铁肖像

目 录
Contents

钱瘦铁传略（英文版） /钱 晟
A Brief Biography of Qian Shoutie / Qian Sheng

1 艺术篇
On Art

薛　晔 Xue Ye	钱瘦铁的绘画艺术 Qian Shoutie's Painting Art	2
韩天衡 Han Tianheng	印苑巨匠钱瘦铁 Giant Master Qian Shoutie in the Seal Circle	13
王琪森 Wang Qisen	时人欲识君来处——海派书画名家钱瘦铁 If You Want to Know My Origin: Famous Shanghai-school Painter and Calligrapher Qian Shoutie	18
徐　畅 Xu Chang	钱瘦铁篆刻艺术略论 Introduction to Qian Shoutie's Seal Carving Art	32
舒文扬 Shu Wenyang	傲骨嶙峋椽笔写块垒——钱瘦铁艺术简论 Proud and Outspoken: A Brief Discussion on Qian Shoutie's Art	56
胡建君 Hu Jianjun	此君偏许傲清寒——张桂铭谈钱瘦铁的艺术人生 A Lofty and Unyielding Man: Zhang Guiming on Qian Shoutie's Artistic Life	62
胡志平 Hu Zhiping	印坛奇人钱瘦铁 Phenomenon of the Seal Society Qian Shoutie	72
戴家妙 Dai Jiamiao	钱瘦铁的书法篆刻艺术 Qian Shoutie's Calligraphy Seal Carving Art	75
顾　琴 Gu Qin	谈钱瘦铁的印风 Discussion on Qian Shoutie's Seal Carving Style	81

石建邦 Shi Jianbang	郁勃纵横——钱瘦铁艺术刍议 Thriving at Ease: Discussion on Qian Shoutie's Art	87
唐子农 Tang Zinong	不主故常，真率磅礴——闲说钱瘦铁艺术 Original, Sincere, Majestic: Random Talks on Qian Shoutie's Art	91
石建邦　顾村言 Shi Jianbang, Gu Cunyan	石建邦、顾村言谈钱瘦铁 Shi Jianbang and Gu Cunyan Talk about Qian Shoutie	94

2 作品篇
On Works

唐　云　苏渊雷 Tang Yun, Su Yuanlei	更凭铁笔古愁牵 From Qian's Works to Ancient Classics	118
了　庐 Liao Lu	钱瘦铁与石涛的笔墨渊源 The Brushwork of Qian Shoutie, Closely Tied to Shi Tao	121
许　可 Xu Ke	师古与再造——浅议西安美术学院藏钱瘦铁作品 Inheritance and Innovation: Brief Discussion on Qian Shoutie's Works Housed in Xi'an Academy of Fine Arts	124
曹工化 Cao Gonghua	重返日常书写的书法——读《钱瘦铁隶行六种》 Back to Daily Writing: Six Calligraphy Works of Qian Shoutie	128
了　庐 Liao Lu	青山欲共高人语 Discourse Between Landscape and Master	135

刘小晴 Liu Xiaoqing	苍劲浑朴，奇险多姿 Vigorous, Primitive, Surprising and Colourful	137
吴颐人 Wu Yiren	咬得菜根，百事可为 Only Those Who Endure the Most Become the Highest	139
王悦阳 Wang Yueyang	铁骨丹心，丈夫情怀 Painter of Fortitude	144

3 交游篇
On Socializing and Acquaintance

堀川英嗣 Horikawa Hidetsugu	钱瘦铁与日本文化人的交流研究（1936—1944） A Research on the Exchange between Qian Shoutie and Japanese Literati (1936—1944)	148
桥本归一 Hashimoto Kiichi	钱瘦铁与桥本关雪的友谊 Friendship between Qian Shoutie and Hashimoto Kansetsu	165
杉村邦彦 Sugimura Kunihiko	有关钱瘦铁在日本的一些零星回忆 Bits and Pieces of Qian Shoutie in Japan	167
钱明直 Qian Mingzhi	友谊的见证 Witness of Friendship	172
王高升 Wang Gaosheng	曾熙与钱瘦铁的艺术交游 Friendship between Zeng Xi and Qian Shoutie	174

| 钱 晟
Qian Sheng | 钱氏艺术交往的二三事
Anecdotes of Qian's Artistic Interaction | 180 |

4 追忆篇
Recollections about Qian Shoutie

郑逸梅 Zheng Yimei	我所知道的钱瘦铁 Qian Shoutie of My Knowledge	186
冯 宁 Feng Ning	歌者蓄满了声音——缅怀钱瘦铁先生 A Singer Filled with Voices: Reminiscing Mr. Qian Shoutie	189
汪大文 Wang Dawen	百炼玄金，镕为真液——纪念恩师钱瘦铁 Tempered and Melted: In Honour of My Mentor Qian Shoutie	192
钱大礼 朱小雨 Qian Dali, Zhu Xiaoyu	铁笔书就铁骨情——追忆钱瘦铁风雨人生 Fortitude from Forceful Strokes: Recalls the Rain and Shine of Qian Shoutie's Life	195
钱明直 顾村言 Qian Mingzhi, Gu Cunyan	胸中海岳谁能了——追忆父亲钱瘦铁 Recollections of Qian Mingzhi to His Father Qian Shoutie	200
吴南瑶 Wu Nanyao	人瘦梅清，化铁为金——陆康兄弟眼中的钱瘦铁 Qian Shoutie in the Eyes of Lu Kang Brothers: Lofty and Unyielding, Firm and Talented	208
郑 重 Zheng Zhong	性格决定命运 Character is Destiny	212

附录
Appendix

钱 晟 Qian Sheng	钱瘦铁遗文辑存导读 Briefing of Qian Shoutie's Manuscripts	222
钱瘦铁 Qian Shoutie	因人废言的事实 Fact of Rejecting an Opinion on Account of the Speaker	224
	香港书家信一封 A Family Letter Written in Hong Kong	227
	《美术生活》杂志发刊词 Foreword of *Arts & Life* Periodicals	229
	《美术生活》杂志创始告读者书 "To Readers" in the First Issue of *Arts & Life* Periodicals	231
	《雪泥画集》序 Preface to *Painting Album of Sun Xueni*	233
	语霜遗墨并言 Yushuang's Manuscripts and Discussion	235
	日本狱中家书三十纸 Thirty Pieces of Family Letters in Japanese Prison	237
	观现代日本绘画展题记 Notes on Modern Japanese Painting Exhibition	254

庄正 辑录 Compiled by Zhuang Zheng	钱瘦铁谈画录 Records of Qian Shoutie's Talk on Paintings	257
了庐 钱明直 钱晟 Liao Lu, Qian Mingzhi, Qian Sheng	钱瘦铁年表 Chronicles of Qian Shoutie	260
沈沪林 整理 Collated by Shen Hulin	王个簃、钱瘦铁诞辰100周年书画展艺术研讨会 Art Workshop on the Painting and Calligraphy Exhibition Commemorating the 100th Birthday of Wang Geyi and Qian Shoutie	300
钱晟 整理 Collated by Qian Sheng	铁骨丹青——钱瘦铁艺术作品展学术研讨会会议纪要 Painter of Fortitude: Minutes of Seminar on Qian Shoutie's Art Works Exhibition	311

编后记
Afterword

钱晟 Qian Sheng	写在后面 Afterword	320

醉刀椽笔刺田黄，碧水青山入寸方。
小技雕虫明大道，铜肥铁瘦总相长。

马一浮赠钱瘦铁七绝一首

刘小晴 书

A Brief Biography of Qian Shoutie[1]
Qian Sheng

Qian Shoutie (1897—1967), birth name Ya, courtesy name Shuya, literary name Shoutie, pseudonyms Master of Shu Qingfeng, was born in Hongshengli, Wuxi, Jiangsu Province. Qian Shoutie was respected as a Shanghai-school painter, calligrapher and seal carver. He taught at Shanghai Academy of Fine Arts as professor and held the chair of Traditional Chinese Painting Department. He was also a member of the Shanghai Painting Academy. He was the chief editor of *Arts & Life Pictorial* published during the 1930s. During his residence in Japan, he was consultant to the Institute of Calligraphy and worked on several Fine Art journals. He was one of the founders of the Chinese Painters' Society.

In 1897, Qian Shoutie came from a rural family with little financial means. His father's name was Qian Zengrong.

In 1910, Qian Shoutie's father could not afford his son's education, so sent him to be apprentice in "Hanzhen Pavilion" on Hulong Street, Suzhou. Qian Shoutie acknowledged the shop owner Tang Boqian as his master to learn stele carving. Tang Boqian, the boss of Hanzhen Pavilion, was a well-known master in stele carving as well as seal carving in

---

[1] This article based on Liao Lu, Qian Mingzhi: *Chronicles of Qian Shoutie*, Shanghai People's Fine Arts Publishing House, 2007.

Suzhou City. He also ran mounting and rubbing businesses, and was associated with some painters and calligraphers. Tang Boqian appreciated Qian Shoutie's diligence and resilience in his pursuit of art and believed that he was a promising talent, so he gave him the famous epigraphs and seal carvings of all dynasties housed in the shop for him to view and copy. Qian Shoutie could not afford to buy paper and seals, so he practised calligraphy and carving on a stone slate. It was primitive, simple, and crude, but it had unwittingly laid a solid foundation for his later days' masterpieces of calligraphy and seal carving, and trained his wrist strength and courage at the same time. Xu Shuming, owner of an antique shop next to the Hanzhen Pavilion, discovered that Qian Shoutie was hard working and talented so he recommended him to Zheng Wenzhuo① and Yu Yushuang. Zheng Wenzhuo and Yu Yushuang were both great masters of the time. Becoming a disciple of the two, was believed to be a great turning point for Qian Shoutie's life.

Qian Shoutie formally took Zheng Wenzhuo as his mentor. Zheng gave Qian Shoutie the studio name of Shoutieyi, literary name Shoutie, and therefore Qian Shoutie became known to the world as Shoutie. Zheng Wenzhuo was excelled in painting and calligraphy and had a sharp insight to the inscriptions on ancient bronzes and stone tablets and artefacts. He personally tutored Qian Shoutie to write and paint.

Yu Yushuang② once set up Tijinguan Seal Carving Painting and Calligraphy Society with Wu Changshuo and others. Qian Shoutie not only learned ink painting from him, but also consulted him the seal carving skills and benefited a lot from him. Yu Yushuang also specialised in epigraphy. His paintings followed the styles of Zhu Da and Shi Tao. He also

---

① Zheng Wenzhuo (1856—1918), courtesy name Junchen, literary name Xiaopo, Shuwen, later literary name Hegong, Hedaoren, other name Lenghong Cike. He was born in Tieling, Fengtian (today's Liaoning) and became juren in the Guangxu Period. He once served as an official of the Cabinet. His father Zheng Yingqi served as Governor of Shaanxi Province in the early years of the reign of Tongzhi Emperor. Zheng loved the apricot blossoms and spring rain and small bridges over flowing water in the region south of the Yangtze River. Zheng Wenzhuo was a great master of poetry and ci in the late Qing Dynasty. He was also knowledgeable in medicine, and skilled in calligraphy and painting and seal carving. He was a bosom friend to Wu Changshuo who also stayed in Suzhou as a guest. Zheng Wenzhuo found Qian Shoutie was gifted in way of cutting and had obtained the skills from the ancient great masters. He told Qian to pay attention to calligraphy and painting other than seal carving, which was crucial to improve his seal carving skills. He also advised Qian to read more poems and ancient books as way of self-cultivation.

② Yu Yushuang (1874—1923), birth name Zongyuan, courtesy name Yichang, other name Nvchuang Shanmin, was born in Wuxing (Huzhou), Zhejiang Province. He was good at landscape and flowers and birds paintings and was skilled in seal carving.

exerted far-reaching influence on Qian Shoutie.

In 1916, Qian Shoutie moved to Shanghai at the age of 20 and made a living by selling painting, calligraphy, and seal carving works, which had milestone significance for him. He thus embarked on the lifelong journey as professional artist in painting and calligraphy. Zheng Wenzhuo offered continuous help to Qian Shoutie when he first arrived in Shanghai and personally wrote the foreword for his royalty standards: "Qian Shoutie pursues the charm of the rubbing of Western Han and Eastern Han dynasties with a small cutter which he does with skill and ease. Moreover, he is diligent in learning from the present and past and will be equally famous with Kutie (Wu Changshuo) and Bingtie (Wang Daxin) in the days to come to form a tripartite balance, which can be a much told story in the art circle in Shanghai." Shanghai at that time was already a home to many great masters, such as Chen Baochen, Chen Sanli, Shen Zengzhi, Li Ruiqing, Zeng Xi, Kang Youwei, Zhu Zumou, and Zhao Shuru. Despite that Qian Shoutie was young and new to Shanghai, Zheng Wenzhuo compared Qian Shoutie with the 72-year-old Kutie (Wu Changshuo) and the 45-year-old Wang Bingtie (Wang Daxin). On one hand, he aimed at marketing and promoting Qian Shoutie, on the other hand, he also pointed out the connections of Qian Shoutie with the two senior artists. And that is the origin of the "Three Tie of Jiangnan".

After he arrived in Shanghai, Qian Shoutie joined the Tijinguan Seal Carving Painting and Calligraphy Society chaired by Wu Changshuo and continued to learn painting and seal carving from him. Wu Changshuo[①] was in his prime years of art at this time, with his fame reaching the world. "Tijinguan" he presided over was one of the most influential art communities in Shanghai at the time. Its members included Wu Changshuo, Wang Yiting, Lu Lianfu, Huang Binhong, Zhao Shuru, Zhao Yunhe, Wu Daiqiu, Gao Yehou, Ding Fuzhi, He Tianjian, Ren Jinshu, Zeng Nongran and Yu Yushuang, etc.

Other than the Tijinguan Seal Carving Painting and Calligraphy Society, Qian Shoutie also became member of other art organisations, such as "Three Hardy Companions of

---

① Wu Changshuo (1844—1927), birth name Jun, Junqing, courtesy name Changshi, Changshuo, pseudonyms Foulu, Laofou, Foudaoren, Kutie, Pohe, Dalong, Hansuanwei, Pohe Tingzhang, was a famous modern art master. He was born in Zhangwu Village, Anji, Zhejiang Province in 1844. His grandfather Yuan, father Xinjia, both were juren. His father was a specialist in seal carving. Wu Changshuo grew up in a poor family. His father taught him when he was a boy. He lived in Suzhou for more than twenty years in his life. Suzhou can be said to be Wu's second hometown. After the 22nd year of the reign of the Emperor Guangxu (1896), Wu Changshuo settled in Suzhou and stayed there for 15 years. It was not until the Revolution of 1911 did Wu move to Shanghai again. He died old in Shenjiang.

Cold Weather", "Bee Painting", "Chinese Painting Society", "Shanghai Fine Art Society" and presided over "Maple Leaf Painting Society" and so on. These activities led him to know Tang Yun, He Tianjian, Zheng Wuchang and other artists.① These painting and calligraphy associations became crucial for Qian Shoutie to make friends and learn through communications. These organisations with the aim of "academic research, preservation of the quintessence of Chinese culture" not only offered guidance from senior painters but also places for the artists to appreciate the famous works and exchange ideas. Evidently, Qian Shoutie's artistic level was enhanced as a result. More importantly, these associations had provided a major channel to market for Qian Shoutie who made a living with calligraphy, painting and seal carving.

In 1922, Qian Shoutie was appointed professor of Seal Carving School of Shanghai Academy of Fine Arts. In 1924, he became Chair of the Chinese Traditional Painting Department.

During the 1920s to 1930s, the art market was dominated by impressionistic style of seal represented by Wu Changshuo. Integrating seal into painting meant a lot to the Shanghai-school painters who gathered in Shanghai. Qian Shoutie, as a seal artist who had solid foundation in calligraphy and seal carving had advantageous conditions in brushwork artistic conception and art of composition. As he himself stated, "calligraphy first, followed by seal

---

① Zheng Chang (1894—1952), courtesy name Wuchang, was born in Shengzhou, Zhejiang Province. In 1910, he was admitted in Hangzhou Prefectural Middle School. His classmates included Yu Dafu, Xu Zhimo and Jiang Lifu.
He Tianjian (1891—1977) was born in Wuxi, birth name He Jun, also known as He Bingnan, courtesy name Jiansou, literary name Jianfu, A'nan, etc. He was fond of painting as a child. In his early years, he learned painting laws from field sketching. He was good at ink painting and paid attention to gradation of colours, often compound colours. He was especially exceled at green landscape, and evolved into a unique style of his own, with bold and unrestrained style and rich flavour of the times.
Tang Yun (1910—1993), courtesy name Xiachen, literary name Yaocheng, Dashi, Dashiweng, etc. His studio got the name of "Dashi Studio", "Shanlei Pavilion". He was born in Hangzhou, Zhejiang. He was exposed to family education as a child, was diligent and eager to learn, and was a self-taught talent. Before the age of 17, Tang Yun mainly copied ancient paintings and picture albums. He moved to Shanghai in 1938 and began to make a living by teaching. Later he quitted the job and became a professional artist. In his early years, he focused on painting figure of Buddha and landscape, fresh and elegant, smart natural and unrestrained; in his late years, he was good at painting eagles, cranes, lotus flowers and kingfishers, skilled and scattered, forceful and unique. He loved collection and was best-known for his collection of handmade pots designed by Chen Hongshou. He was also well-versed in calligraphy—official script and running script, poetry, and appreciation.

carving, and painting comes the third." Qian Shoutie was respected as an all-rounder master for any of those three disciplines.

In 1923, Qian Shoutie went to Japan upon the invitation of Hashimoto Kansetsu[①] and resided for a year in the home of the Japanese artist in Kyoto. "With the help of Hashimoto, Qian Shoutie successfully held solo calligraphy, painting and seal carving exhibitions in Kyoto and Akashi, and were well-received by the locals. For a time, people in Kyoto took great pride in vying for a seal carved by Qian Shoutie …he rose to fame overnight and people streamed in to ask for his paintings and seals."

In 1931, Qian Shoutie went to Japan again as a member of the Chinese Painters and Calligraphers Delegation headed by Wang Yiting. On April 28 of the same year, the "Sino-Japanese Painting Exhibition" was held in Ueno, Tokyo, with an unprecedented grand occasion. Later, the Japanese Emperor Hirohito received the Chinese delegation. In April after his return from Japan, Qian Shoutie and Wang Yiting, He Tianjian, Wu Hufan, Zhang Daqian and Xu Beihong took part in the second national Art Exhibition as invited artists, which also marked Qian's entry into the mainstream of painters.

In 1934, he was the chief editor of *Arts & Life Pictorial* published by Trinity Printing Company Press.

In 1937, Qian Shoutie was imprisoned in Japan for rescuing Guo Moruo. In prison, he put his life behind and fought against the Japanese army at all risks. During the trial, he refused to kneel down. Despite forces used by the court and all kinds of tortures, he was fearless of death and fought for justice. As a scholar, the unyielding spirit he upheld was the source of the firm and fortitude temperament reflected in his works. During his four years of imprisonment, he made a systematic study of the classical ancient works and paintings, reflected, and combed his art. He wrote in his family letter, "I seemed to have grasped the secrets of the ancients in my recent landscape brushwork. I would appreciate each of the paintings I created behind the

---

① Hashimoto Kansetsu (1883—1945) was a famous Japanese painter. He was the giant in Kansai painting circle in Taisho and Showa periods. Since 1914, he had visited China for more than 30 times and was proficient in Chinese ancient culture. He was a close friend to Wu Changshuo, Wang Yiting, Qian Shoutie and others. Under the recommendation of Hashimoto Kansetsu, Qian Shoutie became well-known in Japan. Their friendship and artistic attainments were known as "Two Marvels of East Asia" by the Japanese. In 1937, Hashimoto Kansetsu rushed to rescue Qian outside the prison along with others, which not only helped him get a loose environment in prison in which Qian could paint, but also fought for his early release from prison. This act was commendable in an atmosphere when Japan had gone to war with China.

bars, as if travelling in dreamland to enjoy in adversity. I have carved six seals last month and my skills have improved too. Since the day I was put in jail, I have read many books to gain knowledge and cultivate myself. Nothing to complain." "I've studied Wang Xizhi's Seventeen Script recently and found them very rewarding. I can apply his techniques in painting. As to say the landscape painting, I try to follow the style of Dong Yuan. I've understood the masterstrokes of his three paintings of Festive Scene by the Riverside, Dongtian Mountain Hall, and Travelling amid Mountains and Streams." "I felt very rewarding recently by studying Wang Xizhi's Seventeen Script. These are all I have gained in times of mishaps. This is the so called, 'Misfortune might be a blessing in disguise.' I've benefited a lot from this self-cultivation." These efforts to some extent, had made up Qian Shoutie's lack of education in his childhood due to family poverty, and his artistic level had also been fully improved.

In June 1941, with the endeavour of Hashimoto Kansetsu and other Japanese friends, Qian Shoutie was released ahead of time and returned to China. His legendary deeds of self-sacrifice, fearless of power and fighting with the Japanese army were known far and wide, and were well-claimed by the Shanghai culture and art circles.

In 1945, after the victory of the War of Resistance Against Japan, with the help of Tang Yun and other friends, Qian Shoutie held a solo exhibition and achieved great success. Orders for his works came one after another. The famous doctor Lu Nanshan commissioned a landscape painting from him with 4 *liang* of gold bars, and his economic situation also changed as a result.

In 1947, as the Cultural Secretary of the Chinese Delegation of the United Nations to Japan, Qian Shoutie visited Tokyo Japan again.

In 1949, after the founding of the People's Republic of China, Qian Shoutie left for Shanghai from Hong Kong. Soon he was engaged in Chinese painting reform movement, and became a member of the Shanghai Chinese Painting Society and Colour Printing Improvement Organisation. He devoted himself in the creation with up surged enthusiasm.

In 1950, the war to resist U.S. aggression and aid Korea was a major event of the new China. Art workers gave full play to the function of art reflecting reality and actively participated the campaigns. Qian Shoutie created a series of Chinese paintings reflecting the Korean War. *Marching to Resist US Aggression and Aid Korea* and *Defending Homeland* created in 1951 were his representative works for that period of time. Qian Shoutie gave play to his advantages in landscape painting. With magnificent landscape composition, traditional brushwork language, he reflected the army life of the volunteers in the high mountains and lofty hills. The army procession was placed in the "visible" and "accessible" traditional landscape. The blunt combination of old brushwork and new content, and the traditional landscape and new characters and concepts, was more of an exploration rather than for harmony.

In 1953, at the "Political Workshop for Shanghai Art Workers", Ai Qing proposed the idea of "painting realist landscape", and "sketching in the field", emphasizing to bring back the landscape painting in expressing the natural and social reality. In order to make his own art conform to the ever-changing epoch atmosphere, the over 50-year-old Qian Shoutie positively responded to the call and went to sketch in the field.

In 1956, Shanghai Painting Academy was founded. Qian Shoutie became a member of the Shanghai Painting Academy since its inception.

In 1957, Qian Shoutie and Zhu Qizhan travelled far to Sichuan and Shaanxi, which largely reshaped his works. *Landscape* was painted by Qian Shoutie on a cruise ship at the Three Gorges during his trip to Sichuan and Shaanxi. He brought new meaning through traditional brushwork, and reflected his strong ability in picture arrangement. Such control ability to the grand view provided basis for his later creation.

Qian Shoutie did not simply cater to the call of the times to express the real life, but rather he tried to solve the practical problems from art noumenon. Through sketching and his new understanding to the language of the traditional techniques, Qian Shoutie transformed to the more reserved and lingering creation of artistic conception from the plain and direct creation, and his art therefore glowed with new vitality. This series of works filled with natural fresh air reflected the changes of his aesthetic philosophy and the advancement of his brushwork, which can be regarded as a peak of his creation and was highly praised by Shi Lu, Zhao Wangyun and others.

In 1962, Qian Shoutie visited Beijing and stayed with Xu Linglu's Beijing gallery for almost half a year. He reached his another creative peak.

In 1966, Culture Revolution started, Qian Shoutie suffered heavily at the age of 70. At the end of 1967, Qian Shoutie passed away due to illness at his home in Shanghai.

1

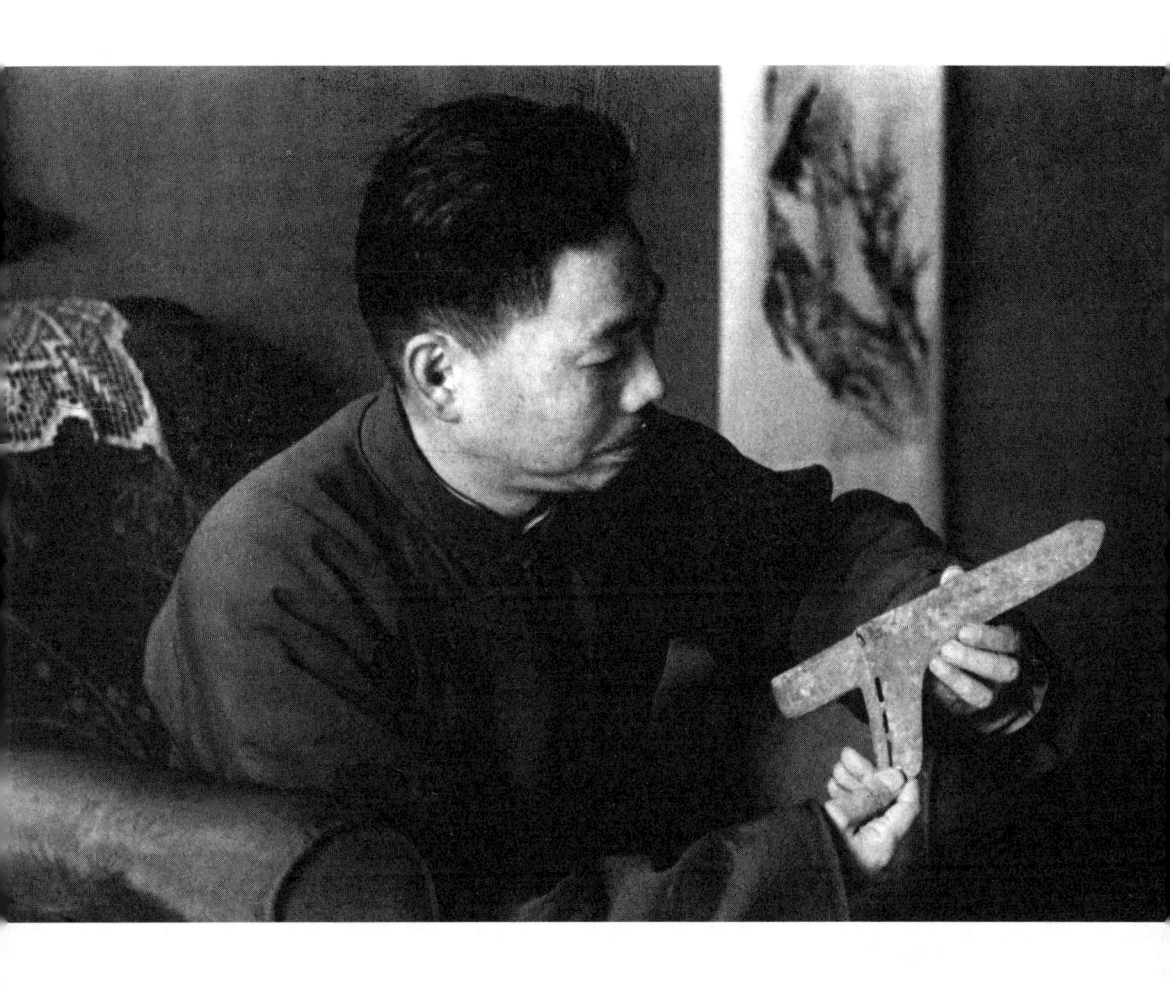

艺术篇
On Art

钱瘦铁的绘画艺术

薛 晔

Qian Shoutie's Painting Art

Xue Ye

一、绪论

在海派书画一代宗师吴昌硕（缶翁）的弟子群中，陈师曾、潘天寿、沙孟海以"缶门三杰"著称于世。然而，有一位弟子在金石精神、笔墨谱系及从艺形态上，不仅得缶翁真传，而且独具拓展建树性，但长期以来，他的艺术，尤其是绘画没有获得应有的评价而被搁置一边，使人抱憾。他曾在自己的题画诗中这样自嘲道："时人欲识君来处，冰雪精神玉肺肝。"这就是海派书画金石家钱瘦铁（1897—1967）。[1]

---

[1] 钱瘦铁：名崖，一字叔崖，号瘦铁，以号行，别号数青峰馆主等，江苏省无锡市鸿声里人。斋名有瘦铁宧、梅花书屋、峰青馆、磅礴、契石堂、一席吾庐、煮墨盫、临江观日、天池龙泓研斋等。中国画会创始人之一。

二、少年学艺

钱瘦铁少年从艺的经历在《钱瘦铁年谱》中有详细记录,"钱瘦铁因家境清贫,父亲无力供其就读,遂携其至苏州护龙街'汉贞阁'当学徒,并拜铺主唐伯谦为师学习刻碑……"汉贞阁的老板唐伯谦是苏州城内有名的碑刻大家,他除了刻碑,还会刻印,同时还兼营装裱及碑帖,并和一些书画家友善。唐伯谦发现钱瘦铁学艺钻研、吃苦耐劳,是个可造之才,于是将铺中收藏的历代名碑及篆刻印谱给他观摩临习。钱瘦铁无钱买纸和印章,就在石板上练书琢印,虽然原始简陋但却无意中为他以后从事书法篆刻打下了坚实的基础,使之具有难得的腕力和气魄。"'汉贞阁'隔壁有一家专营古董文物的'竹石山房',店主徐树铭看到钱瘦铁刻苦勤学,天赋又好,就把钱瘦铁介绍给郑文焯和俞语霜两人。"①郑文焯和俞语霜都是当时的大家,师从两位对于还是学徒的少年钱瘦铁来说,不可不谓是人生的重大转折。

郑文焯善书画且长于金石古器之鉴,眼光不凡,他亲自辅导钱瘦铁写字作画。俞语霜诗文书画兼通,对金石碑版之学深有研究,其画作宗法八大、石涛,对钱瘦铁影响也很深。1882年吴昌硕举家迁往苏州,作为浙江人,他的一生与苏州结下了不解之缘,他有二十多年生活在此。吴昌硕不仅与郑文焯是好友,也常与汉贞阁有往来,还曾为唐伯谦亲撰写过《唐氏汉贞阁润例》。在郑文焯的引荐下,吴昌硕从篆

---

① 了庐、钱明直编著:《钱瘦铁年谱》,上海人民美术出版社2007年版,第1页。
罗聘所画的苏州寒山寺《寒山拾得像》就是出自碑刻大家唐伯谦其手,民国年间曾有《汉贞阁印存》铅印本传世。
郑文焯(1856—1918),字俊臣,号小坡、叔问。晚号鹤公、鹤道人,别署冷红词客。奉天(今辽宁)铁岭人。光绪举人,曾任内阁中书,父郑瑛棨同治初任陕西巡抚。郑喜爱江南的杏花春雨、小桥流水而客寓苏州。郑文焯系晚清词学大家,精于医道,亦工于书画篆刻,与同客姑苏的吴昌硕为知己之友。郑文焯见钱瘦铁篆刻颇有刀笔意识,取法高古。于是,他对钱瘦铁讲要重视印外的书法、绘画之功,这是提高印艺的关键。另外,要多读诗文古籍,"腹有诗书气自华。"钱遂正式拜郑文焯为师,郑即为钱署名为:"瘦铁宧",号瘦铁,从此以瘦铁名世。
俞语霜(1874—1923),名宗原,字宜长,别号女床山民,浙江吴兴(湖州)人。擅山水及花鸟并精于金石碑版,与吴昌硕等创办海上题襟馆金石书画会。为人友善豪爽。钱瘦铁不仅跟其学水墨丹青,亦请教金石碑版之学,得益良多。

法、刀法、章法上给予钱瘦铁以具体指导,艺术水平得以大大提升。①钱瘦铁在他早年的朱文印"学两汉六朝人书法"印款中对此段经历有记述。②他艺术生涯的起点是苏州的汉贞阁,启蒙老师是唐伯谦,影响、帮助最大的则是吴昌硕。传统人文模式的陶冶及训练,为钱瘦铁日后在艺坛的崛起打下了基础。

三、鬻画为生

钱瘦铁十九岁满师后寓居上海以书画篆刻为生,这对他具有里程碑意义,由此开启了他终生职业书画家的人生道路。此时的上海发展进入黄金时期,成为中国经济和文化中心,被世人誉为"东方的巴黎"。作为一个新兴的商业城市,上海不论是居民收入还是消费支出,均已居全国之首。③经济的繁荣,居民生活的富足带来的稳定的收入,为书画市场提供了广阔的发展空间,吸引着众多与钱瘦铁一样试图闯荡人生、开拓视野、期盼成功的书画家,这就不难理解为什么清末以后上海成为书画家的聚集之地。④

初到上海的钱瘦铁得到了乃师郑文焯的帮助,他亲自为钱瘦铁作润例小引:"金匮钱君瘦铁,持方寸铁,力追两汉摹印之神,游刃有余,骎骎不懈而及于古,他日当与苦铁、冰铁并传,鼎峙而三,亦江皋艺林一嘉话也。"彼时的上海,名家云集,聚集了陈宝琛、陈三立、沈曾植、李瑞清、曾熙、康有为、朱祖谋、赵叔孺等大师,郑文焯将初出茅庐、人地生疏的钱瘦铁与72岁的苦铁吴昌硕和45岁王冰铁相提并论,一方面有为其做广告加以宣传推介之目的,另一方面也点出钱瘦铁与两位前辈艺

---

① 吴昌硕(1844—1927),初名俊,俊卿,字苍石、仓石、昌石、昌硕,亦有缶庐、老缶、缶道人、苦铁、破荷、大聋、酸寒尉、破荷亭长别署,是近代著名的艺术大师。1844年出生于浙江安吉鄣吴村。祖父渊,父辛甲,为举人,父兼究金石篆刻。吴昌硕自幼家境贫寒,他幼年时即在父亲身边读书,10岁后到乡村私塾就学。每天翻山越岭,往返数十里,风雨无阻,苦学不倦。在他的一生中,有二十多年生活在苏州。苏州对于吴昌硕而言,可以说是第二故乡。其中,光绪二十二年(1896)以后,吴昌硕定居苏城,一住就是十五年。直到辛亥革命那年,吴昌硕再一次移居上海,最后终老于申江。

② "壬戌花朝,与吴缶翁、任嫩凉夜饮与春水草堂,纵说汉印,乘兴奏刀,凿此八字。翁谓类其二十年前刀法。翁给予抑勖予耶?予则曷足以知之。还以质工亚文先生教我,金匮钱瘦铁。"

③ 参见上海市政府社会局编:《上海工人生活程度》,中华书局1934年版,第724页。

④ 《海上墨林》卷二记载入清以来寓居上海的书画家二三百名,标出"鬻画为生"者比比皆是。

家之相通处。"江南三铁"之称谓亦由此而来。①

钱瘦铁到达上海后参加了由吴昌硕主持的海上题襟馆金石书画会,并继续随吴昌硕学习绘画和篆刻。此时的吴昌硕正值名扬海内外的艺术盛期,以他为首的海上题襟馆是当时上海最有影响的美术社团之一。其会员包括吴昌硕、王一亭、陆廉夫、黄宾虹、赵叔孺、赵云壑、吴待秋、高野侯、丁辅之、贺天健、任堇叔、曾农髯、俞语霜等人。画会初期由清末巨商盛宣怀出资赞助,活动多在晚上。会长吴昌硕几乎每晚必到,偶或也在这里挥毫书画。"白天到会的人比较少,一到晚饭之后,大家都聚在会里,一张可以容纳二三十人的长方桌,总是坐得满满的,一直要等到十点钟才散。他们谈话的资料,除了有关金石书画等等问题之外,还有很多清季的政治掌故……会员常把收藏的珍贵书画,到会里去陈列,供彼此的观摩。书画掮客也每晚拿大批的书画古玩去兜售。会里有各会员的润格,代会员收件。新到上海行道的书画家,总得请人引见这班先生们,替他代订润格和中介吹嘘。"②初到上海的钱瘦铁更是常去此地。除了海上题襟馆金石书画会之外,他还参加了其他的美术社团,如"寒之友画社""蜜蜂画社""中国画会""上海美术会",并主持"红叶书画会"等。结交了唐云、贺天健、郑午昌等人。③这些书画社团成为钱瘦铁交谊学习的重要方式。这里除了可以"研究学术,保存国粹"得到前辈画家的指点之外,还可以鉴赏名迹,切磋交流。这对于钱瘦铁艺术水平的推进作用也是显而易见的。更重要的

---

① "石章每字四钱,牙竹木同例,铜章每字乙金,晶玉倍润,朱文加半,碑铭文诸器别议论。"载王中秀等编著:《近现代金石书画家润例》,上海画报出版社2004年版,第97页。

② 参见郑逸梅:《赵子云和吴昌硕画派》,载于《朵云》第5集。

③ 郑昶(1894—1952),字午昌。浙江省嵊州人。1910年入杭州府中学堂,同班同学有郁达夫、徐志摩、姜立夫等。

贺天健(1891—1977),原名贺骏,又名贺炳南,字健叟,别署健父、阿难等。无锡人,幼年喜欢绘画,早年通过实地写生,领悟画理,善用水墨,设色讲究层次,多用复色,尤长于青绿山水,并演变而自成一格,风格豪放跌宕,富有时代气息。

唐云(1910—1993),字侠尘,别号药城、大石、大石翁等,画室名"大石斋""山雷轩"。浙江杭州人,幼承家学,勤奋好学,博采众长,靠自学成才。唐云17岁前主要临摹古画和画册,1938年迁居上海,开始以教书为生,后放弃教职,专事创作。其早年喜画佛像和山水,清新飘逸,灵秀潇洒;晚年擅画雄鹰松鹤、荷花、翠鸟,老笔纷披,纵横奇绝。他酷爱收藏,尤其以收藏曼生壶著称于世。亦擅长书法,长于早篆及行书,工诗文,精鉴赏。

是，这些社团为以书画篆刻为生的钱瘦铁提供了一条进入市场的重要通道。

20世纪二三十年代，以吴昌硕为代表的金石写意画风成为市场主导。金石入画对集结于沪上的海派画家们来说，具有丰富的内涵。"金石派画家早年皆习金石书法篆刻，在绘画上不以宋元名家或清初四王为楷模，而以画风具有书法意趣的徐渭、陈淳、八大山人、石涛及扬州八怪作模版……"① 书法、篆刻功底扎实的钱瘦铁作为金石派画家在笔墨气韵、章法构图上都具有得天独厚的条件。其自言：书一、印二、画三。钱瘦铁书法造诣全面，四体皆能。特别是他的从艺生涯始于早年的刻碑工坊，因而他由碑入帖，以碑参帖，帖以碑举，碑帖并重。在他的传世作品中，书法以篆隶居多，成就也属篆隶最高。其书法主要取法发轫于汉隶的经典《张迁碑》《石门颂》，笔法古朴浑厚而持重稳健，后又掺以秦权量、诏版、汉砖瓦等，用笔豪放恣肆开合有度，融贯古法而自出己意，转折顿挫，融入锲刻之意，颇有金石质感。作于1931年的《无量寿佛》可以看到他"以古籀草隶作画"的艺术观。此图以隶篆笔法画罗汉衣纹，用线凝重，以千钧之力始转中锋，去钟鼎碑版之严整，线条掺入些许草意而更洒脱自如。画面敷色深穆，气格深静沉着如老僧补，与佛家粗茶淡饭，沉思苦修的要旨相契合。画中罗汉面庞瘦削，双目紧蹙，两眼凝神，似是在参悟佛理，显现睿智与神威。沉静如水的外表下，隐藏着的默如雷霆的力量，恰如画家刚硬不折的铮铮铁骨。这是画家最直接的生命符号，更是心灵的外化，体现出传统绘画讲究的画品与人品的统一。

钱瘦铁融金石书法于绘画的造诣还体现在构图的出奇制胜。《绛梅》画一横贯画面的倒"U"形老梅枝，构图饱满，霸气有张力，一如其印。老梅枝干以飞白写就，篆中带草，草中有篆，内圆外方，粗壮有弹力，用笔去早期钟鼎碑版的严整，而增秦诏版洒脱生动意蕴。左右两侧新发的三株尽情展开的新梅，似乎要破框而出，入木三分笔意画就的新枝所隐藏的强劲生命力起了平衡全局的作用，其屈伸挪让、顺逆疏密、迎让虚实的巧妙组合一如其气势雄强，线条峻厚险辣的篆刻作品。② 钱瘦铁

---

① 陈永怡：《近代书画市场与风格变迁》，光明日报出版社2007年版，第165页。
② 韩天衡先生高度评价钱瘦铁刀法时说："钱氏以其过人的腕力与得之天赋的刀感，所作线条峻厚险辣，演化为力度、厚度和韧度的优化组合，表现为一派奇峭、鲜灵、凝重、浑厚、潇洒的非凡气度。这完全是古来印坛上用刀技法的新创造、新发展。"

长于篆刻，篆刻对于印面结构以及对四边、四角都极为讲究，或许正是画家将在这方寸之间的感悟转而放大于其画面整体结构的一种研究和实验？钱瘦铁从传统书画、篆刻而生发出的有关中国绘画平面性的构成研究与探索，极具现代性。

"苦铁画气不画形"，钱瘦铁花鸟画早期受郑文焯的影响，放纵少，收敛多，后学青藤白阳，又继承了吴昌硕雄健烂漫的风格，并在风貌意境、色彩技法上不断推陈出新，形成自己的特色。《北瓜》方构图正中是占据画幅三分之二的以浓烈日本洋红色写就的硕大北瓜，给人强烈的视觉冲击力。这种在画面中心区域开门见山的构图是大部分画家回避的，因为没有曲折或遮掩，容易使得画面呆板。钱瘦铁却明知山有虎偏向虎山行，他在北瓜左右上三面以藤叶围绕，藤叶以三绿间以藤黄点染，藤蔓以大草写就，挥运之际，表现出书意之美。这幅作品虽没有用吴昌硕斜对角线布局带来的张力，但同样具有大气势。他的不拘一格，平中求奇，险中求胜，看似毫不经意，但一切都在精心运筹帷幄之中。厚郁、浓艳色彩的运用，力透纸背的用笔，虽显示出与吴昌硕一脉相承的关系，但其大巧若拙的特点又与吴昌硕有所区别。

钱瘦铁在金石书画上的良好艺脉以及自身的勤奋聪慧使其作品出手不凡，因符合当时的审美趣味，迅速融入海派书画家群体，更受到日本画家桥本关雪的青睐。① "当桥本看到钱瘦铁所画红梅与达摩两画后极为欣赏，称许他为'东亚奇才'"，当即邀请钱瘦铁次年访日。1923年，受桥本关雪之邀钱瘦铁前往日本，在京都桥本关雪的家中住了一年的时间。"在桥本的帮助下，钱瘦铁先后在京都、明石两

---

① 桥本关雪（1883—1945），日本著名画家，大正、昭和年间关西画坛的泰斗，日本关东画派领袖。自1914年起，曾30多次来到中国，精通中国古文化。与吴昌硕、王一亭、钱瘦铁等结为至交。在武昌路寿晖里徐小圃庭院中，海派书画家们宴请桥本关雪，钱瘦铁在此与桥本关雪初识。后经友人潘琅圃介绍，桥本欣赏了钱瘦铁所画的红梅、达摩及篆刻后，为其深厚的功力、苍劲的刀笔、豪放的气魄所震撼，当即请钱刻"诗砚家风"一印，铁笔纵横，石花飞溅处，线条老辣道劲，布局纵横奇谲，桥本惊叹道："东亚奇才。"并立即与钱瘦铁拍板，邀其访日。在桥本关雪的推介下，钱瘦铁在日本的影响很大。他们的交游，再加上彼此在艺术上的造诣，日本人将两人并称，号称其为"东亚二杰"。
钱瘦铁在1937年访日期间，因营救郭沫若归国、袭击法警而被判监禁，桥本关雪率人在狱外奔走营救，不仅为钱瘦铁争得能在狱中尚能作画的宽松环境，也为他争得了提前出狱。这种表现在日本已对中开战的气氛下是难能可贵的。

市举办个人书画篆刻展,颇得彼邦人士之欣赏,一时京都人士争以得钱瘦铁一印为荣……一时名声大振,求印索画者不绝于门。"①首次访日的成功,使钱瘦铁归国后名声大振,在沪的日籍人士,对其更是仰慕有加,为他办展。②年轻的钱瘦铁从创作展览、结社契盟、执教艺校、办刊编报等③,全程参与了海上画坛的黄金时代,在中日书画交流方面,更是起到了艺术使者的重要作用。师长的提携和自身的努力,让年轻的钱瘦铁逐渐声名鹊起于名家林立的海派艺坛。

　　钱瘦铁的莫逆之交唐云曾评价钱瘦铁之艺术"于郑大鹤得其雅,于吴昌硕得其古,于俞语霜得其苍,天赋之高,世人莫及"。他所师法的对象,除了师长,还有古人。他最初与同时代的画家一样,是从师法明清入手的,后又上窥宋元及五代大家,广收博取。他早期山水受石涛的影响,笔墨纵横恣肆而浑朴秀逸,构图生动跌宕而奇崛多变,整体气韵畅达而诗意弥漫,《墨笔山水》为其代表。④整幅画以枯淡清新见长,柔性线条状写山峦,轻重徐疾,浓淡变化,有抑扬顿挫的音乐节奏感。画面近景为平坡老树,以浓墨点写树丛,既得平淡天真之趣,又有苍浑滋润之感。中景以长披麻皴写高山绝壁,自上而下,一笔到底,一气呵成。长披麻皴之法始自五代董源,后经石涛、八大承之。钱瘦铁将其融入己意,改侧锋为中锋,简率清疏,运转自如,不经意之间渗透了他的妙悟之功。远景画流泉幽鸣,远山渺渺,以大笔淡墨抹出远山,浓淡变化,略见笔意,于浓淡、虚实、曲折、动静之中,夺造化之生气。

---

① 了庐、钱明直编著:《钱瘦铁年谱》,上海人民美术出版社2007年版,第3页。
② 日本名士白石六三郎在上海开有最大的日本高级私人会所"六三园",专门陈列了钱瘦铁的书画金石作品。在饭岛政男开的"翰墨林"中,亦设有钱瘦铁作品展示。
　1931年钱瘦铁参加了以王一亭为团长的中国书画家访问团,再度赴日。同年4月28日,"中日绘画展"在东京上野展出,盛况空前,其后日本天皇裕仁接见了中国书画家访问团。访日归来后的人间四月天,钱瘦铁与王一亭、贺天健、吴湖帆、张大千、徐悲鸿以特邀画家的身份参加全国第二届"艺苑画展",这也标志着钱瘦铁已跻身主流画家的层次。
③ 1922年,钱瘦铁任上海美术专科学校教授;1924年任国画系主任;1932年主编三一印刷公司出版社的《美术生活画报》。参见了庐、钱明直编著:《钱瘦铁年谱》,上海人民美术出版社2007年版,第3—5页。
④ 20世纪20年代沪上画坛掀起了四僧热,四僧中石涛的影响尤其大,这股热潮借海上画坛的号召力很快影响全国。四僧热影响了钱瘦铁、贺天健、唐云等人的画风,后来更辐射全国,极大地影响了1949年后的新山水画。

钱瘦铁以拟古的手法来领悟传统精神，学习前人主张"取其意，不重其形；撷其精，不袭其貌"。倪氏山水，模仿者众。成熟时期倪瓒的画风，擅用两岸夹一水的构图，中景以空白表现一片湖光，远景和近景墨色一致，并无远近浓淡之分，但远近效果明显。钱瘦铁《仿倪云林山水》拟倪瓒笔意，此图虽也采用倪氏两岸夹一水构图，但中景的留白被大幅压缩，近景和远景空间扩大。他以倪氏之枯笔淡墨写近景疏林坡岸，幽秀旷逸。远景则以若隐若现、长满野草和杂树的洼地承接远山，远近之间衔接更为自然。无论是枯笔皴染的近处山石、树林，还是远处烟波浩渺的湖山，钱瘦铁都能在仿倪瓒时把自己的见解融入笔墨中去，别具一格。他与倪瓒同为无锡人，对家乡山水的描绘虽因所处时代背景不同而表现出差异，但水土相通的地域性依然促就了二者共有的恬淡闲适之风。

1937年，钱瘦铁在日本期间因救助郭沫若而身陷囹圄。[1] 他利用四年的铁窗生涯系统地研习了经典古籍与书画，对自己的艺术进行了思考梳理，他在给家人的书信中说："近日画墨笔山水深得古人奥妙，每成一幅展之铁窗下自赏，聊当卧游，苦中作乐。前月曾刻印六方，亦有进步。入狱以来，读书颇多，增益知识修养，亦复不恶。""近日所习王右军《十七帖》已得其遗意，而能运用其笔入之画中，写出水，追董北苑法。《龙宿郊民图》《洞天山堂图》《溪山行旅图》，此三图之妙处皆已悟得。""近今学王羲之《十七帖》自觉颇有是处。盖罹难之中获益，所谓，塞翁失马焉知非福。予经此次之修养教训大有益也。"[2] 这些努力一定程度上弥补了钱瘦铁幼年家贫失学的缺憾，艺术水准也有了全面的提升。

在桥本关雪等日本友人的搭救下，1941年6月钱瘦铁提前出狱归国。他舍己救人、不畏强权与日军抗争传奇事迹广为人知，受到了上海文化艺术界热烈欢迎。1945年抗战胜利后，在好友唐云等人的帮助下，钱瘦铁举办了个展，大获成功，订画踊跃，海上名医陆南山就曾以四两金条订了他的一幅山水，经济状况因此得以

---

[1] 钱瘦铁在日本期间因救助郭沫若回国而被捕，在狱中他抱着必死的决心，与日军誓死力争，审讯时拒不下跪，法庭动武，受尽折磨却大义凛然，一介文士显示出的铮铮铁骨正是他作品中坚毅雄健气质的来源。

[2] 钱瘦铁在狱中大量的信札为我们研究他的铁窗生活提供了鲜活的文献资料与真实的从艺记录。见了庐、钱明直编著：《钱瘦铁年谱》，上海人民美术出版社2007年版，第10—11页。

改观。①

钱瘦铁以其坚定的信念及精深的功力,向上古回归,又从中汲取养分,完成了可贵的艺术涅槃。他深入传统,以扎实的篆刻、书法功底走向绘画,这些都为他在中华人民共和国成立之后笔墨造诣的突进奠定了重要的基础。

四、壮游写生

中华人民共和国成立后,钱瘦铁自港返沪"随即从事国画革新运动,加入了上海新中国画研究会和彩印图画改进会,投身于创作之中,热情十分高涨。"② 1950年的抗美援朝是中华人民共和国成立之初的大事件,美术工作者们充分发挥艺术反映现实的功能,积极参与。钱瘦铁创作了一系列关于抗美援朝的国画作品,作于1951年的《抗美援朝进军图》和《抗美援朝保家卫国》是其代表。钱瘦铁发挥山水画之长,以宏大的山水构图、传统的笔墨语言,表现了志愿军们在崇山峻岭之间的军旅生活,山间行进的点景式的军队队列被放入传统"可望""可行"的传统山水中,旧笔墨与新内容、旧山水与新人物概念上的生硬组合,虽不协调但仍不失探索性。

1953年,艾青在"上海美术工作者政治讲习班"上讲话中提出的"画山水必须画真山水""画风景必须到野外写生",强调要将山水画拉回到表现自然和社会现实的生活中来。③ 为了使自己的艺术与日新月异的时代氛围相契合,年过半百的钱瘦铁积极响应艺术要面向生活的写实倡导,去户外写生。

《百草园》是一幅典型的水墨写生作品,画的是鲁迅幼年时绍兴老宅玩耍的地方。画家以鸟瞰式的构图,揽景物于眼底,把近大远小的透视法巧妙地运用到山水画中,在表现复杂场面时不致失之繁乱,增强画面的空间感和生活气息。画中近景

---

① 海上名医陆南山以四两金条订了钱的一幅山水之事见郑重之《侠义的画家钱瘦铁在今日画坛何以寂然寡闻》,刊于《澎湃新闻艺术观》,2017年2月13日。画家的润格如同一扇窗户,真实地展示了近代书画市场蓬勃兴旺又良莠不齐的局面,不仅让我们了解到不同书画家在不同时期的生活水平,以及他们作品的受欢迎程度,更对于研究书画家个案和不同时期艺术的审美趣味大有裨益。

② 了庐、钱明直编著:《钱瘦铁年谱》,上海人民美术出版社2007年版,第13页。

③ 艾青在"上海美术工作者政治讲习班"上的讲话,后以《谈中国画》为题发表在1953年第15期《文艺报》。

的草、树、平房主要位于画面左侧，树叶团用浓淡墨晕开以表现其繁茂，位于画面正中心便是著名的百草园。在江南式院墙后面，茫茫一片草地，点点淡笔外加行间留白，在黑白的衬托下略显空阔寂寥。后方一排排黑墙白瓦的民居以及模糊的远山，映衬着整个江南小城的背景。黑白灰的色调穿插全图。

1957年钱瘦铁与朱屺瞻赴川陕作万里壮游，①作品面貌有了明显的变化。《山水》是钱瘦铁赴川陕途中于长江三峡的轮船中所绘，画家以"S"形营造长江两岸山川雄秀、山重水复的意境，笔墨虽旧意境却新，体现了极强的画面经营能力，这种对大景致的把控能力为他之后的创作奠定了基础。

《宜昌》《黄石港》等作品都是大场景，虽有具体所指对象，然而反映在其作品中的是笔墨与实境融为一体，既有具体的写生，又有自发的造景。《宜昌》大开大合，风神凝远，左侧画青山万里水茫茫，江帆远影意悠悠，右侧则画风一转，画峰峦叠嶂下密密麻麻的新建筑、新城市。虽然不直接表现人，但通过自然景物赞美了日新月异的祖国。《黄石港》近景的港口码头船来车往，一派忙碌，远景则是烟囱林立，烟云蔽日的繁忙建设场景。两图都是俯瞰式画法，河岸上密集的建筑和往来的船只，呈现祖国的建设者们"敢教日月换新天"的豪情。《武汉大桥》和《荆江分洪》都没有直接描绘建设场景的轰轰烈烈，但是这些表现祖国新貌的作品，因宣传了欣欣向荣的建设成就，而具有时代气息。荒寒隐逸远离现实的"旧"山水被朝气蓬勃的"新"山水所取代，②笔墨也因此有所不同，即很少勾勒山石纹理，而是用含水多的笔画出草木华滋的效果，少了书写性多了水墨烘染、塑造性。尽管是应时代要求去表现现实生活，但是钱瘦铁不是一味迎合，而是真正从艺术本体去解决实践难题。通过写生、通过对传统技法语言的重新体悟，钱瘦铁从直白的场面创作中转向更为含蓄和耐人寻味的意境营造，其艺术因此焕发了新的生机。这批洋溢着自然清新之气的作品，反映了他审美理念的变化和笔墨技法的精进，可谓其创作的一个高峰，受到石鲁、赵望云等人的称赞。

---

① 了庐、钱明直编著：《钱瘦铁年谱》，上海人民美术出版社2007年版，第14页。
② "群众爱看日常生活中的美丽的花卉、虫鸟、山水，却不能欣赏那种遁迹林泉，没有人间烟火气的隐士的情调。"徐悲鸿《漫谈山水画》收录于王震编：《徐悲鸿文集》，上海画报出版社2005年版，第152页。

从20世纪60年代开始，钱瘦铁的笔墨更加率意稚拙，气格壮美恢宏，注重似与不似之间，色彩更加泼辣古艳。《曙光初照演兵场》画的是20世纪60年代处于建设期的上海，画中表现了繁忙热闹充满勃勃生机的早晨。远景以成片林立的现代化高楼大厦来体现欣欣向荣的时代感，中景偏右处的位置一座高耸的吊塔映入眼帘，这是城市建设如火如荼的直接反映。吊塔下是一座演兵场，场上密密麻麻如蚂蚁般用深色墨点点排了几大整齐的方队是军人在操练。近景是若干排红瓦屋顶的新式住宅，配上青青柏树林环居其间，热闹的色调与表现的主题相契合，体现了宏阔的社会变迁。同时期钱瘦铁还有《云凝千嶂碧，树醉半林红》《青山红树图》《毛主席六盘山诗词图》等作品。这些作品用笔用色精妙从容，颇有印象派的色彩感和光影性。"在山水画中，应该着重表现祖国建设中的兴旺与充满喜悦的景象，把荒凉的气氛从画面驱逐出去。"①是当时画家们的共识。倘若能沿着这种画风走下去，钱瘦铁或许能取得更大的进步，但厄运使他的生命戛然而止。

1967年年底，钱瘦铁病故于上海家中。

五、结语

钱瘦铁这一代画家都经历了特殊的政治历史时期，他们在生活和写生中感悟宏阔的社会变迁，他们的挣扎、他们的思考，是不该被后人忽视的。由于钱瘦铁没有留下系统的理论著述，画中各种题跋识语寥寥，使得我们在阐述他绘画特点时倍觉困难，但是他在特定个人境遇和社会文化背景下对艺术的思考和变革，他对现实题材的开拓和由写生到造境的深层次领悟，在同时代艺术家中极具代表性。当然钱瘦铁本人激情洋溢的艺术人格，也使他的作品有时会受情绪影响，出现些不稳定因素，这是我们今天重新审视他的艺术作品的时候需要注意的。

---

① 中国美术家协会创作委员会召开国画家黄山写生座谈会，载于《美术》1954年第7期，第14页。

印苑巨匠钱瘦铁[①]

韩天衡

Giant Master Qian Shoutie in the Seal Circle
Han Tianheng

　　在近代印人中，钱瘦铁是一位极具传奇色彩的人物，曾浪迹吴门在刻碑铺当学徒，并通过师长的提携、自身的奋搏，仅以数年春秋，即叩开艺坛的大门，跻身辉煌的殿堂。在清末民国初长幼有序、等级森严的氛围中，他能以后辈的身份而与其师缶庐（苦铁）、老辈王大炘（冰铁）并称为"江南三铁"，足见其天赋、实力及影响。20世纪40年代瘦铁供职日本，为护送郭沫若，被日方逮捕，审讯时拒不下跪，大义凛然，震惊朝野，一介文士显示的是民族魂、英雄胆。于印艺中年变法，由缶翁入而自秦汉唐宋出，洗心革面，自运机杼，褒者谓其高古绝伦，贬者谓其不谙印艺，是近世最具争议的一位印人。

[①] 原载于《书法》1996年第3期。

而石钻与水钻自有质的不同,时间是鉴定真伪的检验仪。今天,有识之士多已超越了当初流派的偏见和对新事物逆反的抵制心态。因此,这也为笔者研讨钱氏的印艺提供了一个公允公正、合情合理的基础。

笔者一贯对钱氏的印艺是敬佩有加的,即使在他的否定派面前,笔者也是坚定地唱着赞歌。从宏观上说,我们对以往的印史,知道的比失落的要贫乏得多,所以实在是有必要耐心、虚心地对优秀的传统开挖探究,慢咀细嚼,有机吸收,去获得奠基性的原动力。然而,印学这门艺术,其未来又远比以往更漫长、更神秘、更新奇。后出的印人有责任把探索新知视为第一要务和生命的全部价值。把握以往贵在理解,把握未来重在实践,目标是推陈出新。屈大夫早有箴言:"路漫漫其修远兮,吾将上下而求索"。求索于上下、前后、向背、表里。故而陈中需推,推陈方能出新。推陈不可囿陈,推陈旨在温故,温故要在出新,如此而已,别无他途。钱氏顽强的艺术实践,正顺应了这条轨迹,显示出这条创作的规律。所以,他的印风别开生面,从理论支撑与艺术实践上都是无可辩驳的,是站得住脚的。

从微观上看,钱氏自创一格、元气淋漓的印风,大致可以用豪、遒、浑三字归纳之。其实这也正是钱氏对自创一格的理想定位。

一、雄态排闼,纵横生势,这是"豪"字的典型体现

钱氏治印,善于把握大局,讲总体的安排,把握了黑白关系而"知白当黑","计白当黑"。从全局的章法出发,从而去安置一印中的每一个字,乃至某个笔画,打通了黑白对比和互利的通衢,字里风生,行间雷动,故而读他的印,气贯势发,搏击有声,视觉艺术里渗入了听觉的效果,给人以超常的、立体的震撼力与共鸣性。

钱氏所营造的这种强越的豪气,使其所作小印也有勒碑的气势,小中见大,即使放大百倍,也一无屑弱纤巧的弊病。他刻巨印,大刀阔斧,干净利落而举重若轻,态度从容,全无弱者手颤力竭的窘迫。印面宛如展开的海面,波伏浪涌,无止无尽,充满了内力与张力。他的这一独特成功,想必跟他少年时贫穷到以砖替石的长期刻印经历有关,更是受益于他精于刻碑的超乎一般印人的特强的肘力、腕力与指力。他的这类佳作,是古来无人可以匹敌的。

近世印人,善于造势而生发豪情者有二:一白石,二瘦铁。白石妙在横冲直撞,一无阻碍,眼底无物;瘦铁妙在底气过人,刀笔合一,无往不利。细察两家的差别,

白石猛利,悍有余而近于霸,豪情偏外露;瘦铁强蛮,劲有余而化为雄,豪情好在内蓄,故钱氏之印较之于齐氏为耐看,为上乘。

钱氏的豪趣,虽发轫于昌硕,而又不为乃师所缚,这除却个人的学养和气质,尚有传统导源之别。缶公之豪,得力于古籀,辅之以瓦甓泥封;钱氏之豪,得力于汉篆,辅之以高碑大额。因此,吴昌硕的豪趣,内方而外圆,刀刃上是退尽了火气的;钱瘦铁的豪趣,是内圆而外方,刀刃上是淬满了激情的。豪情不禁,解衣磅礴,一泻无余,这也许正是钱氏的豪趣更具有现今时代的特征吧!

二、运刀善勒,峻厚生趣,这是钱氏"遒"字的典型体现

钱氏用刀之妙,是五百年明清流派印史上罕有的。特别是他对刀刃、刀背作用的敏颖理解和挥运,刀下的线条有笔的八面用锋,又有刀的刻勒韵味。朱简氏总结的"使刀如笔"的理论,钱氏当是杰出的践行者。考察明清流派印的用刀史,笔者以为明季至乾隆之季,基本上是用刀的探索期,对在石材上治印的用刀都缺乏十分的理解和成熟的表现。自邓石如出,始有新的飞跃,而以吴熙载、钱松、吴昌硕为个中翘楚,瘦铁是足以与此数家比肩的。而细审情趣,瘦铁更近于让翁(吴熙载)、叔盖(钱松)。瘦铁用刀,一如走笔,不修不做,一任天成,纯是"清水货"。若论三家之同异,让翁用刀爽多于涩,作八二开。叔盖用刀涩多于爽,作二八开。瘦铁则爽涩兼运,作五五开。运刀是钱瘦铁得天独厚的优势,是先天多于后天的趣味的自然流泻,对别人千金不办,千求不得,对其来说是轻而易举,毋须斟酌。故其刻印的线条,无论朱白、粗细、无论刀之单双,皆能达到运之有物,内涵丰赡,粗而能壮,拒臃肿,有神韵;细而能劲,拒纤巧,有风骨。善用爽,拒光滑,如劲风扫薄云;善用涩,拒呆滞,如飞舟渡逆水。时用并笔,增以朦胧而条理益显,线条间断而脉理益贯。钱氏以其过人的腕力与得之天赋的刀感,所作线条峻厚险辣,演化为力度、厚度加韧度的优化组合,表现为一派奇峭、鲜灵、凝重、浑厚、潇洒的非凡气度。这完全是古来印坛上用刀技法的新创造、新发展。古人以"使刀如笔"为极致,而钱氏非但使刀如笔,且能刀笔相辉,双美兼备,获得用刀上的新成就,这是值得大书一笔的。

以用刀论,近代陈巨来与钱氏是极具对比的两家。巨来用刀儒雅细腻,呈俊俏华贵气象,与瘦铁适成反比。以香茗论,巨来为东山碧螺春,瘦铁为安溪铁观音;以糖品论,巨来为奶油糖,瘦铁为巧克力;以气质论,巨来为江南文士,瘦铁为关西大

汉；前者味在清、妍、甜，后者味在苍、醇、涩。

三、用拙于巧，朴茂生韵，这是钱氏"浑"字的典型体现

钱氏攻艺的时期，正是碑学风行而帖学有所冷落的阶段。"拙"成了印人竞相追求的目标。可是，缺乏清醒认识的印人，以为只有百分之百地从形式到内理都排斥，甚至铲除掉"巧"，才能获得"拙"。这是非常盲目而偏颇的见识。艺术的辩证法告诫我们，事物的两极是相克又相生，互为转化的。巧拙之为用，有侧重，有形质，而不能一存一亡，一生一灭。如果绝对到这地步，本质的失误势必导致形式的失败。攻艺千辛万苦，而最终一无所获，当是始料之中的。所以以拙生巧，寓巧于拙，两端互用则艺术生；以巧生巧，以拙生拙，尽取一端则艺术亡。钱氏似乎深谙此道，试举一例，唐宋官印个头硕大而情调枯乏，病在文字缭绕屈曲，失拙失巧，一无艺心，故古来不为印人取法。钱氏则独具慧眼，大力改造，取硕大而去其枯乏，取缭绕而去其屈曲，取饱满而去其闷塞，取小篆而去其九叠，千锤百炼，去芜存菁，巧拙并使，居然跳出了"磁场"忒强的缶庐风格。这跳出是绝对的不易，在缶庐的入室弟子与私淑弟子中，钱氏是唯一的一员。从而开创出完白、㧑叔外的又一流派。惜乎钱厓的风格并未产生出绵延的连锁影响。

钱瘦铁是一位才思过人而神志清晰的印人，他力图求"拙"，又善于拨弄"巧"的机钮。如在章法上求拙，大局在握，但字的间距、行气都有巧妙的一反常规的调度；如在配篆上求拙，大大咧咧，但在字的偏旁、笔道上自有展蹙、离合、起伏、松紧的巧妙搭配；如在用刀上求拙，大刀挥运，但在用刀的操作上，富有轻重、粗细、顺逆、刚柔、断续的巧妙组合……总之，瘦铁善于全局用拙，局部用巧；大处用拙，小处用巧；实地用拙，虚处用巧；从而形成了他以拙为本，拙巧互用，形式用拙，内理寓巧，乍看抓人壮人，细读可人醉人的独特风格。

当代印人得"拙"字真谛的，岭南尚有丁衍庸，然丁之拙，妙在生，可惜取法唯古玺之一类，稍觉单调。钱之拙，妙在涩，好古敏求，取法多方，堂奥更见宽敞，故成绩及影响也益斐然。

综上所述，我们可以说，钱瘦铁是20世纪一位重要且杰出的印人，他的独行特立印风，有着重大的研究和借鉴价值。那么，这样一位印人何以知者寥寥？笔者想，这主要是在他的出成果的黄金阶段，正是他被扣上了"右派"帽子的背运时期。

好在钻石总会发光,当今盛世,钱氏恰如汰尽污泥的一颗硕大的钻石,终于被重新放置到印苑的艺坛上。

诚然,钱瘦铁的印艺却有水平不稳定的缺点。究其缘由,钱氏是一位矢志于求变求新的印人,他不守旧、不恋旧、不定型地四方探索,作为过程,不免会产生出四不像的印作,此其一;钱氏是一位豪情勃发的印人,天赋迸发的随意性,往往多于技法的程式化操作,兴来之作,自有优劣之别,此其二;钱氏是典型的血性男子,攻艺的顽强执着与政治上的郁郁寡欢,这对矛盾的撞击,心绪多起落,硬性创作,势必在作品上产生大幅的落差,此其三。具体些说,他的印作豪阔中时羼粗陋之疵,遒雄中时羼作家习气,浑朴中时羼俚俗之病。故其失水准的印作可视为初学者的习作,而其佳作,轩宇苍莽,神采焕发,足以令丁、邓、钱、吴敛衽避席,堪称千古绝唱。我们承认钱氏有部分失水准的作品,我们又必须承认这并不能动摇和降低其超级印人的艺术成就和历史地位。这里似乎可以套用一句民谚:鹰有时飞得比鸡低,但它毕竟是目空八极,雄傲百鸟的鹰!

时人欲识君来处
——海派书画名家钱瘦铁[1]
王琪森

If You Want to Know My Origin:
Famous Shanghai-school Painter and Calligrapher Qian Shoutie
Wang Qisen

在海派书画一代宗师吴昌硕（缶翁）的弟子群中，陈师曾、潘天寿、沙孟海以"缶门三杰"著称于世。然而，有一位弟子在金石精神、笔墨谱系及从艺形态上，不仅得缶翁真传，而且独具拓展建树性，但却未得大名。为此，他在题《梅花》诗中，有些自嘲，抑或是超脱地写道："时人欲识君来处，冰雪精神玉肺肝。"他就是海派书画金石家钱瘦铁（1897—1967）。

在海派艺术家中，钱瘦铁并非出身于名门世家，他是佃民之子，碑刻学徒，后因喜好艺事，精于刀笔，得名家指点及缶翁扶植而涉足艺坛。这就决定了他的性格基因勤奋坚韧而刚正倔强，犹如从大匠之门走出的齐璜。十九岁后，钱瘦铁从姑苏来

---

[1] 原载于《海上印社》2019年第1期。

到了上海,以其卓尔不群的金石书画逐鹿于名家云集的海派艺苑,并出任上海美专年轻的教授。其金石弥盛的书画风格为日本大画家桥本关雪所推崇,赴扶桑后声誉鹊起,因帮助郭沫若归国而被捕入狱。他在四年铁窗生涯中,不仅依然临池作刻印,更是苦读研修各种经典著作,完成了"我的大学",在学识修为上涅槃重生。归国后,已然成为海派书画家中坚。20世纪50年代,因秉性直言而被划入另册,在艰难的境遇中依然实现暮年变法。其后,归道山于"史无前例"之初。这位在海派书画家中最具传奇色彩的"老铁",名如其名,是真正的风骨之士。

如果说"性格决定命运",那么钱瘦铁以自己的一生为此作了诠释。

一、腕底籀斯奔赴处——钱瘦铁的学艺生涯

钱瘦铁(1897—1967),名厓,字瘦铁,又字叔厓,别号数青峰馆主,无锡人。1910年到苏州"汉贞阁"刻碑店当学徒,后与金石家郑文焯、俞语霜相识,成为入室弟子。通过其师与吴昌硕相熟,遂师法吴昌硕,于书画金石用功精勤,颇有悟性。1916年到上海,在海派书画界初露头角。积极参加海上题襟馆金石书画会活动及中国画会的创办。1923年赴日本举办个人书画展,颇得日本艺界赏识,亦任日本《书苑》杂志的顾问编辑。旅日期间,与流亡日本的著名诗人、历史学家、文字学家郭沫若相识。后归国任教于上海美术专科学校。其山水画初学黄山画派,后宗法石涛,笔底功力深厚,喜用干笔,苍劲醇古中见雄健朴拙,可见书法线条之功。花卉师法沈周、徐渭,笔墨遒劲端润而畅达爽捷,用色典雅古逸而对比强烈,其枝干花朵常用篆法草法笔致写之,颇有书卷气及金石韵,深得老缶气度风骨。书法工于四体,尤以篆隶见长。篆刻曾从吴昌硕学,后又上窥秦汉及明清流派,用刀浑朴苍逸,章法疏密奇崛,有高古雄健之气和强悍英迈之态,是海派篆刻的大家,有"江南三铁"之时誉(吴昌硕称"苦铁",王冠山称"冰铁")。其在绘画、书法、篆刻上的成就传承了吴昌硕艺术风尚,展示了海派书画综合的优势。出版有《瘦铁印存》二卷。

1897年的早春二月,钱瘦铁出生于山明水秀、包孕吴越的太湖之畔——荡口马桥之乡十村,其父钱增荣以四五亩薄田耕种糊口,其母谢氏,亦是农家女。钱瘦铁排行第三,长兄钱养和,次兄钱文选。钱瘦铁作为贫寒子弟,在蒙馆念书时自知父母供其读书不易,因而读书相当勤奋自觉,且喜好书法刻印,临池习字。

清宣统二年（1910），钱瘦铁已14岁了。父亲知道他是一颗读书的种子，但年景不好，家贫如洗，实在无力再供他读书。于是，父亲将他送到苏州护龙街"汉贞阁"碑刻铺学艺。尽管刻碑琢石很艰苦，但毕竟和文化相联系，尤其是钱瘦铁自小就爱好书法，临碑摹石，因而他学得相当刻苦而勤奋。每天月上西楼，远处传来寒山寺的钟声，小铁还在昏暗的一灯如豆下，仿习古碑。这一切都被店铺老板唐伯谦看在眼里。唐是姑苏城里有名的碑刻大家，寒山寺中著名的罗聘所画《寒山拾得像》就是出自其手。他还在铺中兼营装裱及碑帖，并和当时的一些书画家颇友善。唐老板经过大半年的观察后，觉得小铁学艺钻研、吃苦耐劳，是个可造之才，于是，他将自己铺中收藏的历代名碑及篆刻印谱给他观摩临习。他无钱买纸和印章，就在石板上练书，在石碑上琢印。这样简陋乃至原始的书刻锻炼，对他以后从事书法篆刻打下了坚实的基础，使之具有难得的腕力和气魄。

凡从艺之人，或是名家大师级人物，其走上从艺之路有许多是相守相约的艺缘相聚相合。在钱瘦铁学徒的"汉贞阁"隔壁有一"竹石山房"，是专营文物古董的老店，老板是在文物上颇有造诣的徐树铭，他见"汉贞阁"的这个小学徒在书法篆刻上精勤不懈且颇有天赋，于是就正式为钱瘦铁引荐了二位艺术上的先生，郑文焯和俞语霜。这对年轻的钱瘦铁来说，是标志他人生重大转折的开始，他由此进入了真正的文化圈，接受了传统人文模式的陶冶及从艺方式的修炼，为他日后在艺坛的崛起打下了基础。

郑文焯（1856—1918），字俊臣，号小坡、叔问。晚号鹤公、鹤道人，别署冷红词客。奉天（今辽宁）铁岭人。光绪举人，曾任内阁中书，父郑瑛棨同治初任陕西巡抚。郑喜爱江南的杏花春雨、小桥流水而客寓苏州。郑文焯系晚清词学大家，精于医道，亦工于书画篆刻，与同客姑苏的吴昌硕为知己之友。郑文焯见钱瘦铁篆刻颇有刀笔意识，取法高古。于是，他对钱瘦铁讲要重视印外的书法、绘画之功，这是提高印艺的关键。另外，要多读诗文古籍，"腹有诗书气自华"。郑还亲自辅导钱瘦铁习字作画。钱遂正式拜郑文焯为师，郑师为钱署斋名："瘦铁宦"，号瘦铁，从此以瘦铁名世。俞语霜（1874—1923），名宗原，字宜长，别号女床山民，浙江吴兴（湖州）人。擅山水及花鸟并精于金石碑版，与吴昌硕等创办海上题襟馆金石书画会。为人友善豪爽。钱瘦铁不仅跟其学水墨丹青，亦请教金石碑版之学，得益良多。郑文焯见钱瘦铁篆刻大有进步，就引荐给金石书画一代宗师吴昌硕。缶翁见钱的篆刻后，从篆法、刀法、章法上给予了具体的指导。钱瘦铁的印风始以吴昌硕为宗，就此打下了缶翁艺脉的根底。

艺术的传承发展，艺事的兴盛崛起，常常离不开历史的契机与艺苑的背景。钱瘦铁是幸运的，他正好和清末民初这个中国艺术发展史上名家辈出、大师林立的大时代相逢，在从艺之初就相遇了名家乃至巨擘，也就是说他师从阵容是超豪华的，他的第一口奶是超优质的，这就使他有了相当高的起点。预示着他日后的金石书画生涯将"风正一帆悬"。而他最初的名字就是"厓"（同崖），这似乎是一种前世今生的约定。

时在1916年，艰苦的6年学徒生活结束了，年仅20岁的钱瘦铁终于告别了姑苏，只身来到了"江海之通津，东南之都会"的上海，以书画篆刻谋生。钱瘦铁的润格系老师郑文焯所写，他在其小引中曰："金匮钱君瘦铁，持方寸铁，力追两汉摹印之神，游刃有余，骎骎不懈而及于古，他日当与苦铁、冰铁并传，鼎峙而三，亦江皋艺林地嘉话也。"这就是后来所传的"江南三铁"，似乎年轻的钱瘦铁之所以能立足上海，跻身于"江南三铁"之列，这实际上仅是其师的广告或推介，苦铁吴昌硕其时已七十又二，且是海派书画领袖级人物，冰铁王大炘其时也四十又五，已是海上名家，而钱瘦铁仅是初出茅庐的小青年，且刚到上海，怎么可以与苦铁、冰铁同日而语。那么钱究竟凭借着什么能在上海艺苑崛起？

钱瘦铁来到上海时，正和海派书画的鼎盛期相遇邂逅。海派书画兴起于1843年上海开埠，崛起于清末民初，特别是到了1912年随着吴昌硕的定居上海，在黄浦江畔已聚集了陈宝琛、陈三立、沈曾植、李瑞清、曾熙、康有为、朱祖谋、赵叔孺等这样一批"大师中的大师，名流中的名流"，他们不仅在笔墨丹青上创作传承、开掘变法、东西融汇，在风格建树上成就卓越，而且开始关注、培养、扶植了如于右任、张大千、刘海粟、徐悲鸿、潘天寿、沙孟海等这样一批年轻的精英，而钱瘦铁正归属于这个年轻的精英群体。他不仅本身在金石书画上师承吴昌硕，系缶门弟子，有着良好的艺脉人际铺垫；同时由于从艺甚早，可谓是真正吃过"萝卜干饭"的苦出身，再凭借着自身的勤奋聪慧，名家大师的指点，使他的金石书画出手不凡，从而能迅速融入海派书画家群体。

作为书画金石家的钱瘦铁，由于个性豪爽、为人热情及关注公益，因而有着相当强烈的社会意识和公共精神。他积极参加各种社会活动和结社契盟，特别是对吴昌硕挂帅的海上题襟馆书画会（又称小花园书画研究会）更是情有独钟。这既是一个艺术家盟会，又具有慈善赈灾功能，会员有曾熙、李瑞清、朱祖谋、沈曾植、郑孝胥、丁仁、王一亭、张善孖、陆廉夫、贺天健、黄宾虹、赵叔孺、赵云壑、吴待秋等，而吴昌硕也时常来此挥毫泼墨，谈艺论道，可谓是"少长咸集，群贤毕至"。

钱瘦铁告别姑苏正式加盟海派书画家群体，这对他个人来讲，具有人生的里程碑意义，由此确立了他终生职业书画家的身份。1922年，从未受过高等教育、完全自学成才的26岁钱瘦铁应刘海粟之聘，出任上海美术专科学校教授，并主持"红叶书画社"，从而标志着他已成为海派书画家中的主流成员及青年精锐。也就是在这一年，命运又再次敲门，机遇又再次眷顾。日本著名的大画家、有日本关东画派领袖之尊的桥本关雪来上海访问，他与吴昌硕、王一亭系好友。当时在武昌路寿晖里徐小圃庭院中，海派书画家们宴请桥本关雪，钱瘦铁在此与桥本关雪初识。后经友人潘琅圃介绍，桥本观赏了钱瘦铁所画的红梅、达摩及篆刻后，为其深厚的功力、苍劲的刀笔、豪放的气魄所震撼，当即请钱刻"诗砚家风"一印，铁笔纵横，石花飞溅处，线条老辣遒劲，布局纵横奇谲，桥本惊叹道："东亚奇才。"并立即与钱瘦铁拍板，明年邀请其访日。

人的命运就像大海。老子曰："福兮祸所伏，祸兮福所倚"，钱瘦铁的旅日似乎充满或无法逃脱这种宿命。但这毕竟成为他人生交响乐中最惊心动魄而又影响深远的一章。记得一位哲人曾说过一些历史事件或人生经历"可以说都出现过两次……第一次是作为悲剧出现，第二次是作为喜剧出现"。

京都，是日本的古都，那飞檐斗拱、坡顶鸱吻的寺庙神社，那鳞次栉比、棋盘格式的旧屋老街，传承着大唐长安的风情史绪。1923年，27岁的钱瘦铁东渡来此，尽管是异国他乡，但他依然感受到了唐风汉韵的气息。特别是他下榻于银阁寺前白沙村桥本关雪的家中，得到了很体贴的照顾。而他的同门日籍师兄长尾甲、河井仙郎及吴昌硕的好友中村不折、会津八一不时来看望他，共同切磋书画金石，使他倍感友情的温暖。

桥本关雪运用他在日本的影响，在京都、明石两市为钱瘦铁举办了个人书画金石展。钱瘦铁以自己雄健豪放、格古韵新、风格鲜明的个展轰动了扶桑，报刊发出了专访，声名鹊起。一时京都人士求画索印者户限为穿。同时又出版了《瘦铁印存》四卷，更是被日本篆刻界视为范本。为感谢桥本的支持帮助，钱瘦铁为桥本刻了大量的印章（现保存于白沙村桥本关雪纪念馆中）。长尾甲不仅是书画篆刻家，亦是很有造诣的汉学家，曾在上海生活十多年，担任商务印书馆编译室主任，因与吴昌硕相邻敬于其艺而拜其为师，他看到自己的师弟钱瘦铁在日本艺名广传甚是高兴，作诗以贺："六书缪篆费经营，金薤琳琅布字精。腕底籀斯奔赴处，操刀戛戛自然成。"

钱瘦铁首次访日的成功，使他归国后艺名大振，而在沪的日籍人士，对其更是仰慕有加。日本名士白石六三郎在上海开有最大的日本高级私人会所"六三园"，专门陈列了钱瘦铁的书画金石作品。在饭岛政男开的"翰墨林"中，亦设有钱瘦铁作品展示。由此可见，钱瘦铁以其自身的艺术实力与社会声誉，已正式崛起于名家大师林立的海派艺苑。1924年，28岁的钱瘦铁升任上海美术专科学校国画系主任。1925年，桥本关雪再次来到上海，与海派书画家作艺术交流，并告知钱瘦铁已为他在日本专设一画室，诚邀钱赴日本办展，钱欣然答应。这个时期的中日书画家交往是相当频繁的，钱瘦铁在其中发挥了积极的作用。1926年中日书画家民间团体"解衣社"成立，并在日本举办了第一次书画展，参展的有吴昌硕、曾熙、王一亭、刘海粟、钱瘦铁、石井林响、桥本关雪、小杉放庵等。1927年，31岁的钱瘦铁与松江籍才女韩秀喜结良缘。是年秋，钱瘦铁夫妇陪老师吴昌硕及吴藏龛赴杭州西泠印社，在汉三老石室前留影。这也是这位海派书画领袖最后一次来孤山了，该年底，他就归道山了。而钱瘦铁的妻子也因肺病于1930年病逝。在此期间，钱瘦铁与贺天健、郑午昌、孙雪泥发起成立了"蜜蜂画会"，并任《蜜蜂旬刊》《蜜蜂画集》《当代名人画海》编辑。后又参与发起成立了"中国画会"，并主持了前期工作。此时的钱瘦铁已然是海派书画的中坚。

1931年4月21日，日轮"上海丸"载着以王一亭为团长，张大千、钱瘦铁、王个簃、郑曼青等为团员的中国书画家访问团离沪赴日，同行的还有书画大收藏家庞莱臣、周湘等。4月28日，"中日绘画展"在东京上野展出，盛况空前。5月16日日本皇太后光临参观三个多小时，其后日本天皇裕仁接见了中国书画家访问团。访日归来后的人间四月天，钱瘦铁与王一亭、贺天健、吴湖帆、张大千、徐悲鸿以特邀画家的身份参加全国第二届"艺苑画展"，这也标志着钱瘦铁已跻身一流画家的层次。1932年，钱瘦铁与张珊结婚，张于1914年出生于浙江海宁硖石镇西街，与徐志摩是远亲，张珊姑妈嫁给徐志摩的伯父徐榕初。钱瘦铁还将当年在苏州曾帮助扶持过他的"竹石山房"老板徐树鸣的儿子徐子鹤接到上海,吃住都在他家里,跟随他学习书画篆刻。1935年,钱瘦铁偕夫人访日,同时带上了徐子鹤。其后他又应邀出任日本书法界权威的刊物《书苑》顾问,可见其在日本的影响。钱从日本归沪后,和当时海派书画"三吴一冯"的领军吴湖帆颇多交往,据吴湖帆的《丁丑日记》载,1937年2月28日,钱与王一亭、叶恭绰、吴湖帆、陈小蝶、孙雪泥等冒雨观梅,游兴盎然。4月15日,钱偕友人访吴湖帆,在"梅景书屋"晤汪亚尘。4月21日钱在"梅景书屋"与沈尹默、王季迁谈书论艺。

20世纪30年代,正是整个海派文化大艺术圈的全盛期。海派书画以"三吴一冯"、张大千、刘海粟、贺天健、潘天寿、赵叔孺、钱瘦铁、郑午昌等为代表,海派文学以鲁迅、茅盾、巴金、郁达夫等为代表,海派电影以吴永刚、蔡楚生、张石川、郑正秋等为代表,从而真正形成了一种大格局,而钱瘦铁作为年轻的精英,从创作展览、结社契盟、执教艺校、办刊编报等,可以讲是全程参与了20世纪30年代海派书画的黄金时代,特别是在中日书画交流方面,更是颇多开拓贡献,起到了艺术使者的重大作用。

二、瘦骨傲得冰雪霜——钱瘦铁的传奇人生

1937年5月,钱瘦铁带着妻子儿女(长子明政,女儿明芝)再次来到日本。由于他在日本已享艺名,再加上桥本关雪、中村不折、会津八一及日籍师兄弟长尾甲、河井仙郎等的关照,他的鬻艺情况良好。如埋首于刀笔,不仅可以名利双收,说不定是日后日本书画界的吴清源。但钱瘦铁是一位具有家国情怀与社会良知的艺术家,此后不久的7月7日,日本军国主义者悍然发动了卢沟桥事变,开始全面入侵中国。曾被国民党通缉而流亡日本的郭沫若急于归国以抗日救亡。但他已遭日本警察的严密监视无法脱身。郭的好友金祖同知道钱瘦铁是豪爽侠义之士,于是找到了钱,请他出手相助。经过周密的谋划,先让郭沫若秘密地到东京,然后由钱护送郭至横滨一朋友家,换上洋服鞋袜后,再一起乘上"燕号"特别快车赶到神户登上海轮归国。为了筹措经费,钱瘦铁把自己的大衣也当了,《郭沫若回忆实录》对此有详细记述。

当日本警方发现郭沫若突然失踪后,马上派人追查,钱瘦铁作为重大嫌疑人而被传讯,于1937年8月10日被捕。在法庭上,法官命钱瘦铁下跪听审,钱即当场大

义凛然地怒斥道："这不仅是侮辱我，而且是侮辱我整个中华民族！"在画押时，钱愤怒地拿起铜墨匣向法官头上砸去，显示了士可杀、不可辱的铮铮铁骨和不可征服的民族精神。为此，钱瘦铁以扰乱治安及杀人未遂罪被判四年徒刑。由于钱瘦铁的书画篆刻在日本颇有影响，再加上好友桥本关雪的呼吁奔走及与狱方多次交涉，终于让钱瘦铁可以独住一室，并可以进行书画篆刻创作。钱为此自嘲地自署为"一席吾庐"及"煮墨盦"，开始了他在异国他乡漫长的铁窗生活。

从临危不惧地掩护郭沫若到大闹公堂、用墨匣怒砸法官，钱瘦铁的英名在日本广为传扬，赢得了不少正义之士及民众的敬佩。他的艺术"粉丝"大量增加，来狱中向他求书画印章者络绎不绝。钱被捕时，妻子张珊已有身孕，1937年10月6日，钱明直出生，后张珊携子女先行返沪，从此以两地书维持联系。1938年9月4日，他给妻子的信中写道："此间清静，空气良佳，明窗净，正好读书修养，身体康健，幸勿悬念，入秋天凉，愿尔珍重，儿女小心养育。余欲读之书如下：唐诗，明智书局出版；注有平仄声音，宋王安石文集，商务出版；学生字典，同上。先购此三种速寄来。回信寄日本东京市巢鸭东京拘置所内。钱匡，九月四日，二哥二嫂请安。"11月14日，钱在信中告知妻子："寄来书籍及寒衣已收到……诗、书中别有天地。坐对儿女写真忘却身为囚徒矣。"12月20日，钱给妻子的集中说："入冬以来，吾体健康勿念。近日练习草书，每日写字读书，今欲读《黄帝内经》，可向中国书店购买……"

钱瘦铁在狱中大量的信札为我们研究他的铁窗生活提供了鲜活的文献资料与真实的从艺记录，是一份相当宝贵的资源。钱瘦铁学徒出身，后在其师郑文焯、俞语霜指导下读过一些古籍诗文，但毕竟不是科班出身，而正是在狱中的四年，他大量而有系统地研讨了经典古籍和诗文。如《王安石文集》《唐诗》《黄帝内经》《道德经》《庄子》《韩非子》《史记》《汉书》《十八史》等，并对人生及从艺作了深入的思考，有效地提升了自己的文化学识及人文修养，在相当程度上弥补了他因为家贫而辍学作徒的短板，从而经历了难能可贵的生命涅槃。诚如他在1940年10月4日在狱中致其夫人信中所言："入狱以来，读书颇多，增益知识修养，亦复不恶。"在1940年12月3日的信中又言："余经此锻炼身心益健，瘦骨傲得冰霜，转祸为福，重新努力美术文化，而今静修准备亦大佳也。"

正是在这种"重新努力美术文化"的理念支撑下，钱瘦铁在狱中对以往的从艺形态及师从方式作了更深入的思考，取法更加高古，参照更加系统，他以往的篆刻主要取法于吴昌硕及明清流派印家，在狱中他取意于春秋古玺及秦汉印系，如在1941年2月8日的信中云："在余庆作画自刻闲章'石癖''慎独'。非石癖而石壁为尤苍生，而慎独不宜文字即心即佛。"钱瘦铁书法发轫于汉隶，以碑学为主，其后在狱中开始取法于帖学，以反复临习王羲之《十七帖》为宗，在运笔线条及意蕴气势上颇有得益，为其日后碑帖相合，以碑参帖，以帖融碑打下了坚实的根基。他在1941年4月15日的信中云："近今学王羲之《十七帖》自觉颇有是处。盖罹难之中获益，所谓，塞翁失马焉知非福。"钱瘦铁绘画以文人画的徐渭、八大、石涛、赵之谦及吴昌硕为主，在狱中上窥唐及五代、宋元，直追南唐山水画大家，临习有"南方山水画派之祖"之尊的董源。并从王羲之《十七帖》中悟得笔法，掺入绘画之中。他在1940年5月15日的信中深有感触地讲："近日所习王右军《十七帖》已得其遗意，而能运用其笔入之画中，写出水，追董北苑法。《龙宿郊民图》《洞天山堂图》《溪山行旅图》，此三图之妙处皆已悟得。"正是这四年多的炼狱生活，使钱瘦铁的书画创作得到了升华，审美能力得到增长，艺术理念得到了完善。

　　正是在日本友人的奔走营救下，钱瘦铁于1941年6月提前释放。出狱时被两个宪警直接押送至船上，以示驱逐出境。当时前去相送的日本友人很多，但不准接近，只能隔岸相送。当轮船缓缓离开码头时，钱瘦铁望着滚滚波涛，心潮逐浪。当宪警向他宣布今后永不准踏入日本国土时，他昂起头轻蔑地一笑了之。他深知日本军国主义者猖狂不了多久了。

　　当钱瘦铁回到上海后，由于他在日本相助郭沫若、英勇抗争而入狱的事迹已广为人知，因而受到了上海文化艺术界热烈欢迎，设宴招待。钱瘦铁以书画篆刻为职业，润格面市。由于当时的上海已处在日军的铁蹄下，百业萧条，市面冷落，钱瘦铁的生活相当清贫，时以山芋为食，因而将斋名改为"芋香宦"，并与画家唐云、张聿光、白蕉等结为挚友，发起组织"画人节"，继续从事地下抗日斗争。

　　1945年8月，艰苦卓绝的八年抗战终于取得了胜利，海派书画家们亦扬眉吐气，被压制的创作激情得到了喷发。好友唐云邀请摄影家郎静山在东亚饭店和钱瘦铁商量为钱举办书画篆刻展，钱瘦铁深为友情所感动，但他表示一时难以拿出几十幅作品办展。豪爽的唐云当即拍着胸脯说："我帮你一起画。"于是，唐云、张聿光及徐子鹤代钱瘦铁画了一些花卉及鸟，钱瘦铁加以构图完成。画展如期举办，并大获成功，上海的新闻界也给予了好评。这次个展，除了海派画家们的帮助支持外，钱瘦铁在日本近四年铁窗中的书画金石研习，回上海后对创作的思考与探索都厚积薄发出来，因而在笔墨、构图、色彩、气韵等方面有了极大的提升，个人风格日趋鲜明，获得了艺圈内外的一致好评，订画踊跃，如海上名医陆南山就以四两金条订了钱的一幅山水。此次画展的成功，也使钱瘦铁的经济情况大为改观，他以二十根"小黄鱼"（黄金）订下了外白渡桥之畔黄浦路73号的一幢楼，在其画室推窗便可见黄浦江与吴淞江的汇合处，因而他将画斋题为"剪淞阁"及"临江观日楼"。

一位哲人曾经说过有些历史事件可以说都出现过两次："第一次是作为悲剧出现，第二次是作为喜剧出现。"十年前，钱瘦铁在日本被捕入狱，释放时宪警曾凶狠地对他宣布，从此不得再踏入日本领土。十年后的1947年初，钱瘦铁以联合国占领军中国驻日本代表团文化秘书之职赴日本东京，同行的还有代表中国出任远东国际军事法庭的法官梅汝璈。这可是一次扬眉吐气的胜者归来。当钱瘦铁踏上日本国土时，真是百感交集。钱此次日本之行，还应版画家戴英浪之托，携木刻协会作品二百多件在日本东京银座三越吴服店举办了木刻展览，同时组织了中华俱乐部，出任会长。并和青山和夫组织了具有民间友好团体性质的群众读书会，支持日本人民战线运动。

1949年初，钱瘦铁辞去了文化秘书之职，赴香港举办个人画展。中华人民共和国成立后，钱瘦铁谢绝了朋友请其留港的要求，相约梅汝璈一起返回上海。面对一个新时代的到来，钱瘦铁是以热情相拥的。他加入了上海新中国画研究会和彩印图画改进会，创作了《抗美援朝支援前线的运输队》《抗美援朝进军图》等。但由于时代的变化，当时国画家的生活因无法卖画而变得颇为艰苦，幸好钱瘦铁尚有篆刻印章之功，尚能维持。但秉性耿直的他却为那些仅靠画低廉的檀香扇为生的画家们鸣不平。

1955年钱瘦铁参加上海市第二次文代会，被选为委员。1956年，上海中国画院筹建，钱瘦铁被聘为画师。这一年的11月8日至23日，钱瘦铁与朱屺瞻赴川、陕等地作万里壮游。至西安时，与石鲁、赵望云、方济众等画家交流，以强健老辣的笔墨、潇洒酣畅的气势、深厚独到的功力令石鲁折服，欲拜其为师。此行创作了一批三峡题材的山水画，形成了他创作的一个高峰期。是年秋，钱瘦铁被划为右派，被剥夺了创作署名权。所画作品以化名落款，供外贸出口。1961年9月，他被摘除右派帽子。1962年郭沫若、邓拓看到钱瘦铁在1957年3月创作的《鲁迅故乡揽胜图》，分别作了题词。是年秋，钱瘦铁寓北京画友许麟庐家。许是齐白石的学生，在北京开有影响甚大的和平画店，交友甚广。钱住许家时，求画求印者甚多，可见京派对这位海派画家的推崇，这也使钱瘦铁长期被压抑的情绪得到了释放。中央美院同时亦请钱瘦铁去讲学作画，评价很好。第二年国庆期间，他应邀赴北京郭沫若家做客，为郭刻"鼎堂""郭沫若"二印。并为邓拓刻了"三家村""燕山夜话""邓拓古物"等印。1965年春节，69岁的钱瘦铁刻"淞滨病叟"印。1966年，一场史无前例的"文化大革命"使钱瘦铁再次蒙难，被诬为特务、奸细等隔离审查。在画院监督劳动拔草时，同为难友的唐云对其低语"好好保重。留得青山在，不怕没柴烧。"然而覆巢之下安有完卵。1967年12月17日，钱瘦铁与钱君匋在路上邂逅，他拉着君匋的袖子悲怆地说："日来颇难为人，苦痛异恒！今日能见，未必今后能再见！"12月18日，饱受折磨的钱瘦铁病逝于黄浦路73号家中，时年71岁。

三、天真烂漫是吾师——钱瘦铁的艺术特征

对于书画家的评判，或是对于艺术作品的品鉴，有时需要历史的跨度和时间的积淀。我们从今天的角度来评判钱瘦铁的创作成就或艺术贡献，应当讲他是继吴昌硕之后，将金石精神在书画篆刻中传承、拓展、融汇得最好的一位。当然这也是和他的学艺经历、秉性气质分不开的。

吴昌硕从艺的主体精神，实际上就是金石精神。这是在书画篆刻创作中由审美认知及创作理念演绎而涅槃成的一种精神指向，从而形成了中国特有的一种民族精神的范式：金石精神。作为吴门的弟子，钱瘦铁对金石精神的认知和践行，是真正达到了知行合一、融会变通的程度。他14岁即拜师学碑刻，在六年的学徒生涯中，他以刀凿石、刻碑无数，打下了相当扎实的金石锲刻功底。碑刻，可以讲是他的童子功与从艺之始。他的这种经历在吴昌硕所有的学生中是独一无二的，再加上他原本生性耿直，又经数年刻碑生涯的历练，使他性格也就更加刚正不阿，乃至刚烈火爆。唯其如此，他敢于拿起铜墨盒怒砸日本法官，在现实生活中也常常直言不讳。因此，唐云曾对钱瘦铁推心置腹地说："瘦铁，你是好人，但是你的性格决定了你的命运，常常十有九输，有时输得连路数也没有。"

钱瘦铁曾自云："毕生以书法第一，印第二，画第三。"许多书画家对自己的艺术都有类似的排列，有时实际情形也未必如此，只是表明书画家对自己艺术形态的某

种偏爱而已。对于钱瘦铁而言,金石精神却是始终贯穿于书画印的,这就使他在缶门弟子中是真得老缶衣钵而自辟蹊径。唐云曾对他做过综合性的评说:"与郑大鹤得其雅,与吴昌硕得其古,与俞语霜得其苍,天赋之高,世人莫及。"沙孟海则从整体气格上认为其:"真力弥满,妙造自然。"

  钱瘦铁是以扎实的篆刻、书法功底走向绘画的。这就使他在绘画的笔墨气韵、线条质感、构图章法及空间意识上得天独厚、独具一格。他的绘画最初与同时代的画家一样,大都是从师法明清入手的,如徐渭、弘仁、八大、石涛、石溪、陈淳、赵之谦、吴昌硕等,后又上窥宋元及五代,广采博取。他初期的山水深受石涛的影响,笔墨纵横恣肆而浑朴秀逸,构图生动跌宕而奇崛多变,整体气韵畅达而诗意弥漫。如画于1938年的《流水四时鸣古乐》《空山谭道图》及画于1943年的《烟霞山水好颐养》等。他中期的山水画已开始有意识地融合进宋元及五代的笔意画格。技术更趋于圆熟,笔墨更注重写意,色彩更讲究典雅,构图更崇尚凝重,气势更关注意蕴。而且他在这个时期作了大量的旅行写生,壮游三峡、陕西、庐山、黄山等,这就使他的画面洋溢出浓郁的生活气息和鲜明的时代精神,有种相当可贵的自然清新之气,反映了他审美理念的更新和山水技法的睿智。如他画于1954年的《黄山九龙潭》《庐山新气象》等,特别是画于1956年的《石笋矼一角》水墨山水,笔触老辣爽捷,线条恣肆苍劲,枯湿浓淡,纯任自然,突显了酣畅淋漓的金石气。从20世纪60年代开始,他实现了暮年变法,笔墨率意稚拙,线条飘逸简约,气格壮美恢宏,更注重于似与不似之间,尤其是色彩更加大胆泼辣而古艳,对比强烈,颇有印象派的色彩感和光影性,如《云凝千嶂碧,树醉半林红》《青山红树图》《毛主席六盘山诗词图》等。如果能沿着这种画风走下去,钱瘦铁在山水画方面的成就会更高,但厄运使他的生命戛然而止。

  钱瘦铁的花卉取法于徐渭、八大,师承于缶翁,以书法入画,以金石掺之,突出地展示了"老缶画气不画形"的创作方式,同时在画面的造型形态上,亦取徐渭、八大之法。他的花卉蔬果用笔劲健强悍、爽辣朴拙,设色凝重酣畅,古艳沉穆,构图疏朗有致,简约奇逸,以书法写意挥洒,笔到意到,机趣盎然。常以金石之法写枝画干,以草书笔法圈梅撇兰,风骨劲峭傲然。他曾刻有"以古籀草隶作画","老来篆隶入画图"印,可谓是其作画之径。如画于1956年的《雪日茶花图》,1964年的《大地皆春》及《八哥竹石榴》等,皆笔酣墨畅,格古韵新,在强烈的形式感中突显高迈郁勃的金石气。

钱瘦铁的书法造诣全面，功底深厚、四体皆能。特别是他的从艺生涯始于早年的刻碑工坊，因而他由碑入帖，以碑参帖，帖以碑举，碑帖并重。他的篆书宗师于缶翁取法的石鼓文，并效法钟鼎铭文，立意高古，法度谨严，其运笔沉郁遒劲而朴茂丰逸，线条苍莽稳健而爽辣拙厚。后又掺以秦权量、诏版、汉砖瓦、封泥等文字形态要素，用笔更加豪放恣肆而古拙率意，结体欹正相依而神采隽逸，可谓是融贯古法而自出新意。同时，他亦用篆刻之法处理线条的转折起伏与走势造型，更赋予了笔墨以一种肌理质感与视觉效果，衍化折射出强烈的金石气息。可以讲他是继其师缶翁后，又一篆书大师。如其1962年，写给其弟子汪大文篆书联："安知峰壑今来变，不露文章世已惊。"大气磅礴，力扛九鼎。

钱瘦铁书法另一强项是隶书，他取法于汉隶经典《张迁碑》《石门颂》，笔法古朴浑厚而持重稳健，其结体则虚实相应而开合有度，尤其是碑刻的造诣，使其在笔意线形的展示上更趋于高逸雍容。后他又取意于汉简及碑额，灵动多变而神融笔畅，更展示了一种法外之趣的烂漫之姿和潇洒之态，如《于谦填河铁犀铭》，笔意洒脱不羁，进入了一种书写的化境。钱瘦铁的草书以孙过庭的《书谱》为基，后又研习王羲之《十七帖》，运笔畅达劲健，气势洒脱朗逸，以度高韵胜为传神。其晚年草书转折顿挫，融入锲刻之意，颇有金石质感，更趋奇峻险绝之姿，如《论画手札》。钱瘦铁的楷书取法甚古甚高，主学汉代有"楷书鼻祖"之尊的钟太傅，兼学《曹娥碑》，用笔婉约秀逸而雍容朴穆，气息雅致稳健，颇有书卷气。

篆刻，是钱瘦铁的立身之艺，从碑刻到篆刻，其奏刀镌琢，铁笔纵横，成就卓然。钱瘦铁早年的碑刻学艺，为其日后的刀笔之功打下了深厚的根基，在其师郑大鹤的引导下，他以汉印为宗，摹刻临习，朝夕摩挲，并研习明清诸家，取法邓石如、赵之谦等。后得一代篆刻宗师吴昌硕面聆亲授，师法缶翁，以钝刀硬入，古茂雄悍为主攻。继又广采博取，以周秦古玺、钟鼎铜器、砖瓦镜及唐宋官印等为参照，因而融铸百家，气象恢宏，蔚为大观。

钱瘦铁篆刻的篆法，以汉印为大宗，大气规范而严谨稳重，即用篆是谱系化、经典化的，相当纯正，显其功力造诣。但在篆法的结构上，他却能随机应变、因地制宜，为印造势，其屈伸挪让、顺逆疏密、迎让虚实等巧妙组合，匠心独运而别出心裁，从而使其篆法生动自然、巧拙互用、应印而变、气象开阔。如"钱厓印信"，用汉将军印印法配篆,繁简相处,线条朴拙,显得饱满而雄浑。"墨法"印则取钱币篆法,笔画奇谲古奥,劲挺简穆,生涩互重。钱瘦铁印的章法敢于大开大合,大疏大密,简丰相应,奇崛恣肆,可谓是"可贵者胆,所要者魂",突显了他独到的印面空间观念和结构意识,从而给人以开阔宏大、气象万千之感。如"虎踞龙盘今胜昔"印,伸放缩让、紧凑虚实,真正演绎了"密不容针,宽可走马"的章法要路,其白文印的线条和留红的印底相映成趣,呈现了极有视觉效果的空间美感。又如"食金石力"系小印,四字均结构收紧聚合,"石"字上收留出空白,"力"字一撇上昂与其呼应,疏密有致而和谐开朗,展示了小印大气象。

钱瘦铁篆刻的刀法,是他篆刻中的华彩乐章,也是近代篆刻家中的集大成者,冲削勒琢,钝刀硬入,如庖丁解牛,酣畅淋漓,得心应手。钱瘦铁刀法早年取法缶翁,豪爽雄浑,苍莽跌宕,使印文线条气淳质厚,章法印面浑穆凝重,有高古之气。然而其人到中年,特别是晚年之后,他的刀法臻达纯任自然之境,更趋于写意性与造型性,冲刻披削、勒刀涩势等,使线条呈现了生动的气韵及丰富的质感形态,奇谲中有庄重,险劲中有雍容,爽辣中有鲜灵,豪放中有古穆。为此,钱瘦铁曾自信地说:"坡老云:'天真烂漫是吾师',予于篆刻得之矣。"如他的"天真烂漫是吾师"印,用刀洒脱随意中见浑朴厚重,线条丰逸中显劲健奇峭。"老铁"印则信刀由之,骨丰神畅中见排闼雄强,特别是多重并笔的锲刻之法,使线条更加厚重安闲,印面更加密阔气派,刀笔互衬,相得益彰。唯其如此,韩天衡先生曾颇有历史感地评其曰:"钱氏用刀之妙,是五百年明流派印史上罕有的,特别是他对刀刃、刀背作用的敏颖理解和挥运,刀下的线条有笔的八面用锋,又有刀的刻勒韵味。"

综观钱瘦铁的书画篆刻,那种激情与睿智、鲜活与张力、豪爽与豁达、气格与雅逸,是超越了施技层面及展示需要的,也非是单纯的文人画的表现效应,而是带有勃发的生命激情的燃烧及深刻的人生感悟。

钱瘦铁篆刻艺术略论[1]

徐 畅

Introduction to Qian Shoutie's Seal Carving Art
Xu Chang

一、钱瘦铁的生世与艺术经历

钱瘦铁先生,原名厓(1897.2.13—1967.12.18)[2],字叔厓,号瘦铁,以号行。江苏无锡人。所居曰"吾庐""瘦铁宧""梅花书屋""峰青馆""磅礴轩""芋香宧""蓊淞楼""临江观日楼""契石堂""宝董室"等。别号数青峰馆主等。

少时家贫,12岁自家乡到苏州护龙街唐伯谦的汉贞阁学刻碑。唐氏为刻碑名手,又精碑帖鉴别,还兼擅装裱,与郑文焯、吴昌硕有碑帖装池的业务关系,瘦铁因

---

[1] 原载于《西泠艺丛》2015年第2期。
[2] 钱瘦铁生年多误为1896年,如《书画篆刻实用辞典》,上海书画出版社1988年版,第538页,《民国篆刻艺术》,亦承其误。钱氏有"吾生于丁酉年正月十二日壬寅"为证。以《近代印人传》最为详实。

识郑、吴二公①。"由于职业上的关系,认识了当时著名的金石家大鹤山人郑文焯,郑先生是光绪元年举人,天资卓越,造诣极深,工山水,精篆刻,由于先叔诚朴好学,受到了大鹤山人的赏识,并循循指导,后又介绍他与吴昌硕、俞语霜相识。在19岁时即拜三人为师,受到他们的教诲与帮助。"②"诗文受教于郑文焯,治印为缶庐弟子,后又识画家俞语霜,授以六法。"自谓艺事受此三家影响最大。

瘦铁在汉贞阁满师后仍居苏州,以刻印为业。郑文焯为署斋名"瘦铁宧",因号瘦铁。年二十,移居上海,并随吴昌硕参加海上题襟馆等金石书画会的艺事活动,得以与俞语霜、陆廉夫、王一亭、黄宾虹、吴待秋等名家交往,艺术视野更加开阔,亦得启掖之益。民国初年,郑文焯代订润例,其中有"持方寸铁,力追两汉,他日当与苦铁、冰铁并传"之语。苦铁即吴昌硕,冰铁是王大炘,由此"江南三铁"盛传一时。

钱氏得三位大家的指点,得其要领,艺事进步很大,声名鹊起。1923年5月③,日本著名画家桥本关雪访沪,盛赞钱氏技艺,遂与桥本关雪相伴回日。在日期间,求印者甚众,并应日本艺术界邀请举办画展。1924年,应上海美专之聘,钱氏回国任该校国画系主任。此时,他的声誉日高,曾和画界友好创办"红叶书画社"和"中国画会"。

1933年,钱氏再度携家眷赴日本侨居。时其书画篆刻日臻佳妙。亦常在1937年创刊的《书苑》杂志发表文章,深为东瀛同道所推重,并举为该刊"添削御担当"④。

---

① 马国权:《近代印人传》,上海书画出版社1998年版,第284页。
② 钱大礼:《钱瘦铁先生的书法篆刻》,载于《书谱》第八卷第一期(总44期),1982年2月第14—16页。
③ 《近代印人传》记曰"1922年,日本著名画家桥本关雪访沪,……翌年三月,应日本艺术界邀请赴日举办画展。"恐误。《瘦铁印存》(西泠版)桥木关雪《序言》:"癸亥(1923)四月……终促瘦铁钱君相伴回焉……故旧门生乞刻者颇多,皆是秘名国名流逸士也。"癸亥四月,即阳历1923年5月。
④ 到日本后,因为发表文章和作品被书画篆刻界所推崇,于是增补为顾问。御担当即顾问。添削,增补。引见《书苑》第一卷第五号第18页,三省堂发行,昭和十二年(1937)七月。多误为"日本《书苑》杂志创刊时曾受聘为顾问。"如《书画篆刻实用辞典》上海书画出版社1988年版第538页。《民国篆刻》江苏美术出版社1994年版第103页,延其误。

郑文焯为钱氏书写的推荐函。有"震亚公司有镌刻一门,敞友金匮钱生瘦铁素工篆刻,金石竹木并游刃有余,品亦端谨,欲得一席之地。躬可行道,不求薪俸,作住局内,兼为经理之佐,以尽义务,何如?敢为介绍,即希汲引之,奖掖后进之一道也。"云云。录自《郑叔问先生尺牍》,南京图书馆藏本。

值得钱氏自豪一生,而且值得我辈敬仰一世的有两件事:

"1923年3月4日,首应日本艺术界邀请赴日举办画展。濒行,其师俞语霜托将所作佳品携东以待赏音,亦颇受欢迎。及归沪报命,而语霜已逝,瘦铁悲恸莫名,遂将所得,为印遗集,以永其传。"①钱氏尊师的品质令人敬佩。

1937年,"曾力助郭沫若暗中回国参加抗战"。抗战爆发后,瘦铁与郭沫若、金祖同对日本当局之种种行径,深致不满,商议先后归国,共卦国难。郭沫若先生首先行动,瘦铁为之筹措款项。离日清晨,亲雇一车至其寓所,并将己之西装革履与之,使郭能易其睡衣,顺利不辞妻子而悄然化名返国。事后,被日本警方侦知,遂将钱氏逮捕入狱。审问时,欲强令钱氏下跪,瘦铁怒不可遏曰:"此不唯污辱我,实即污辱整个中国人。"且执铜墨盒以击日警,正义凛然,表现了中国艺术家的高尚民族气节,此事为四方传扬。在狱中曾被日警猛殴,晕倒在地,倍受虐待,并且获刑四年。后经日本友人四处奔走,钱氏于1941年出狱,四方求书画篆刻者倍于从前。此事人多称之,友人赠诗,中有"当年投狱甘无悔,自有平生国士知。"②

1947年,钱氏以中国外交代表团文化秘书身份赴日,并举行画展,与彼邦艺术界多有交流。

1949年后,钱氏曾为上海新中国画研究会会员、上海中国画院画师、中国美术家协会上海分会理事。不幸于"文革"中被诬为"特务",受辱患病,受迫害致死。

二、钱瘦铁的印作遗存

2015年5月16日笔者应桐乡市文化局之邀请,在君匋艺术院为青桐印社社员讲学。君匋艺术院提供钱君匋藏钱氏印谱三种,承学棣蔡泓杰多次提供印例图片资料。学棣杜志强将自己多年搜集的钱氏印谱五种及其他资料慷慨解囊。南京大学图书馆艺术阅览室获见钱氏印谱三联本一种。现分述如下:

---

① 马国权:《近代印人传》,第285页。
② 马国权:《近代印人传》,转引自金祖同:《郭沫若归国记》,言行出版社1945年版,表述较详。

（一）君匋艺术院藏本，钱君匋先生旧藏

> 钱君匋（1906—1998），出生于浙江桐乡，原名锦堂，字孺斋，号舞斋，笔名程朔青。精诗书画印、音乐及书籍装帧。早年即驰名新文艺界。长于鉴赏，收藏极富。曾在中国北京、上海、长沙、香港，日本大阪等地举办书画篆刻装帧展。有《君匋书籍装帧艺术选》《鲁迅印谱》《长征印谱》《钱君匋印存》《钱君匋论艺》《豫堂藏印甲集》《中国玺印源流》(合作)等。曾任华东师范大学教授，并应美国华盛顿大学之邀，赴美讲学半载。曾任西泠印社副社长、中国书协上海分会理事、中国美术家协会会员、中国音乐家协会会员、上海文史馆馆员、上海市政协委员等。君匋先生1987年捐献书画等文物4 083件给桐乡市，桐乡市专门建立了君匋艺术院收藏这批文物。他有句名言："不作保险箱。"曰："我希望开门办院，欢迎读者专家来研究这批文物，不要把它办成一只大保险箱。重视前人是为了造就后人，否则是为了好古而好古，没有意义。"君匋艺术院同仁的确贯彻执行钱说，笔者先后两次去查阅资料，都受到热情接待，有求必应。

1.《瘦铁印存》，钱瘦铁篆刻。瓦蓝色封面，钤印本，一函两册。函套题签："瘦铁印存，钱君匋署。"(楷书，钤"钱君匋"朱文印)简称"君匋一"。

册一（高19.8厘米，宽13.5厘米）。淡蓝色单线版框高12.8厘米，宽8.9厘米。此册存印90方，间附边款17面，始于"钱厓印"白文印，止于"云霄一羽"朱文印。

封面签题：瘦铁印存，老药(行书，钤"唐云印信"白文印)

书名页：璞生属，瘦铁印存(篆书)，然犀检(款识行草书，钤"楚生小玺"白文印)

沈序：吾友钱厓瘦铁工书画，尤擅刻印。初从吴缶翁游，得其神髓。复追踪秦权莽量瓦当钱范，以博其趣，顾不以自足，好临虢季子盘铭，覃思耽之，刀法为之一变。晚年沟通众派，泛滥苍广。尝为余俶唐官印，朱文绸缪宛转，别具意态，实出皖浙诸家外。使假以数年，所治必愈奇辟，惜乎未睹其至也。其弟子徐君璞生，以集拓瘦铁印存乞叙，嘉其用心之挚，且勤为识数语，自媿(愧)不足以传吾友，聊廑徐君之意而已。茧翁识。时年七十又二。(钤"沈剑知印"长方朱文印)

> 沈剑知,名觐安,以字行,偶署"兼之"(据叶扬《"董鬼入腕":三记沈觐安》公布沈氏书法《临东坡真迹》落款),晚号茧翁,福建闽侯人。觐安系沈葆桢曾孙,毕业于海军学校。民国时曾任海军司令部参谋、总秘书等职。中华人民共和国成立后,供职上海博物馆,兼任上海市文管会委员。工诗、书、画,有"三绝"之称,著有《懒眠庵诗文稿》《茧窝残稿》。关于沈氏的生平轶事与诗书画艺术,可参见郑逸梅《艺术散叶》、陈巨来《安持精舍人物琐忆》等。叶扬的近著《翰墨风流》一书收录三篇短文《一代狂士:记沈觐安》《无一俗笔:再记沈觐安》《"董鬼入腕":三记沈觐安》,亦足备参考。沈氏的生卒年,据《福州人名志》等多种资料,皆记为1901年到1975年。因此,他在《瘦铁印存序》中说,"时年七十又二",则为1972年,印谱当即成于是年。但是叶扬在《一代狂士:记沈觐安》中记其生卒年为1902年至1976年,不知何据,还待详考①。

钱氏为徐璞生刻多方印章。白文汉印"琢斋",边款:"1965年国际劳动节叔厓为徐璞生刻。"徐璞生(1921—1979),字琢,号琢翁,江苏镇江人。青年时即好篆刻,初从浙派入手,继学吴让之,能得其容及婉畅之致。后师事钱瘦铁,晚年所作,奇肆雄伟,具钱瘦铁风貌。自刻印辑有《琢斋印存》。如知茧翁沈剑知的生年,此印谱的成谱年代即可立断。惜未查知。此谱是钱氏弟子徐璞生集拓钱氏平生所刻印迹,早中晚各期均有。曾商请钱氏之好友沈剑知撰序,唐云、来楚生等先生题签;后归君匋先生收藏。从"使假以数年,所治必愈奇辟,惜乎未睹其至也"观之,撰序之时当在钱氏身后。沈氏之评价的确中肯,正因为是好友,了解之深,言辞乃切。

册二(高19.8厘米,宽13.5厘米)。淡蓝色单线版框高12.8厘米,宽8.9厘米。一页一印,偶有双印者。此册存印77方,间附边款49面。始于"学两汉六朝人书法"朱文印,止于"师造化"朱文印。

---

① 原稿"茧翁""沈剑知"因撰稿仓促及疏忽误为"萧翁""沈剑如",经卢康华先生指谬,今据卢先生提供的资料更正补充,特此致谢。

瓦蓝色封面，无题签。

书名页：瘦铁印存。老药题。(款识行草书，钤"唐云印信"白文方印)

2.《瘦铁印存》，钱瘦铁篆刻。瓦蓝色封面，钤印本。一函二册。函套题签："瘦铁印存，甲子(1984)君匋题。"(楷书，钤"午斋"朱文印)函套背脊题签："瘦铁印集，甲子七月君匋。"简称君匋二本。

册一(高22.2厘米，宽13.5厘米)。黑色粗单线版框高12.6厘米，宽9.7厘米。此册存印49方，单页单印，全谱无款。始于"叔匡"白文印，止于"踏遍青山人未老"朱文印。

册一封面题签："瘦铁印集，君匋。"(行草书，钤"午斋"白文印)

扉页自题："瘦铁篆刻集，甲辰(1964年)三月，叔匡自题。"(行书，钤"老泉"朱文印，"叔匡"白文印)此册另无钤盖收藏印。

册二(高22.2厘米，宽13.5厘米)。黑色粗单线版框高12.6厘米，宽9.7厘米。此册存印50方，间附边款1面。始于"瘦铁"朱文印，止于"钱厓敬写"白文印。

封面题签："瘦铁印集，西爽。"(钤"黄西爽"白文古玺印)

此两册印谱是钱生前所集拓的印迹，有其自题谱名，成谱当在甲辰(1964年)三月。

尾页润格墨拓曰：

  钱瘦铁书画篆刻润格

  行草每方尺八元

  山水每方尺卅元

  花卉蔬果减半

  篆刻石章每字五元

  象齿犀角加倍

  过大、过小别议

  劣石不刻

癸卯(1963年)正月重订

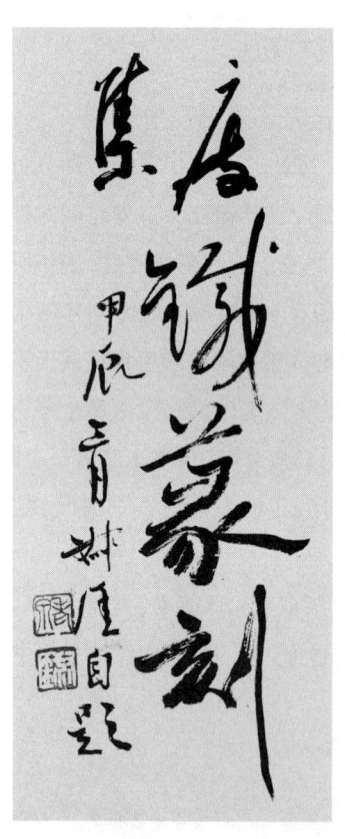

《瘦铁印存》扉页

3.《毛主席诗词十首篆刻印集》土黄色封面,钤印本。一册(高25.2厘米,宽15.2厘米)。无版框。无页码编号。此册存印68方,单面单印,基本以小篆(或类似石鼓文)入印,全谱无边款。始于"钟山风雨起苍黄"白文印,止于"全无敌"白文印。

封面题签"毛主席诗词十首篆刻印集,钱瘦铁刻,癸丑(1973年)新夏钱君匋题"(楷书,钤"丁斋"白文印)。

书名页:毛主席诗词十首篆刻印集(隶书),一九六三年八月瘦铁(草书)。钤"钱厓之印"白文印。简称十首本。

甲辰(1964年),钱厓(瘦铁)辑自刻印成《毛主席诗词十首篆刻集》二册(《中国印学年表》232)。笔者推测:此为自存稿本,出版所据。遗憾的是因时间仓促及条件所限,未能将此稿本与印刷本对勘,以得实证。

(二)瓦翁先生藏本

> 卫东晨(1908—2008),别名卫止安、瓦翁,祖籍浙江萧山,生于苏州。工书,善刻印,富蓄藏,尤以明清印谱为大宗,生前多捐献给苏州市图书馆。仅珍善明刊献之公有者,即有18种24部60册之多[1],以及少数善本无偿捐献给苏州市图书馆,使更多人从中获益。此后,他还把珍藏的近现代名家方药雨、陆廉夫、杨千里的书画分别捐赠给苏州图书馆、吴江博物馆等。瓦翁最早以篆刻名世,治印主张"知古知今而非古非今"。1989年,全国第四届书法篆刻展览在北京举行,瓦翁以行楷宋范成大《石湖文略》大册页参展,在一等奖中名列第一。生前为中国民主促进会会员、中国书法家协会会员、中国文物学会会员、江苏省文史研究馆馆员、苏州市文联艺术指导委员会副主任、苏州市园林绿化局顾问、苏州市书法家协会顾问、苏州图书馆顾问、东吴印社名誉社长。善交游,幽默内涵,乐观豁达,故得以长寿。逝前有一句名言:"再会吧花花世界,永别了人间天堂。"

---

[1] 1999年,瓦翁捐献《印谱存目》,见杜志强撰《片瓦草堂珍藏印学资料述录》(双羊印丛之四)第33—37页。

1.《瘦铁印存》，钱瘦铁篆刻，土黄色封面，民国十三年（1924年）影印本，上海西泠印社发行，商务印书馆印刷。瓦翁卫东晨藏本。一册（高19.1厘米，宽13.0厘米），无版框，双面钤印。单面6至11印。正文始于"蛙吹草堂"白文印，止于"清娱"白文印。无页次。序、印合计13页，存印156方。以姓名、斋馆、成语印居多。简称西泠本。

封面题签："瘦铁印存，农冉题。"

书名页题："瘦铁印存（篆书），甲子（1924年）凉秋吴昌硕篆年八十一"，钤"苦铁"白文印、"老缶"朱文印。

卷前有自刻《梅花村舍山水图》拓片一幅。又日本桥本关雪甲子之岁（1924年）新春短序，曾熙农髯甲子重阳后一日小序。

卷末有甲子二月符铸题跋及所订润笔。

桥本关雪《序》曰：

癸亥（1923年）四月[1]，余携妻孥游杭苏之间，终促瘦铁钱君相伴回焉，留杖我白沙书庄，故旧门生乞刻者颇多，皆是秘国名流逸士也。君近辑所刻之印，以欲记鸿爪，征余言，余原不精篆刻，虽然今看其画俊逸清秀，深得古人之旨，其刻又必高雅可知也。聊记一语。

甲子之岁（1924年）新春，东海谪仙书于沪上客（钤"关雪"朱文印）

曾熙《序》曰：

钱君瘦铁大鹤山人弟子也，凡画佛刻印多出瘦铁手，吴缶叟见瘦铁所刻称为两汉遗裔，瘦铁亦尝接几席。近日刻者高言两汉三代，然如瘦铁之骨韵遒隽盖鲜矣，因书其耑。

甲子重阳后一日农冉熙（钤"曾熙私印"朱文印、"农冉"朱文印）

曾熙（1858—1930），初名嗣元，字子缉，号农髯、农冉、南宗。湖南衡阳人。光绪二十九（1903年）进士，曾主讲石鼓书院，并兼汉寿龙池书院山长。民国成立后在上海卖字，书法苍劲遒逸，自开面目，见重艺林，与清道人李瑞清齐名，时人并称"曾李"。著有《春秋大事表》《历代帝王年表》。

---

[1] 癸亥四月，应是阳历公元1923年5月。"终促瘦铁钱君相伴回焉"，钱君应是与桥本一道赴日的。

尾页符铸题跋及所订润笔。

是谱公藏仅上海图书馆、哈尔滨图书馆。私藏未知几何，可见相当珍贵。

印作多秦汉印，恪守昌硕遗制，尚未变法。

2.《瘦铁印存》，钱瘦铁篆刻，卫东晨辑藏。瓦蓝色封面，钤印粘贴本。二册（高28.3厘米，宽12.8厘米）。墨色粗单线版框高13.5厘米，宽8.2厘米。单页单印，存印凡57方。书口上方题"紫庵印集"。简称瓦翁本。

封面题签："瘦铁印存"（篆书，钤"瓦翁好之"朱文印）。

册一存印33方，间附边款一面。始于"叔厓永宝用"白文印，止于"读书札记"白文印。

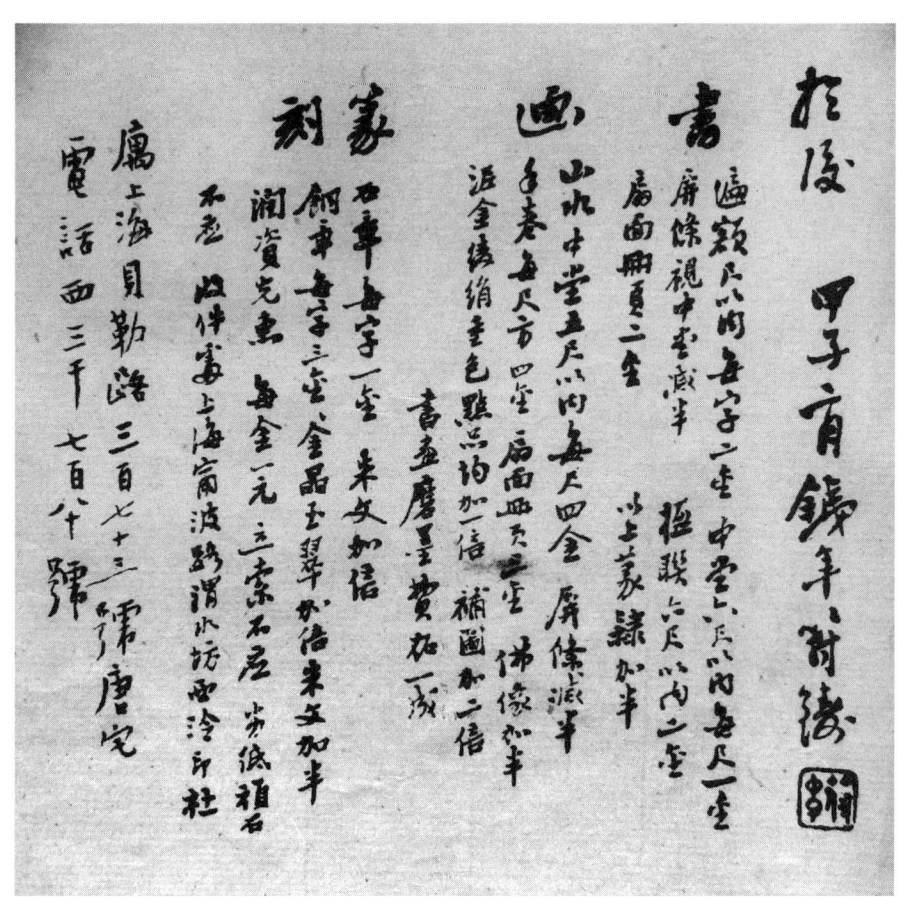

《瘦铁印存》尾页符铸题跋及所订润笔

册二存印33方,间附边款一面。始于"朗西画印"白文印,止于"铁师"朱文印。

首页"叔厓永宝用"白文印版框右下隅钤图形兼文字收藏印"瓦翁藏书"一枚,行草书四字之上刻一童稚正在读书,正是瓦翁自身的写照,天真烂漫、爱书、读书、惜书、藏书的心态跃然印上。

此辑有两印有边款:一,翛翛,边款曰:"戊辰(1928年)三月";二,黄山袖得故乡云,边款曰:"己亥(1959年)中秋为吉生兄篆"。可知此辑藏应在1959年以后[①]。

(三)王哲言先生藏本及藏印

> 王哲言(1914—2009),原名王寿坤,斋名槐阴层晖庐、退网庐。世居虎丘,职事申城,颐养桃坞。读初中时自学篆刻,18岁时到上海工作,得常熟庞士龙先生指导。1938年在鼎镕书画社得识了黄葆戊、王师子、汤东甫等先生,多受教益,后拜黄为师。先后与来楚生、邓散木、钱瘦铁、王福庵、吴朴等先生交往,受钱瘦铁先生的"舞刀"法影响最大,一生治印数千,多为书画家所用。喜收藏名印、书画印谱、旧拓善本,"不计数千",明清印石亦达数百,原钤印谱达100多种。身后集《哲言印留》,丰子恺题写书名,韩天衡作序。生前为中国民主促进会会员、中国金石篆刻研究社社员、上海书法篆刻研究会会员、上海市书法家协会会员、苏州市书法家协会会员、东吴印社顾问、南京印社社员。

1.《叔厓印存》,钱瘦铁篆刻,王哲言槐阴层晖庐集钤印本,又称《槐荫层晖室集印蜕·叔厓印存》,无页次;王哲言跋、润格拓片、印合计40页,存印101方。简称哲言本。

书名页题:"叔厓印存(隶书),然犀",未钤印。"然犀"系来楚生先生之别号。

首页为单张散页印刷品,版框内横竖界格置10印。版框右侧印"瘦铁篆印集",版框左侧有刻印润例。

[①] 引自杜志强撰《片瓦草堂珍藏印学资料述录》(双羊印丛之四)第230页。

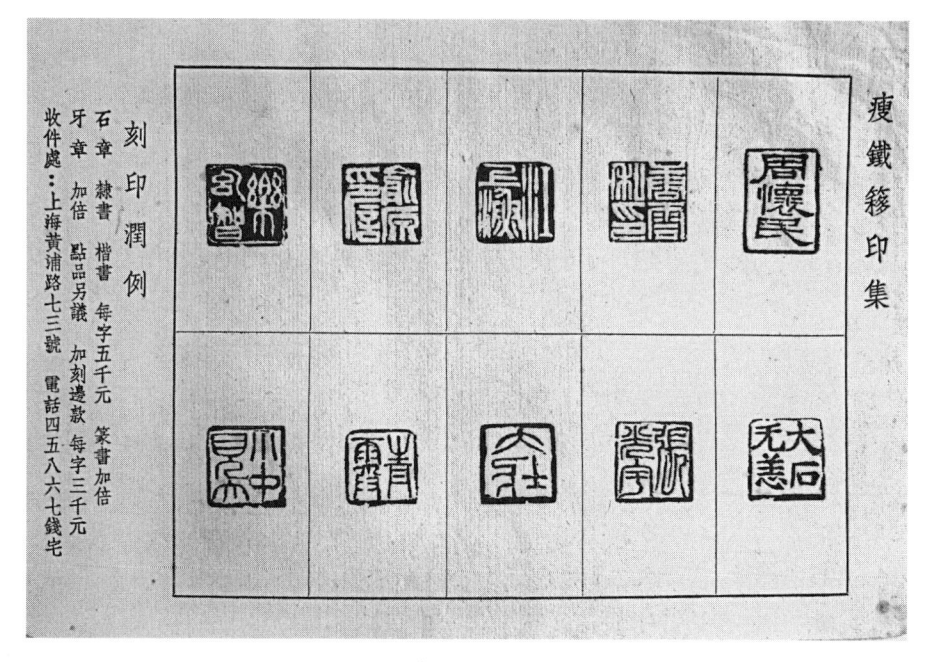

钱瘦铁刻印润例

刻印润例：

石章：隶书、楷书每字五千元。篆书加倍。

牙章：加倍；点品另议。加刻边款每字三千元。

收件处：上海黄浦路73号。电话：45867钱宅。

第二页细界格版框，书口有篆书"印存"二字。右下角版框外有"半青馆"三字。背面刻款墨拓癸卯（1963）正月重订《钱瘦铁书画篆刻润格》，与君匋二本相同，故不录。

23页无版框，每页一印或2、3、4、5、6、7、10印不等，计31页。

细墨线版框，书口有篆书"哲言集印"四字。页置一或二印，计4页。

王哲言跋：

海上金石书画艺人钱叔厓瘦铁早年师事吴缶庐，尽得其传。钱氏告人曰：其隶书尤为特长，晚年篆刻力求创格，终成自己面目。用大厚阔刀骋驰，斧劈成印，爽朗线条浑厚，金石气跃然纸上。钱氏于1967年冬，哮喘复发病故，年七十。其生前与人谈艺时有心得相告，如曰《十钟山房印举》所收印万枚，其中作者至少二千人，二千人之风格变化，足资采访无尽。又曰刻印不嫌破碎，但字形不可模糊变形，致使误解不识。又曰其作画用墨常取法近人，俞语霜六十之后，曾游川汉，写雁塔、三峡之景数十幅归，年龄虽老，仍对技艺研求不懈也。

己酉岁大暑王哲言记于黄浦江畔

2. 槐荫层晖庐珍藏钱瘦铁印作三品，王哲言收藏。

"沈铭昌年六十以后书"，寿山石，昂首兽纽。边款曰："丙寅九月瘦铁治石·鲁珍。"

"吴兴伯子"，寿山石，薄意。穷款两字："叔匡"。

"待月簃"，寿山石，兽纽。楷书边款曰："叔匡仿古玉印"。

3.《槐荫层晖室篆刻·品评册》，王哲言篆刻，钱瘦铁毛笔墨书品评，槐荫层晖庐藏本。

无封面题签，无序跋，无页次；细墨线版框，书口有"哲言印留""槐荫层晖庐"仿宋体字。单面钤印33方，一印一评，钱瘦铁以宣纸毛笔墨书单纸另附，计33纸。

钱氏行草书法秀丽工整，出自二王，却更为灵动飞扬。他对哲言先生印作中的用字、刀法、章法进行了点评，表现了他的治印理念和艺术观点，以及艺术教育的理念。值得后辈晚生学习的有几点：

（1）肯定成绩，指出不足，鼓励进步。如"荪壁山房"等。"可喜！不可多得之佳作。"如"溯空遥想登临""闲情""倚天翠湿"等。"字体安排很紧凑，难能可贵。"（"相逐寒潮去"）。"此印颇好。"（"沾愁绪"）等等。品评中，沉毅、幽静、疏逸、浑成、古茂、雄穆、佩服、钦佩，不吝褒词，以资鼓励。

（2）在技术上多有指导，如篆字笔画多少影响到布白的疏密和全印的协调均衡；烟和煙在小篆中为异体字，煙为正体，烟为或体，可因布白不同而选用如"向烟霞堆里"。边线可以轻度击之"（"摹茧字"）；"边线略为击之"（"晋人旧隐""荷制兰缨"）；"击边过碎，美中不足"（猿鸟幽深）。印边作残是印人常用之法，"似断非断之势"，可破板滞，调疏密，用之过当也会破坏整个印面的美观。

（3）指出边线的宽窄，线条的粗细，用刀的软弱或坚挺，布字的疏密，偏旁的配合对整个印面的影响。强调全印各字结体的方折或圆转要统一（"香冻梨花雨"）。为了更形象地表达自己的意见，甚至还写出修正印稿，以为示范（"林霏散白"）。

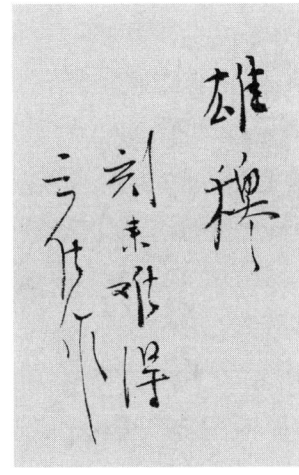

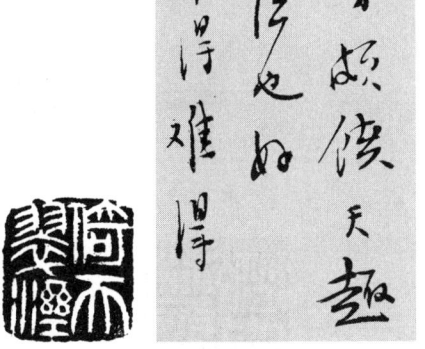

此方刻来刀法稳有力章法也很好,就是山字中央一笔可以修得挺硬房字广一划要以修得挺直不臃肿总四字的笔划绝全要修一刻去反所嵌味浑厚俱备究臻难得之佳作也

苏壁山房

闲情

逸言颇俟天趣刀法也如难得难得

倚天翠湿

此方烟字可篆，烟则全印的俏朵以此更见平衡而字章法的堆字土旁更从侧字旁堆以际看老更有劲全印之比较照焕

向烟霞堆里

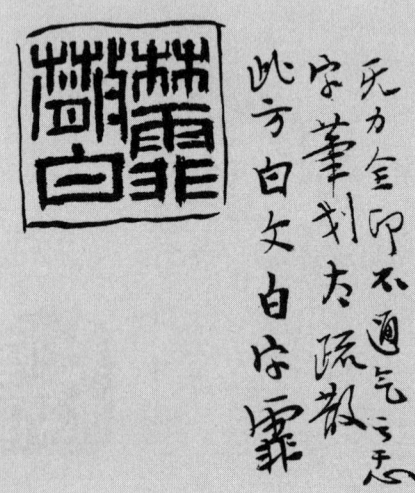

无力全印不通气之志字笔划大疏散此方白文白字霏

林霏散白

（4）有的印"无办法修改，只得忍痛重刻"，或建议"此方……不在《哲言印留》之中"。足见其对学生要求严格。

（5）循循善诱，谦谦君子。如："这方刻来得心应手，是难得之佳作。未识哲言我兄尊意然否？"（"分明"；"云压沙鸥暮"）对于多处不妥之处，在阐述之后，用"……以为如何？"（"箸铃屋"）以商议的口吻与学生对话，让对方易于接受，亦表现了钱氏的虚怀。

读了这些评述，我们不仅欣赏了美妙的书法艺术，也收获（吸收）了许多篆刻艺术的养料，同时，也感受到了一位长者艺术家的谆谆教诲和期许。

从上几种均为私家收藏或捐于公藏，甚为稀见和珍贵，而且是首次披露面世。

钱氏除上述几种印谱外，据查还有以下几种：

1913年，钱厓（瘦铁）刻印《瘦铁印存》一册由西泠印社出版。

1935年，钱氏辑自刻印成《瘦铁印存》四册，时居日本，是在日本出版的。当时

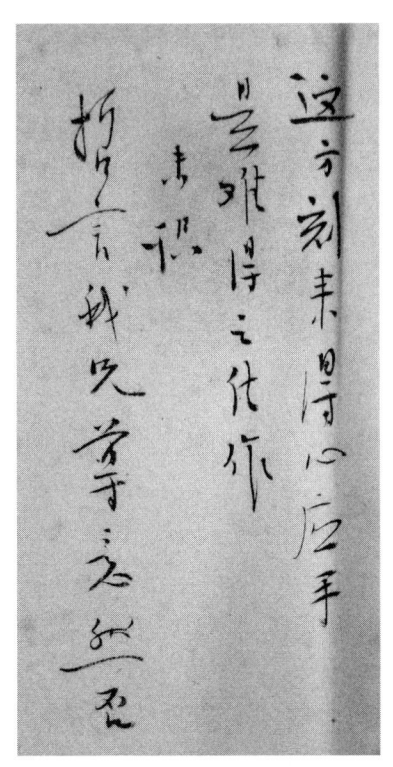

云压沙鸥暮

彼邦篆刻界耆宿长尾甲有诗祝贺"六书缪篆费经营，金薤琳琅布字精。腕底籀斯奔赴处，操刀戛戛自然成。"（三联）确实，自然天成是钱氏篆刻艺术的显著特点。据《中国印谱解题》载，《瘦铁印存》1935年袖珍四册本，为钱氏"昭和初年寓居京都期间，颁发同好之印谱。"共存印453方，一页一印，开本仅高8厘米，宽6.5厘米。卷末有长尾甲题词。所知国内罕见。

1987年，《现代篆刻选辑》（六），上海书画出版社1987年版，收高络园、翟树宜、钱厓（瘦铁）三家（《中国印学年表》第263页）。上述三种笔者未曾得见。

台湾《印林》双月刊曾在第六卷第五期（1985年）以"钱瘦铁跌宕恣肆"为题编辑专辑①，虽然笔者在20世纪90年代初期曾执掌该刊编务三年有余，蓄藏了较多的《印林》资料，但恰恰所刊的这卷缺佚，不能参看台湾篆刻界搜集的印作和对他的品评高见，深为遗憾。

《民国篆刻艺术》，孙洵著，江苏美术出版社1994年版。简称民国本。

《近代印人传》，马国权著，上海书画出版社1998年版，第284—287页。简称近代本。

《中国历代印风系列·吴昌硕流派印风》，茅子良主编，重庆出版社1999年版，第171—183页，计74印，边款10面。简称印风本。

《中国篆刻全集·卷五》，邢振国主编，黑龙江美术出版社2000年版，第239—242页，计29印，边款2面。简称全集本。

《钱瘦铁印存》，吴颐人、钱大礼编，上海三联书店2001年版，分上下两册，计395页。由钱氏弟子吴颐人及亲侄钱大礼合力编撰，除公开出版的印谱外，多有私家收藏入编，印例宏富，资料更为多样。吴颐人《咬得菜根百事可为》（序一）、《后记》和钱大礼《我的叔父钱瘦铁》（序二）、舒文扬《钱瘦铁篆刻简论》对于钱氏的人品、经历、艺术评析都有许多真实清晰的资料和全面的评价。印例本文多有选用。简称三联本。

《钱瘦铁年谱》，了庐、钱明直编著，上海人民美术出版社2007年版。卷首的几张照片记录了钱氏的交游、治学和艺术活动，非常珍贵。

---

① 引自《印林》总第90期《印林·创刊十五年之总目录》，瘦字下漏排"铁"字；"咨"疑"姿"字之误。

三、钱瘦铁的篆刻艺术

基于有些代表印作多次转载,多谱引录,故在分析与评述钱氏的艺术特色与成就时,只注明该印引自其中之一。我们根据边款记年和印谱出版年代来引用印作,以萧翁沈剑知《序》中的评语作早、中、晚三期的艺术分析如下。

(一)初从吴缶翁游,得其神髓

我们将1924年以前,作为钱氏篆刻艺术的早期,作一些艺术分析。

"学两汉六朝人书法"(三联),款曰:"壬戌(1922年)花朝,与吴缶翁作嫩凉夜饮于春水草堂,纵谈汉印,乘兴奏刀,凿此八字,翁谓类其二十年前刀法,翁绐予抑勖予耶?予则曷足以判之,还以质之亚文先生教我。金匮钱瘦铁。"初学缶翁风格,具见渊源所自,亦所以窥其造诣之高远,字里行间足见其谦虚之态度。

"万顷烟波是家田""醉古佛龛主""语霜"(西泠)等印皆以小篆为主,掺以大篆结体,边框以宽窄立体边衬托,以宽边托底,都继承了吴氏的衣钵。曾熙私印(三联)、农冉(三联)、谭延闿印(三联)、美意延年(西泠)、方仙(西泠)等朱文印方折用笔,"美意延年"方正秀整,"方仙"则占位大小不同,两字穿插,更为粗犷雄强。"一亭弟子"(甲子1924,三联)则稍用圆笔,不失吴氏风貌。

1924年新春,曾熙为《钱瘦铁印存》(西泠版)封面题签并题序,激赏溢于言表。故曾熙私印、农冉两印应是此前所刻。

谭延闿(1879—1930),初名宝璐,字组庵、祖安。曾短期任过民国政府主席等高官,书法有时名。因谭延闿印年款记(壬戌1922),则且(祖)安、养空居士(三联)二印也应是该年所刻。"祖安"仿六国币文,"养空居士"仿汉金文,皆有韵致。

1924年以前所刻的汉印,不论阴文还是阳文,细白文还是粗白文,用缪篆是共同特点,但在字中或字间留有空隙,以使透气。如秀州潘琳(癸亥1923,印风)、关雪自检(西泠)、野原安司(西泠)、祖安曾观(三联)、临流洗研(西泠)、蛙吹草堂(西泠)、漱芳徐澂(西泠),以及阳文汉印樱州(西泠)、赵古椿印(西泠)都是如此。祖安曾观、陈白之印(壬戌1922,哲言)两印的边款有"仿汉"字样。樱州阳文印、野原安司白文印方圆并用,都有宽窄边的装饰。朱义方印(西泠)、陈白之印两印还因笔画多少的不同而采用对角呼应的布白方式。"蛙吹草堂"白文印,蛙字作上下结构,《古今韵会举要》:"蛙本作圭虫。"

这个时期还以汉隶入印，如白沙村庄、慈堪（西泠）等。以钱币形式入印，如尚武（西泠）、平安/蝙蝠（福）钱币形朱文印（西泠）、亚文/虎图像印（西泠）等。前两印文图居于上部，留下大片空白，布白奇特，都有可圈可点之处。无竟先生独志堂物（西泠），取法汉碑额款式布白。辛庐（西泠）是仿古玺之作，虽然初具规模，但为数不多，尝试而已。仿古（西泠）以石鼓文入印，宽窄边装饰，有乃师的韵致，也是这个时期艺术追求的总结。

这个时期的创作也有亮点，以缪篆刻边款，似未多见。高昌甿（巷）农（君匋一），边款曰："上章涒歉之年修余之月，适安先生嘱仿汉官印。梁溪钱厓作于沪上。"

古用甲子纪年，庚年叫上章；涒滩，太岁年名，太岁在申曰涒滩；均见《尔雅·释天》。上章涒歉之年即庚申（1920年）。修余之月，月在丙曰修。《尔雅·释天》："月在甲曰毕，在乙曰橘，在丙曰修……"。修是四月的"月阳"别称。以十二地支纪月的别称，地属阴，故名"月阴"。《尔雅·释天》："正月为陬，二月为如，三月为寎，四月为余。……"月阳别名可与月阴别名配合称月。修余即四月的干支纪月。典籍用"涒滩"，钱氏边款用"涒歉"；歉滩通假，典出《韩敕造孔庙礼器碑》："惟永寿二年，青龙（即太岁）在涒歉。"以歉为滩，同音通假。永寿二年（156），干支纪年为丙申。由此可见，钱氏的国学根底是相当深厚的。

缪篆边款，字体修长，仿《祀三公山碑》笔意，汉缪篆结体。虽不工整，随意为之，但亦古拙，有情有趣有笔意。高手为之，是为创新。

以1924年西泠印社出版的《钱瘦铁印存》为钱瘦铁篆刻艺术早期与中期的分水岭。早期是学习师承或曰仿古期——俱见吴氏的身影和仿古的痕迹。

（二）复追踪秦权莽量瓦当钱范，以博其趣

1925年至1949年，笔者认为是变革期。变革期和仿古期有交叉的过渡期。

果斋字课（印风），有仿缶老的痕迹。斿（游）鱼洞（己巳1929，三联）则别出心裁。不鸣一艺（三联，印风）刻了两方，但都是以石鼓文入印。"游于艺"朱白文各一方（丙子1936，三联），皆用"周宣王猎碣文字"。默盦（君匋二）则"摹汉玉印"；楚尾吴头（君匋二）则用浙派的布白和刀法，笔画方头方脑。都有仿古的痕迹。某（梅）雀（鹤）家风（三联）大小篆混用，用笔圆转，立体边装饰，与乃师印风相近，但线条瘦劲显然吸收了圆朱文的风韵。金岛桂花（三联）用笔圆中有方，有汉朱文的成分。张慧心印（哲言）则明显增加了圆弧拗折线条的应用，吸收了三庚派的流风。

俨然已经向创新的方向跨出了一步。

"石癖"两枚（君匋二），凤毛麟角，则以小篆与汉缪篆结合，文字挪让契合，间距匀称和谐。文字取向与吴氏异趣，开始有创出自己风格的萌动。

"道邨廑近氏权藏书印""遵古""京都市东山八阪塔下西山翠嶂"（三联）以汉隶入印，更加端庄遒劲。思凡亭主（三联）魏碑入印也是新的尝试。墨去（印风）以齐刀币入印；平安（全集）则以晋币入印。延年（三联）以古隶（秦隶）入印。迈叔（印风）以草书入印。都有自己的风格。斗盦（戊子1948，三联）、文字炳然（印风）以《天发神谶碑》文字入印，是其创新。

1936年（丙子）刻的"钱厓印"汉白文印（君陶一），两面边款曰："刻印章法总以规模阔大，体态安闲，不使疏者嫌其空，密者嫌其实，余刻印二十余年，尚未得是境也。丙子（1936）秋叔厓。"印文笔画紧密，多并笔，残破粘连，并笔残破是空也是实，与"疏可跑马，密不透风"其义相似，是其汉印变革成自家风格的标志性作品。

笔畅（君匋二），汉印结体。栩栩齐（斋）主五十后之作（瓦翁），"斋主"两字大篆，掺以小篆笔意。时客东京刻的"恬澹"长方形汉印，恬字作上下结构，都疏密对比强烈，直至晚年皆如此，或更甚者，形成风格。

钱氏治古玺面目纷繁，且不拘成法而自出新意。1936年前后多有石鼓文、金文入印之佳作。公观，布白险峻，齐东埜（野）人（三联），以货币文字入印，劲挺疏宕。六国古文"野"字作"埜"。"析之铢"亦仿货币文字风格。八一之铢（三联）、蕙一（三联）、麋光（三联）则作阳文小玺，古拙秀美，和谐端重。秋草道人（三联）仿陶文入印，百华（花）春（三联）、丁丑（三联）更为老辣，或沉逸淳古，或雄浑遒丽，各具面貌。

变革期是钱氏中年创作旺盛期，各种文字入印已趋熟练，边框及形制也开始变化。

（三）晚年沟通众派，泛滥苍广

钱氏治印，面目纷繁，且不拘成法而自出新意。仅以晚年汉印而言，周碧初印（君匋一）、公元一九五九年张聿光画（印风），皆和谐端庄。赖以柱其间（印风）以弧或粗笔作装饰，雄浑遒丽。邓拓文物（印风）、周南陔印（哲言）满白文，雄浑遒丽。"瘦铁"多枚、"钱厓印信""忘我庐""老铁"（印风）则残破并笔沉逸淳古，出奇制胜，令人叫绝；"虎踞龙盘""鹰击长空"（十首）则更为雄浑跌宕，气势磅礴。曾熙早有预言:"两汉遗榘,……骨韵遒隽",诚真知灼见。

为琢斋刻有几印,"琢斋""琢斋曾藏""今年政(正)七十"(君匋一)以金文入印,挣脱仅以石鼓文入印之樊篱,布白、刀法更为生辣。安字单字玺(三联)则更为浑成高古。"黄西爽"朱白文古玺两枚(辛丑1961,君匋二)布白妥帖,用刀爽辣,残破自然。陆(三联)、鲤庭(乙巳1965)、散人有辞、叔厓、以古籀草隶作画(三联)都以古玺为依归,古雅拙朴,苍劲浑厚,而各有韵味。

梁溪三里桥人(印风),是钱氏变革期仿唐朱官印作品。晚年的"梁溪钱氏图书"(印风),笔画间架匀称,字形大小不等,纯以小篆入印,印文排列错落,线条交叉处的墨点与边栏、线条的残破,颇具墨趣。表现了唐宋官印的流风余韵。寄居景山北海之间(1961,全集)、黄山袖得故乡云(瓦翁)、瘦铁泼墨(全集)等印文则取势横扁,或略取方折,又步入圆朱文的流风。"斿(游)目秦唐"白文印(1962,君匋二),大篆入印,掺以小篆用笔,结体圆转,线条等粗,大篆(古玺)中的"圆白文",风格特异。

晚年的"书灯漫笔"(三联)以汉隶入印,厚今薄古(三联)以楷书入印,瘦铁创作(三联)以行书入印,石瓢(三联)汉朱白文连珠印,斿(游)刃有余(三联)、乱云飞渡仍从容(十首)以《天发神谶碑》入印,吴一仁印(三联)、暮色苍莽看劲松(十首)以封泥入印,更泼辣大胆,风格鲜明。

钱氏还创作有以动物入印的图像印(均见三联),鸡、凤、骆驼、马等均栩栩如生,对于画家的他来说,应该是轻而易举。

钱氏还以甲骨文入印,吾生于丁酉年正月十二日壬寅(君匋一),线条圆转秀丽,取甲骨卜辞的章法和笔意,文字多取甲骨和商周金文。弃名利如土苴(印风)亦甲骨文入印。"室有尊彝门无车马",日本小林斗盦藏《怀玉印室藏印选》198页著录,边跋无年款,文字古拙,线条细劲,颇具卜辞龟甲之韵味;观其用刀犀利老到,应是晚年所刻。三联本刊同文印,未见边款。

钱氏早、中、晚三期边款的风格都在变化,但楷书的功底都可立见,下笔的顿挫提按,俱见功力。如中期的"刻"字的立刀旁实为金钩铁划,斩钉截铁。淞滨病叟(三联)的边款以刀就石,生动活泼,韵味十足。

钱氏古文字学基础较深厚,用字谨遵规范,在古玺印中用古字初文,不用今字,不随意造字。如"攀登华山绝顶人","攀"字从反廾(两手反向)。"取诸襄袍",襄袍,即怀抱。

"齩(咬)得菜根百事可为","咬"小篆作"齩","咬"为后起字。印文语出清·张泰来《江西诗社宗派图录·汪革》:"汪革尝谓:'人能咬得菜根断,则百事可做'"。"天反(翻)地覆慨而忼(慷)","反"即"翻"之本字。"翻"为三国魏晋时之后起字。"忼"同"慷","慷"为后起字。"胡雀翼钚"(辛丑1961,君匋一),"雀"同"鹤",白鹤。

吴昌老屡用合文符,钱氏善用合文符、重文符。早期的"陶=轩"(西泠),用重文符。中晚期的"孺=牛"(印风),用合文符,孺子合文。"翛翛"(君匋二)用重文号,布白舒适,线条猷润。"落笔殊草="(印风)、"栩=斋"(印风)、"栩=齊(斋)主五十后之作"(瓦翁)、"高天滚=寒流急"长条隶书阴文印(哲言)用重文符。钱氏多用重文符处理,以减少字形的重复。"乐融螎",融融,可用重文符作融=,此处用异体字,形体稍作变化,"螎"同"融"。

中期多署叔厓,厓为崖之本字,宋元时厓加山成崖,厓与崖为古今字。

钱氏书法擅篆隶行草。作篆或拟《石鼓》,旁及秦权诏版,皆奔放苍古。隶宗两汉,尤得力于《张迁碑》《石门颂》,能融合己意,萧散宕逸,寓有奇气。行草于不经意中以取天趣,秀逸,有"取其意,不重其形;撷其精,不袭其貌"的追求,故行草书多遗貌取其神,有自己奇崛之风格。楷法魏晋,中年后近似元人风尚。所以各体书皆能入印。

钱氏晚期的创作,是"执古之道"(1949,三联)。

四、结语

钱瘦铁先生以篆刻名世,而后画名反在篆刻之上。西泠本曾熙序曰:"近日刻者高言两汉三代,然如瘦铁之骨韵遒隽盖鲜矣。"符铸题跋:"余谓瘦铁画才优越,襟怀超旷,抗心希古,其得名当远在篆刻之上。"瘦铁山水宗石涛、石溪,用笔简远,笔墨苍深;花卉蔬果学沈石田、徐青藤,着墨古而秀,设色明艳而沉着。这是公论。但我们并不否认他是一代篆刻名家。我们以他的艺术历程可以看出他成功的外部因素是不囿师门,转益多师,自成面目。

他的三位老师都是大家:郑文焯(1856—1918),郑大鹤精究小学,谙音律、工倚声,嗜金石书画成癖,善书画,能治印,边款尤佳,收藏宏博,是一位著名学者型艺术家。

吴昌硕大名鼎鼎，毋庸多说。

俞原(1874—1922)，又名宗原，字语霜，别号女床山民，浙江归安(今湖州)人。书画篆刻家，工山水、人物、花卉，并治金石碑版之学。早年寓上海卖画自给，与吴昌硕等创海上题襟馆，以会书画友。

《民国人物大辞典》有传。"(钱瘦铁)诗文受教于郑文焯，治印为缶庐弟子，后又识画家俞语霜，授以六法。"所以他是通才，得"郑大鹤之雅，吴昌硕之古，俞语霜之苍"。

还有一个重要的内在因素——谦虚谨慎。钱厓的印作"虚心"长方白文印(哲言)，"虚心使人进步"长方白文印(哲言)，"虚心使人进步"朱文印(印风)，谦虚谨慎戒骄戒躁(哲言)，"老悔读书迟"长方朱文(印风)，学到老(印风)，等等，都是他虚心学习的表露。"年龄虽老，仍对技艺研求不懈。"他善于读书，做"读书札记"横白文印(瓦翁)。"克勤"白文古玺(三联)，是他勤奋进取的心声。

他两刻"不鸣一艺"，不唯篆刻一艺惊人，不求书画印三绝，但愿诗书画印四全。

他尊重传统，敬畏经典，多体入印，创造风格。他对《十钟山房印举》认真阅读、研究，并尝语人曰："《十钟山房印举》所收印万枚，其中作者至少二千人，二千人之风格变化，足资采访无尽。"又曰："刻印不嫌破碎，但字形不可模糊变形，致使误解不识。"心得的确超人。

他崇尚自然，印作"自然"(哲言)，"法大自然"汉白文印(印风)，"师造化"汉白文印(印风)，"天真烂漫"白文长方汉印(哲言，晚期)，天真烂漫是吾师(印风)，印风不矫揉造作，直抒胸襟。时人多有好评，沙孟海先生曾有"真力弥满，妙造自然"之誉[1]。

我们从他的印作中也可以窥见他的心路历程。

早期刻有"仿古"(西泠)一印，表明他走在学习传统的道路上。

中期则有"临古"(哲言)，遵古(三联)，怀古(哲言)，环古(全集)，心贯万古

---

[1] 转引自林乾良、李葆荣编著《甲骨文与书画印》，西泠印社出版社2014年版，第240页。

（印风）多种印例的创作，表明他对传统的关注与执着。

晚期"执古之道"（1949，三联），按传统之道而行，可以御今之有（三联），笔墨当随时代（印风），驾驭当今之文字内容。还有与古人争高下的梦想——我与古人斗百草（三联）。1937年，他在《印谱自跋》中说："予发愿将三代秦汉六朝书体刻为印谱，以资好字之士参考，使四千余年之文字体势一目了然。"（年谱）不难想象他在努力地按传统之道不断向上攀登。

瘦铁的篆刻虽师法缶翁，不欲貌似，只求其神韵。他醉心于金石碑版，穷搜博取。所以，其印文取资甚广，甲骨、金文、币文，乃至诏版、古隶、汉隶、行书、楷书、草书等皆可入印。汉官印及《天发神谶碑》等皆老辣凝练，跌宕纵横，形成了自己的面貌。晚年布局趋险绝，而出以奇颖，刀法雄放，为艺界推崇。

钱氏人生历程坎坷多舛，但也有多处闪光点，值得后人称颂。他的画、书、印作为我们研究的资料，是继承和学习借鉴的典则；尤其是作为海上篆刻名家对我国篆刻艺术的创新发展影响深远。

傲骨嶙峋椽笔写块垒
——钱瘦铁艺术简论[①]

舒文扬

Proud and Outspoken:
A Brief Discussion on Qian Shoutie's Art
Shu Wenyang

　　钱瘦铁先生（1897—1967），江苏无锡人，名厓，字叔厓，号瘦铁，以号行，斋名甚多，有芋香宧、蓊淞阁、天池龙泓研斋、临江观日楼、煮墨、宝董室、一席吾庐、峰青馆、磅礴轩、契石室、梅花书屋、瘦铁簃等，是现代造诣精深的书画印艺术大家。

　　钱瘦铁世居无锡鸿山，出身于租田的农家，早岁家境贫寒，十四岁就到苏州护龙街汉贞阁碑帖铺当学徒。汉贞阁是当时有名的经营碑帖、承接刻碑和书画装裱的铺子，主人唐伯谦是苏州的刻碑名手，又精鉴别，远近的书画名家都乐于与他往来。钱瘦铁在此六年，学习刻碑技艺，获得艺术上的启蒙，开始涉足书画刻印。其间更得到郑文焯、俞语霜的指教，眼界逐渐开阔。郑文焯（1856—1918）是晚清博学

[①] 原载于《新美域》2006年第5期。

多才的词学大家，金石书画、音律、古文辞、医学兼擅。因他为瘦铁题署了"瘦铁簃"的书斋名，"瘦铁"之号即由此而来。由于郑文焯与吴昌硕交谊很深，瘦铁因此得以向吴昌硕请教，艺事大进。

钱瘦铁得昌硕老人悉心指教，"瘦铁""环古"两朱文印即为吴篆钱刻，是瘦铁当年课业的实录。瘦铁早年朱文印"学两汉六朝人书法"印款记述道："壬戌（1922年）花朝，与吴缶翁、任堇凉夜饮于春水草堂，纵谈汉印，乘兴奏刀，鉴出八字。翁谓类其二十年前刀法，翁给予抑勖予耶？予则曷足以知之，还以质之亚文先生教我，金匮钱瘦铁。"文字隽永，个中意趣，颇耐回味。后两年，甲子（1924年）秋，《瘦铁印存》出版，缶翁为之题字，四字如屈铁虬枝，力能扛鼎。

瘦铁20岁时，从苏州来到上海，开始了他的鬻艺生涯。郑文焯奖掖后学，不遗余力，为瘦铁在上海制订润格，极力推许，并把他和吴昌硕（苦铁）王大炘（冰铁）并称为"江南三铁"。其实苦铁长瘦铁五十三岁，冰铁长瘦铁二十八岁，冰铁早年寓苏州，于缶翁处亦多请教，而"三铁"和郑文焯都有极深的交谊。郑文焯力荐瘦铁"力追两汉摹印之神，游刃有余"，"他日当与苦铁、冰铁并传，鼎峙而三"，前辈名士的古道热肠已是传颂已久的佳话。

1915年前后，吴昌硕在上海主持"海上题襟馆金石书画会"，往来皆一代名家。钱瘦铁在沪得以参与其间，广交文友，切磋诸艺，学识增益，境界更为开阔。其后应刘海粟之邀任上海美术专科学校教授，传授书法篆刻。至于与孙雪泥、郑午昌等组织"蜜蜂画社""中国画会"等美术团体，主编出版大型画刊等，继任美专的国画系主任则是更后来的事了。

在现代中日文化交流史上，钱瘦铁有着至深且巨的影响。1922年，日本南画大家桥本关雪来沪，桥本热衷于中国篆刻艺术，有意邀请一位篆刻家赴日与本国同行交流，遂由访日归国不久的著名画家潘琅圃推介，与钱瘦铁相识，桥本对瘦铁的艺术大加赞赏，结为至交，瘦铁遂于1923年第一次东渡日本，是年27岁。

桥本关雪是日本近代名画家竹内栖凤的弟子，诗文书画俱精，在日本美术界有很高的声望。瘦铁在京都、明石两地，举行个人书画篆刻展，次年与桥本关雪组织中日书画家民间团体"解衣社"，从事国民文化交流，活跃于东京银座。由于桥本的介绍，瘦铁在日本与书画界人士交往密切，才情展现，声誉日隆。京都人士以得其刻印为荣。由此在日本留下了不少艺术作品。日本篆刻耆宿、西泠印社早期社员长尾甲、河井仙郎皆盛赞其艺。

《瘦铁印存》四卷在日本出版时，长尾甲题诗云："六书缪篆费经营，金薤琳琅布字精。腕底籀斯奔赴处，操刀戛戛自然成。"后两句描绘钱刻的磅礴气势，可谓神来之笔。瘦铁当年为桥本刻印的原石，今尚存京都桥本关雪纪念馆。

1935年，瘦铁携家眷第二次东渡，两年后，受聘于日本《书苑》杂志编辑顾问。他撰写书刻的专题评论，于杂志的选题编辑等甚费心力。时值日本侵华战争一触即发，他虽然是一介书生，但强烈的民族自尊心能使他坚定地站在祖国、人民一边。其时他与流亡日本、参加《书苑》杂志活动的郭沫若等进步人士过从甚密。是年秋，他策划护送郭沫若秘密归国事发，被日本当局逮捕，囚于东京狱中三年半，受讯时以助郭出走及散放"越轨"言论定罪。瘦铁坚持民族气节不肯下跪，怒斥法庭，随取身旁铜质墨盒痛砸日警，正气凛然，轰动中外。后经桥本关雪、池田醇一等友人四处奔走疏通，始于1941年夏提前释放归国。发生在半个多世纪前的这一幕，虽各家记述稍有出入，但这位血性男儿的豪气读来每每令人肃然起敬，使人想到这位印坛巨子奏刀时的英风凛冽，所向披靡。

20世纪50年代初，钱瘦铁历尽曲折，回到祖国的怀抱。后任上海中国画院画师。1957年的政治运动中他受到不公正的待遇，渐归沉寂。昔日海上题襟馆的名士风流，东京银座的空前盛誉，也渐渐化为过眼烟云，但他的艺术创作并未中断。1962年瘦铁在北京许麟庐的竹箫斋小住，画兴甚浓。作于中秋的《松鹰图》画的是一只停歇松石间的鹰，题上飞动的草书："英气勃然，也有万里云程想，壮哉"；同日所作的《益鸟》题跋则是另一种心境："鸦亦名训狐鸟，楚人曰服鸟，汉贾谊作有服鸟赋，是灵鸟，悯人遭凶，其声哀难听，亦有恶声鸟之名，冤哉冤哉"，内心的沉郁是溢于言表了。二三知己的相聚，是苦难人生中的慰藉，但在唐云、苏渊雷写来仍不失诗意："长忆黄浦江畔，观帆阁上，当时种种谈艺情景，如在目前，窗外玉兰一株，高及楼檐，花时烂漫，香散四座。客来时瘦铁手持锁钥，徐徐自楼窗下掷，尤为令人感念不已也。"（见《钱瘦铁画集·前言》）但是即使这种平淡的生活也很短暂。不久，十年浩劫的风雨更加猛烈地向他袭来，钱君匋曾撰文回忆与瘦铁的最后一面："一日相值途中，牵余袖曰：'日来颇难为人，苦痛异恒！今日能见未必今后能再见。'语毕即拱手蹒跚而行，犹依依也。不料次日即得噩耗，谓已在昨宵下世矣！"1967年12月18日，一代艺术大家默默地走完了他七十一年的人生历程，融入了苍茫的历史。

唐云在论及林风眠的画时，曾谈到寂寞和孤独是一种艺术品格，是一种诗意情愫。当我们回顾历史时发现，钱瘦铁书法篆刻上的许多登峰造极之作，正是在寂寞孤独中完成的。外部环境的凄清冷寂和作者内心炽热的创作激情形成了奇异的对比，政治上的落寞寡欢使他只能把满腔豪情倾泻于素纸刀石之间，化为奇谲瑰丽的朱迹墨痕。

钱瘦铁谢世已逾40年，散尽历史的阴霾，他的书画篆刻艺术以摄人心魄的震撼力，突破时间的隔膜，向世人展露出一个独特的天地。在世纪之末，新旧的艺术观念更新交替之际，人们尤其惊异地发现钱瘦铁的篆刻艺术以其特有的穿透力在当代印坛获得强烈的共鸣，这位20世纪印坛巨擘的历史地位将随着对其认识的深入而得到进一步的确认。钱瘦铁的山水画源自黄山派，借径石涛、石溪，曾漫游名山大川，注重生活取材，画面重气势，拙朴雄浑，笔墨苍润。花卉蔬果取法沈周、徐渭，设色沉着古艳，以篆籀笔意入画，如信手拈来，为常人所不及。在书法方面，瘦铁也是四体均擅，各臻其妙。他主张"取其意，不重其形；撷其精，不袭其貌"，融冶陶铸，卓然自成面目。

清季以来碑学大盛，名家辈出，篆隶书法多彩多姿，这是书法史上奇峰突起的时代。瘦铁以卓然的才华在艺坛崛起之时，吴昌硕早已名重当代，王一亭有言："秦汉而下数百辈，缶翁气概谁侔之"，称其雄视古今，并不为过。但有意思的是缶翁七十一岁时的题跋："近时作篆莫邵亭用刚笔，吴让老用柔笔，杨濠叟用渴笔，欲求于三家外别树一帜难矣。"字里行间蕴含对先贤的尊崇及谦谨，但也不能不看作是艺术探索的甘苦之言。瘦铁未及弱冠有幸亲炙缶庐，终其一生，缶翁的影响是根深蒂固的。但瘦铁的艺术取资，并不完全以师门为依归，他的篆书以石鼓文为主干，同时《天发神谶碑》的沉逸酣畅、泼辣恣肆，秦诏版的错落随意、自然萧散无不融合其中，再旁参钟鼎铭文，从而呈现崭新的风貌。隶书以《张迁碑》的古朴为基调，撷篆籀意趣；加上近代出土的汉代简牍墨迹的神味，更展现浑厚苍古，潇洒跌宕的风致。晚年所作，尽弃前人绳墨，高古绝俗，奇气逼人，楷书神腴气清，行草于不经意中见功力，天趣横生，冠绝时辈。在现代书坛上，他的篆隶书法表现出写意情趣的极致，"天生烂漫是吾师"（闲章句）正是他的理想境界。书法的造诣，为他的篆刻奠定了基础。

目前笔者见到瘦铁刻印署款年代最早的是壬戌（1922年）春所作的"学两汉六朝人书法"朱文印和同年冬刻的"盥雪翁"白文印，缶翁神情宛然在目。白文"谭延闿印"也是这年冬天的作品,此外未署年月的朱文"祖安"、白文"祖安曾观"可能也是同期的创作。谭氏三印边款分别署明"仿汉"、"仿汉私印"和"略仿六国币文字",由此可大体知道他早年的取法。1924年12月上海西泠印社出版的《瘦铁印存》收印157方,多为旅居东瀛的留痕,桥本关雪的题扉述及癸亥(1923年)四月与瘦铁的苏杭之游及瘦铁抵日留杖白沙村庄的行迹。瘦铁这些早年的印作,至今读来仍十分精到,在取法缶翁的同时,个人风格已渐见端倪。巨印重气势,以质朴雄厚见长;小印渊雅典丽,情味含蓄。朱文取资广泛,白文则或铸或凿,刀法苍利;各印章法虚实变化一任自然,其时瘦铁奏刀不过十余年,才情初现,确实令中外印坛刮目相看。

瘦铁所作的"诗贵性情,亦须论法"白文印,道出了诗书印情理相通的哲理,可见其艺术创作上对谨守法度和个性张扬的辩证认识。他的刻印取法传统,旁参前贤,印外求印。在取舍方面,他不仅能博采众长,为我所用,更能够取人所弃,为人所不能为。如他对常人鄙弃的屈曲缭绕、闷塞板滞的唐宋官印的取法就能够沙里淘金,绝处求生地开拓新面,在学习传统方面为后人做出了极好的榜样。最后他还是在篆隶书法的强烈推进下,找到了既符合传统法度,又不同于前人,而能淋漓尽致地发挥个性的表现方式,崛起于20世纪的海上印坛,在吴昌硕印风外别树一帜,成为现代最杰出的写意派篆刻大家。

钱瘦铁篆刻的独特风格首先得力于他自成新面的篆法。由《石鼓文》参以《天发神谶碑》及汉碑额的体势笔意,体方而势圆,在篆法上形成奇崛开张、激情蓬勃的气象。瘦铁作篆喜拍天割地,笔酣墨饱,印面则元气淋漓,豪迈劲健。在六七十年代的中国,对于以文学为载体的书画篆刻,毛泽东诗词是艺术上具备浪漫主义意趣兼又安全无碍的首选题材,因此在瘦铁此期的书刻作品中占有绝对的比例。在硕大的印面上,他借助这些鸿篇巨制,心手双畅地抒发了自己的艺术情感。瘦铁在丙子(1936年)秋作的"钱崖印"白文自用印边款中说:"刻印章法总以规模阔大,体态安闲为上,不使疏者嫌其空,密者嫌其实,予刻印二十余年尚未得是境也。"这可以看作是他对计白当黑的一贯追求。规模阔大,贵在体势开张,更能在字里行间气贯势发;体态安闲则须方寸之地,每字占地的大小宽窄和笔意的展蹙离合都保持其自然之致而形成全局的和谐统一。在这一前提下,他的章法力求打破平板划一的格局,一任大疏大密,用朱文大胆留空、白文大胆留红的构思,加上水墨淋漓般的并笔残破手法,造成简洁朦胧的效果,使全印呈现朱白对照的奇趣。这种表现手段,实源于古玺印,而他用来却举重若轻,不着刻意调配安排的痕迹,正是艺术创作上的高境界。

瘦铁的刀法完全得力于他的书法用笔,但又有鲜明的独造。清代邓石如以来,吴熙载、钱松、吴昌硕皆一代用刀大家。瘦铁承继前贤,取吴熙载的劲健酣畅,钱松的凝涩含蓄和吴昌硕的雄厚茂密,以刀代笔,绝少修饰,一任巨刃恢恢,在刀石间开创出一片崭新天地,从而极大地拓展了刀法的表现力,这是前无古人的贡献,他的努力对当代篆刻创作具有重要的影响和启迪。韩天衡对其印风以"豪遒浑"三字出之,论其用刀则丝丝入扣:"运刀是钱瘦铁得天独厚的优势,是先天多于后天的趣味的自然流泻。……其刻印的线条,无论朱白、粗细,无论刀之单双,皆能达到运之有物,内涵丰赡。粗而能壮,拒臃肿,有神韵;细而能劲,拒纤巧,有风骨。善用爽,拒光滑,如劲风扫薄云;善用涩,拒呆滞,如飞舟渡逆水。时用并笔,增以朦胧而条理益显,线条间断而脉理益贯。钱氏以其过人的腕力与得之天赋的刀感,所作线条峻厚险辣,演化为力度、厚度加韧度的优化组合,表现为一派奇峭、鲜灵、凝重、浑厚、潇洒的非凡气度。这完全是古来印坛上用刀技法的新创造、新发展。"(见韩天衡《印苑巨匠钱瘦铁》)在钱印的评论上可谓发前人所未发,读来有空谷足音之感。

瘦铁的印款多以单刀行楷出之,细劲秀润,与其书法一样,总以自然天成为特点,文辞简朴少铺陈,也许是他那种兴来潮涌、恚然奏刀的印风不屑再在印款上苦心经营,也许是他艺擅众长已无暇顾及这块天地吧,都无从知道。所见历年各家的录印也似乎重其印面而忽略其印款,这对他印作的考释有时会带来困难。

瘦铁是勇于探索不愿为成法所囿的印家,作为过程,也难免留下了一些失之推敲的粗疏之作,至于要他用那种恣肆烂漫的刀法刻制满足世俗审美的实用应酬之作,有时确实也显得勉为其难,这是许多印人都很难避免的事。

千秋万岁名,寂寞身后事。瘦铁的身后其实也并不寂寞。他谢世后,艺术和人品始终受到后人的崇敬。中日两国相继举行他的艺术作品展,出版他的遗作,他的一生是用生命追求艺术、拥抱艺术的,书画印是他心迹的真诚流露,荣辱交加的苦涩人生使他的艺术在豪情万丈中透出独有的苍凉,这使笔者想起清代诗人敦敏《题芹圃画石》的一首诗:"傲骨如君世已奇,嶙峋更见此支离。醉余奋扫如椽笔,写出胸中块垒时。"傲骨嶙峋,借艺术的酒浇胸中的块垒,正是钱瘦铁这位典型的中国文人的写照。

此君偏许傲清寒
——张桂铭谈钱瘦铁的艺术人生①
胡建君

A Lofty and Unyielding Man:
Zhang Guiming on Qian Shoutie's Artistic Life
Hu Jianjun

钱瘦铁(1897—1967),名崖,一字叔崖,号瘦铁,以号行,别号数青峰馆主等,江苏省无锡市鸿声里人。斋名有瘦铁宧、梅花书屋、峰青馆、磅礴、契石堂、一席吾庐、煮墨盦、临江观日、天池龙泓研斋等。中国画会创始人之一。擅长中国画及书法、篆刻。山水画师法石涛,曾被誉为"江南三铁"(吴昌硕称"苦铁"、王冠山称"冰铁")之一。书画篆刻作品已结集成《钱瘦铁画集》《瘦铁印存》等出版。代表作品有《松鹰图》《旭日东升图》等(藏上海中国画院)。

胡建君　　　　（上海大学美术学院副教授）：张老师,您和钱瘦铁先生都是

---

① 原载于《美术观察》2013年第8期。

上海中国画院的画师。记得您曾经几次谈起钱瘦铁先生，称许他的人品，说起他绘画用笔胜于用墨，而用色又极其大胆，对后来中国画的创新有直接的影响，也对您的作品有一定启发。您对他的书画篆刻都有一定的了解。能否请您先谈谈钱老早年的学画经历。

张桂铭　　（上海中国画院原副院长，画家）：我曾经在画院见过钱老几次，他留着一撮像鲁迅那样的胡子，个子不高，偏瘦，身体也不太好，却有一种不寻常的精神气质，令人不敢轻视。钱老的一生经历很多波折，却也一直得遇贵人相助。他出身于租田的农家，家境清贫，十四岁就被父亲送往苏州护龙街唐伯谦所设的"汉贞阁"当学徒。这个唐伯谦当时是苏州的刻碑名手，精于碑帖鉴别，对字画也很有研究，擅长碑帖装裱，店内也是当时文人墨客出入流连之地。钱瘦铁曾说起他目睹过一些顾客送来的石涛裱件，就此留下了深刻的印象。"汉贞阁"隔壁还有一间专营古董文物的"竹石山房"，店主叫徐树铭，他很欣赏钱瘦铁的聪明好学，觉得孺子可教，就把他介绍给郑文焯和俞语霜两人。

胡建君：　　这两位可是一代大家，也是钱瘦铁的贵人啊。郑文焯工诗词，通音律，擅书画，懂医道，又长于金石古器之鉴，眼光非同一般。他曾为钱瘦铁的书斋署名曰"瘦铁宧"，所以钱老后来自号"瘦铁"。俞语霜也是诗文书画兼通，并对金石碑版之学深有研究。且此二人都是慷慨豪爽之人，真是钱老的幸运。

张桂铭：　　的确如此。郑文焯对钱瘦铁的帮助是不遗余力的。他告诉钱瘦铁，要成为一名优秀的篆刻家，光会刻印还不行，还应当擅长书画，否则就成了工匠了。于是他主动教钱瘦铁书法和绘画。同时，钱瘦铁还向俞语霜请教画艺，得益颇多，所以长进很快。

胡建君： 真是幸运，当然也跟钱老自身的努力有关，机遇并不是人人可得的。不过钱老最初刻印是模仿吴昌硕风格的。他和吴昌硕又是怎么认识的？

张桂铭： 当时吴昌硕住在苏州，与"汉贞阁"常有往来，唐伯谦还曾为吴昌硕的篆书作品锲成石刻。也正是通过郑文焯和唐伯谦的介绍，钱瘦铁得以认识吴昌硕，并得到他的点拨，所以艺事大进。他对吴昌硕的作品也是一见倾心，所以一开始刻的印章，都是效仿吴昌硕的风格。吴昌硕还帮他篆写过"瘦铁"的印，由瘦铁自己奏刀刻成印章。

胡建君： 后来艺坛上有"江南三铁"之称，把吴昌硕和钱瘦铁相提并论了，可见钱老的进步之快。

张桂铭： 是的，确实钱瘦铁天资超迈，又刻苦用功。但"江南三铁"的称谓，其实还是靠郑文焯的帮助和推广。钱瘦铁在学徒期满后就到了上海，以卖画刻印谋生，郑文焯亲自为他制订润格并极力推许，说他刻印力追两汉摹印之神，并推举他今后会和苦铁、冰铁鼎峙而三，这样才有了"江南三铁"之称。其中苦铁即吴昌硕，冰铁即王大炘。其实苦铁长瘦铁53岁，冰铁长瘦铁28岁，这二位应该都是钱瘦铁的长辈。可见前辈名士的慷慨大度和古道热肠。

胡建君： 是啊，从此钱老也和上海结下不解之缘了。他还曾经担任过上海美专的教授吧？

张桂铭： 是的。钱瘦铁19岁就移居上海了。当时上海各种诗文书画组织很多，钱瘦铁参加过海上题襟馆等金石书画会组织，也由此认识不少名家，比如陆廉夫、黄宾虹、吴待秋等老前辈，获得不少教益。担任上海美专的教授是他日本回来之后的事了，当时是应刘海粟的聘请,担任了国画系主任。

胡建君: 确实,钱瘦铁天赋极高,悟性甚佳,金石书画,都是一学即能,又加上后天的努力和前人的推举,所以很快就能名闻海上。他的书、画、篆刻堪称三绝,您能具体说一下他各方面的艺术特点吗?

张桂铭: 先从他的绘画说起吧。钱瘦铁确实是很有才气的。当年刘海粟、谢之光、朱屺瞻等前辈都极为推崇乃至效仿他的作品。特别是石鲁对他非常倾倒,一直顶礼为师。钱瘦铁的山水画源自黄山派,石涛、石溪对他的影响很大,前面说起过他在做学徒的时候就倾心于石涛的作品,后来也一直临写不倦。钱老又曾游历名山大川,注重生活取材,他的画面重气势,画风又朴拙而有生活气息。他的花卉则是取法沈周、徐渭,用色比较沉着古艳,常以篆书法写干枝,以草书法圈梅花,风骨劲峭。他用笔胜于用墨,以线条为主,偶尔用色则大胆泼辣,喜用明亮鲜艳的原色大块面涂写画面,乍看有似西方印象派大师后期的画风,令人耳目一新、印象深刻,对后来的中国画创新产生了影响。

胡建君: 是的,我之前查资料,看到钱瘦铁曾在上海中国画院组织的讨论会上认为:"闺中女儿描工笔,须眉丈夫大写意",也能够说明他心中的慷慨大气。他笔下酣畅恣肆,气格壮伟,力度过人,即使是尺素小品,也有寻丈之势。但也有人认为他的部分作品显得刚健有余而严谨不足,在细微处过于放松,是不是因为他性格豁达而不拘小节之故?

张桂铭: 其实钱瘦铁的个性中也有非常细腻的一面。我仔细翻看过他的年谱,看到他在狱中写给家人的书信,多次叮嘱要多晒太阳,要教育孩子用鼻子、不可张口呼吸,吃东西前要将手洗干净,不可吃生冷东西等,事无巨细,体现慈父心怀。还说到可以买些原料自己回家做豆汤、粉衣，要省下钱救济饥寒之人，都是不一般的细心和爱心啊。有次他看到铁窗外寒梅着花、松柏青青，觉得大有诗趣，就开始作诗，写道："铁窗前树尚含萼，尺幅之中已满开。"在这样的环境下也能写出如此美好的诗句，真是令人敬佩的。

胡建君： 是的，真是地地道道的文人情怀，如此细腻和温暖，可以想到那寒梅着花的画面。您前面说的，他画花卉用笔胜于用墨，这应该和他的书法和篆刻功底有关吧？

张桂铭： 是的。钱老的书法四体皆工，上追汉魏，不拘于点画而重意味情趣，整体上古意盎然。他草书学孙过庭，显得比较凝练洒脱。隶书取法《张迁碑》《石门颂》和汉简，笔下特别浑厚苍古。楷书主要学钟繇和《曹娥碑》，神腴气清，笔意古秀。篆书最有特色，宗法石鼓文和钟鼎铭文，同时又有《天发神谶碑》的沉逸酣畅和"秦诏版"的错落随意，既沉着又萧散，显得天趣横生。所以他能够兼收众家之长而又独具面目，从而冠绝时辈。

胡建君： 洪丕谟先生在《古今书法名作鉴赏大成》一书中，曾经赞誉钱老的书法"老练生辣，在骨鲠中得流转之致，在流转中得骨鲠之趣。"看来这个评点是很到位的。他的篆刻也应该是与此一脉相承的吧？

张桂铭： 钱老的篆刻是从汉印入手，早年得吴昌硕亲授，学吴昌硕学得很像。继而又在周秦金石文字以及唐宋印上吸取养分，钝刀硬入，终于形成自己浑朴古茂、高美奇崛的风貌。他的朱文取资广泛，白文则或铸或凿，刀法苍利。其章法以阔大、安闲为上，形式感很强。值得一提的是，一般人常常鄙弃唐宋官印，认为屈曲缭绕、闷塞板滞，而钱老却能够沙里淘金，绝处求生地开拓新面，这也是他独具慧眼的地方。

胡建君： 所以钱老能够在吴昌硕印风外别树一帜，成为杰出的写意派篆刻大家。他也正是以篆刻刀法入山水，所以笔法必刚强硬健。中国正统画史上，大凡对阔笔躁硬、刚健雄肆的画品不置可否，而更加推崇董源这一路平淡天真的画风，如浙派一路曾被董其昌斥之为"野狐禅"。但是浙派这种刚健之风传至东瀛，对日本画风的影响却极大，所以钱瘦铁后来在日本的名气极响。他的作品是怎么和日本结缘的呢？

张桂铭： 那是有个契机。1922年，日本著名画家桥本关雪来到上海，偶然看到钱瘦铁的作品，一时倾倒，大加推扬，所以当时居沪日侨纷纷上门求画。第二年，他便被日本艺术界邀请到日本举行画展，大获成功。在他去日本之前，已经年迈的俞语霜自觉将不久于人世，就托瘦铁将自己的一些书画和所藏文物带到日本，可以在展览会上卖出。钱瘦铁不负所托，把所带去的尽行卖掉回沪报喜，但遗憾的是，此时俞语霜却已经过世了。钱瘦铁悲恸莫名，将卖画所得的钱为老师印了一大册珂罗版的《春水草堂遗墨》，里面包含了俞语霜的精品。

胡建君： 钱老真是情深义重。以前还曾听您说起过他在日本营救郭沫若的事件，能不能具体讲讲？

张桂铭： 这件事确实具有传奇色彩。钱瘦铁在日本期间，一直与郭沫若交往较密。1937年卢沟桥事变爆发，日本对旅日爱国华侨也时加迫害。钱瘦铁和郭沫若对日本当局的种种行径特别不满，商议先后回国，共赴国难。郭沫若与留日学生经常联络，同时进行革命活动，所以日方准备拘捕他。钱瘦铁得到消息后，马上为他筹措钱款，买好船票。他准备了一套西装，通知郭沫若穿了浴衣在门前海边散步闲眺。然后钱瘦铁雇了一辆车，乘警方不备将郭沫若带走，迅速换上西装，辗转乘加拿大邮船，化名为杨伯勉潜返回国。后来钱瘦铁还说起,为了筹措郭老归国的经费,他还典当了自己的大衣。

胡建君: 真是有勇有谋的英雄,也真够朋友,后来钱瘦铁为此受了不少罪吧。

张桂铭: 是的。这件事很快被日方得知。加上钱瘦铁平时对日本侵华政策经常予以谴责,所以日本警方就把他逮捕了。在审讯时,日警勒令他下跪。铮铮铁骨的钱瘦铁怒不可遏,开口大骂,并且随手抓过让他写供词的铜墨匣掷向日警。其他日警见状后,蜂拥上来殴打他,把他打晕在地上。后来就以扰乱治安及杀人未遂的罪名,判处他徒刑四年。不过还算幸运,他入狱后,碰到一位通晓医术的朝鲜籍政治犯帮他治疗。画家朋友桥本关雪也在外为他奔走。而且他的事迹见报之后,有正义感的日本人士也对他多表同情,所以他的名声在日本反而越来越大了,四方求书画篆刻的人也越来越多,在狱中的笔润收入,竟大大超过从前,也算是福祸相生吧。后来他提前出狱,由日警押送上船遣归,并发声明让他不准再踏上日本国土。

胡建君: 这也是吉人天相了。如此为朋友两肋插刀,确实值得敬仰。他回国后境遇如何?

张桂铭: 前面我曾说起过,钱瘦铁回国后应刘海粟之聘,担任上海美术专科学校国画系主任。其间又先后参与孙雪泥、郑午昌、贺天健等组织的蜜蜂画社、中国画会等美术团体,并主编出版《美术生活》和《国画月刊》。当时在日伪统治下,生活比较清苦,常以山芋充食,他便戏称自己的寓所为"芋香窟"。抗战胜利后,他迁居外白渡桥畔的黄浦路,画室面对黄浦江与吴淞江会合处,就取名为"临江观日楼",可见他还是很乐观向上、随遇而安的一个人。1956年上海筹建中国画院，他受聘为画师，并担任中国美术家协会上海分会理事。可惜的是第二年就被错划为右派，渐渐沉寂下来，往日的光环都不再有人提起。但虽然默默无闻，他的艺术创作却一直没有中断。

胡建君：唉，在那个特殊的时代，多数艺术家都不能幸免。那他后来和郭沫若有没有再见过面？

张桂铭：钱瘦铁曾说起过，1963年国庆节前夕，他应郭沫若邀请到北京做客。当时故友重逢，确实欣喜万分。二人叙旧之余，钱瘦铁还为郭沫若刻印二方，留作纪念。但据《安持人物琐忆》记载，当时钱瘦铁去北京见郭沫若，当天郭沫若殷勤招待，第二天还乘车回访了，但"嗣后却寂寂不理"，所以钱瘦铁也就没有兴致继续交往了。这其中应该也有时代的特殊原因吧。陈巨来批评他人经常不留情面，但对钱瘦铁却是赞誉有加，他在书中写道："余谓渠一生，畸人也，无锡人而无一点刁气味，尤为难得"。

胡建君：是的，也正是因为他为人"无一点刁气味"，至真至诚，所以也结识了不少真性情的朋友。我看唐云传记中就提到二人关系很好。有次春节，钱瘦铁提着一篮水果给唐云拜年，刚好唐云不在。他就坐在唐云的画案边上画了一幅画：画上一位老人，拎着一篮水果，果篮上还有红纸写就的"新春之喜"。旁边有位老人扶杖而坐，惆怅地望着那篮水果。这张画后来一直被唐云珍藏着。

张桂铭：是的，他和唐老的交谊很深。唐云先生刚到上海时见识到钱瘦铁的书画篆刻艺术，就认为他"与郑大鹤得其雅、与吴昌硕得其古、与俞语霜得其苍，天赋之高，世人莫及"，很想结识他。但其时钱瘦铁带着家人与学生徐子鹤去日本了。等到日本投降，钱瘦铁回到上海，在欢迎宴会上，两个人终于见了面，如遇故人。当时钱瘦铁首先要解决在上海的吃饭立足问题。唐云很讲义气，他和郎静山在东亚饭店宴请钱瘦铁，商量为他举办一次画展。由于郎静山和唐云的积极打点，钱瘦铁的画展很快筹备就绪了。但因为时间紧迫，钱瘦铁一时拿不出那么多作品，唐云还亲自操刀代笔。当然代笔最多的还是学生徐子鹤。二人的代笔，都由钱瘦铁签名，当时就无人能识破。

胡建君： 现在看来，这也是一段颇见情义的艺坛佳话了。钱瘦铁和唐云的作品有相近之处吗？

张桂铭： 钱瘦铁和唐云的山水，都取法石涛，所以有相似之处。但钱瘦铁又在石溪上下过功夫，所以二人的山水在情趣上还是有一定差异的。唐云的作品总体上比较严谨，钱瘦铁则显得更萧散洒脱些。唐云侧重于法度之中，钱瘦铁着眼于法度之外。另外，唐云的花鸟取法于华新罗，晚年逐渐趋于凝重老辣，钱瘦铁的花鸟取法徐渭又自有法度，所以妙处各有不同，但二人又在细微处互相影响。在性情上，二人也有不一样。唐云为人朴实豪爽、寡言少语，对人不卑不亢。而钱瘦铁特别侠义，常常为人打抱不平，有时伤及自身，唐云总是劝他："瘦铁，你是好人，但是你的性格决定了你的命运。常常是十有九输，有时输得连路数都没有。"也确实被他言中了。

胡建君： 是的，但当时画家们的命运是被时代牵制的。十年浩劫的风雨，很多人都躲不过。钱瘦铁性子直，又不懂得随世俯仰，终究难逃厄运。

张桂铭： 是啊，钱瘦铁太耿直了，他有一首题梅花的诗："百卉迎春露一斑，此君偏许傲清寒。时人欲识君来处，冰雪精神玉肺肝。"正可以作为自身的写照。他晚年患有肺气肿，"文革"中又倍受侮辱，被诬为特务挨斗，病情加剧。我前面翻《钱瘦铁年谱》，里面写到1967年冬天，钱瘦铁在路上与钱君匋相遇，他拉着钱君匋的衣袖说自己生活得很痛苦，今天见了面，也不知道今后还能不能再见。说完就拱手蹒跚而去了。第二天，钱瘦铁就因肺气肿并发心脏病而不能救治，病故于家中。

胡建君： 真是令人唏嘘啊。我曾经在报刊上看到过一篇文章，钱老病故，王克勤闻讯赶到他家中，师母拿出二十多页小画交给他，其中有二页还没有画完，也没有落款，就拿回家中妥为保管。到了1987年，钱瘦铁的遗作在上海美术馆展出，王克勤找出这两张钱老的未竟之作，请陆俨少先生接笔补成。陆老后来补画的山水与钱老画的毛驴和骑驴人浑然一体。陆俨少还题款道："此册数页皆瘦铁先生生前点染未就，恐日久弃捐无所考，故予为足成。回想平生游从之好，不胜慨然。"唐云先生见了，一时感慨万千，也提笔写下了："瘦铁老兄与余旧交数十年，往来相处有如弟兄，所好亦相类。昔于冒鹤亭处樽酒相对，快何如之？转瞬流光忽忽已二十年矣，相隔人天，不胜增感。"天人永隔，不胜唏嘘，也可谓是二人交谊的后续补白了。唐云先生于1993年谢世，二人在另一个世界又可以对酒论画了。斯人已逝，但那些心痕手迹，那些友情佳话，必当流传久远。

印坛奇人钱瘦铁[①]

胡志平

Phenomenon of the Seal Society Qian Shoutie
Hu Zhiping

  自然人格是一个人内在的自我和人格的深层结构，是获得超然物外的精神享受的依据，也是影响艺术家艺术创造的主因。这种自然人格特征在艺术家的艺术创作实践中会自然地流露出，成为其探索艺术真谛的原动力。

  一般来讲，艺术家往往同时具备两种相互对立的自然人格特征，仿佛艺术家的个性中的两个层面。而艺术家的这一自然人格特征是与其人生经验，特别是奇特人生经验有某种内在的联系的。钱瘦铁这种刚傲不屈的自然人格特征，显然与他过早地开始品尝人世艰辛的人生经验密切相关。奇特的人生经验和自然的人格特征对艺术家创作的影响是双重的。第一是提供体验的内容，而这

---

① 原载于《西泠艺丛》2015年第2期。

些内容常常使艺术家激动,从而成为创作的原动力;第二是培养艺术创作所必需的心理素质和能力,并通过艺术家人格的构建,直接或间接地参与、影响艺术创作。

自从1915年来到上海,钱瘦铁在艺术上取得了长足进步,形成了稳定的艺术创作素质。然而,他不得不以摆摊刻字为生,生活的艰难,不但没有磨灭他人格的光辉,反而更强化了他倔强刚烈的自然人格。在其篆刻中,我们不难看出这些因素影响的痕迹。他对印艺进行了大胆创新,自出机杼,形成了他遒劲、浑朴、豪迈的印风。然而,他对已有的成就并不满足,敢于打破常规,不给自己一个人为的风格定型,永远在探索一种更新的,更能表现自我的表达方式。

钱瘦铁这种既追求独特风格,又不肯为固定的风格所禁锢的特点,看似矛盾,其实并不矛盾,这源于艺术家个性层面的矛盾性、多重性。钱瘦铁这种大胆探索、不断求新、求变、激情洋溢的艺术人格,在其篆刻创作中表现得淋漓尽致。20世纪60年代初,已年届古稀的钱瘦铁,还在不懈地探索。观其晚年之作,一改其"遒、浑、豪"的风格,而显得收放自如。这种不拘泥已成的风格,不顾忌时人的品评,而一往直前不断探索的非凡胆略和勇气,是很值得后人深思的。

同一切的人一样,作为艺术家的钱瘦铁,他还有另一个人格侧面"社会人格",这是一个过程的两个方面。人总是要生活在某个特定的社会文化环境中,受其家庭、朋友、宗族等特定因素的影响,并进而形成适应该社会文化的人格。钱瘦铁生活于清末,正是动荡不安的年代。早年贫寒的家境,使他不得不外出当学徒,过着寄人篱下的生活。这种童年经历使他心灵深处形成了某种东西,就是他的自然人格,而当他的自然人格与环境发生冲突时,他便会产生一种挫折、压力和障碍,感到自己不适应环境的要求,感到自己与那些适应社会的人有所不同,他便萌发出一种强烈的自我意识,借助某种东西来寻求一种心灵的解放。然而,人毕竟不能脱离环境而生活,为了保证群体的和谐,又必须约束自己,认真扮演那个属于自己的社会角色,这便形成了一个"外在的自我"——即社会人格。纵观钱瘦铁篆刻作品,其艺术创作也受其社会人格中"显性"层面的影响,因而有人评价他"印如其人"。这显然是钱瘦铁努力适应社会的结果。他本人一生为艺术而奋斗,反映在其篆刻实践中,便突出表现为一种遒劲、浑朴、超迈的印风。

然而,钱瘦铁毕竟是钱瘦铁,他的个性层面中永不满足的特性,使他在艺术生涯中矢志求新求变,这使他的作品出现了趋向两极的有趣现象:佳绝者神采飞扬,无人可比;而失准者有如初学习作。这也是造成钱瘦铁成为近代最具争议的一位篆刻家的原因吧。

钱瘦铁的书法篆刻艺术[①]

戴家妙

Qian Shoutie's Calligraphy Seal Carving Art

Dai Jiamiao

（一）

　　清末以降，社会日趋动荡不安，战乱不断，景象败靡。唯独书画偏为昌盛，一时间出现了许多大家，对书画艺术的繁荣做出了巨大的贡献。目前理论界有关这段时期的研究还不是很系统，没有一幅完整的历史图像。这是非常遗憾的事。倘若仔细地审阅一下近十几年的"书法热"的历史状况，不难发觉这股潮流即是民国时期书法的延伸，其中包括审美意识的延续、技法的传承等。民国时期书画大家如吴昌硕、张大千、沈尹默、潘伯鹰、白蕉、来楚生、齐白石等仍是当今书坛楷模的前辈大师。钱瘦铁便是这一潮流中的杰出代表，在书法、国画、篆刻诸方面均取得了极高的成就。

[①] 原载于《中国书法》1996年第5期。

钱瘦铁先生1897年2月13日生，卒于1967年12月18日，终年七十一岁。原名钱厓，字叔厓，瘦铁为其号，以号行。江苏无锡人，世居鸿山下，相传是汉梁鸿遁迹之处。曾任上海美专教授、国画系主任，上海中国画院画师，中国美术家协会会员，上海分会理事，上海市第二届文联委员，民主促进会上海市委委员。钱瘦铁一生经历坎坷不平，富有传奇色彩。早年以书画篆刻谋生自给，生活上极为清苦，经常以山芋充饥。

钱瘦铁祖上以务农为业，家境贫寒。幼时天资聪颖，很有艺术天赋。14岁时就到苏州护龙街汉贞阁碑帖铺当学徒，拜店主唐伯谦为师，开始学习刻碑，从此受到艺术的启蒙与锤炼。前后共计6年，其间钱瘦铁刻苦学习，经常挑灯夜读历代名碑名帖，耳濡目染，心手为之，茅塞顿开。他不仅学会了刻碑，还学会了治印，颇得当时名家的好评。汉贞阁是苏州一带很有名的既卖碑帖又兼刻碑与装裱的铺子，主人唐伯谦又是刻碑名手，所以一些著名书画家经常到汉贞阁来托刻碑帖、装裱书画。钱瘦铁也因此有机会认识了郑文焯和吴昌硕，并拜他们为师。汉贞阁的学徒生涯，使钱瘦铁眼界大开，为他后来长期从事书画艺术活动打下了坚实的基础。

这是钱瘦铁从艺道路中的第一个转折点，可以说是关键性的。

郑文焯号大鹤山人，光绪元年举人，是晚清词学大家，工山水，精篆刻。他非常赏识钱瘦铁的篆刻，主动辅导他如何治印，认为光刻印是不够的，还应学会能书善画，全面调养，方可成大家的规模。经郑大鹤的指点，钱瘦铁从此走上了一条非常全面的艺术道路。郑大鹤为了奖掖后学，在上海为年轻的钱瘦铁制定了润格，并做了介绍，把他和吴昌硕、王冠山三人称为"江南三铁"（指"苦铁、瘦铁、冰铁"）。这一举措有点近似于今天的角色宣传定位策划，是非常成功的。钱瘦铁因此而一鸣惊人、声名远播。他还经郑大鹤的介绍，得以拜艺术大师吴昌硕为师。1915年前后，吴昌硕在上海主持海上题襟馆金石书画会，钱瘦铁借机帮助吴昌硕开展各种书画交流活动，并参加了题襟馆，成为该会会员。题襟馆是当时上海书画界名流经常聚会交流的场所，会员们在题襟馆或讲课或互评作品，时有笔会，常年陈列展览会员的作品与私家藏品。在此期间钱瘦铁与海上名家的大量交流，也是他技艺大进的一个原因。

1922年钱瘦铁应刘海粟之邀，任上海美术专科学校教授，传授书法、篆刻。同时应邀的还有方介堪等人。后曾任上海美术专科学校国画系主任，与王一亭、刘海粟、郑午昌、贺天健、孙雪泥、陆丹林、沈尹默、潘琅圃等名家交往密切，互为切磋技艺，也曾先后组织了有日本书画家参加的"解衣社"、"蜜蜂画社"与"中国画会"。后来理论界称之为"海上画派"，与这些组织是密不可分的。钱瘦铁侧身其间，经常充当主持人的角色，开展交流活动。1931年，他还曾担任上海三一美术公司出版的《美术生活》大型画刊主编。

有人评钱瘦铁在国内的影响似不及在日本，的确是事实。当时在国内书画篆刻界起着宗师作用的是吴昌硕、赵叔孺等，尤其是吴昌硕威望高，门生众多，是海派主流。但在近代中日书法文化交流史上，钱瘦铁的贡献非常大。1922年因好友潘琅圃之荐与日本南画大师桥本关雪结为至交，桥本非常欣赏钱瘦铁的篆刻。次年他俩一同赴日，在日本与日本书画界名流交往甚密，还举办了"钱瘦铁书画篆刻展览会"，赢得一片赞誉。

钱瘦铁与桥本关雪之间的友谊非常深厚，他在日本的影响是建立在他俩的友谊基础上的。现京都桥本关雪纪念馆中还收藏着当年钱瘦铁为桥本所刻的全部印章。钱瘦铁曾先后三次赴日，时间分别是1923年、1935年与1947年，第三次是受聘为驻日中国代表团文化秘书。1937年他还受聘为日本《书苑》杂志编辑顾问，经常刊载和介绍他的书法篆刻作品以及他自己撰写的有关书法篆刻的评论文章，影响很大。在日期间，他还与西泠印社早期社员长尾甲，著名书法家会律八一等建立了友谊。长尾甲还为他在日本出版的《瘦铁印存》上题诗云"六书缪篆费经营，金薤琳琅布字精。腕底籀斯奔赴处，操刀戛戛自然成。"

钱瘦铁一生为人耿直，刚正不阿，嫉恶如仇。1937年秋季，他几经曲折护送当时被国民党当局通缉而流亡日本的郭沫若易装归国。事发后被日本当局逮捕，囚于东京狱中近四年。"受讯时以助郭出走及散布'越轨'言论定罪。瘦铁坚持民族气节，不肯下跪，怒斥日警——'这不是侮辱我，而是侮辱整个中华民族。'"遂取身旁铜烟盒痛砸日警，正义凛然，轰动中外。郭沫若后来在他所著的《海涛集》中表示非常感激，谓"我不知道应该怎样感谢他"。这是一个扣人心弦的故事，也是中日文化交流史的真实写照。目前日本书界还因此而非常怀念这位前来传播书艺的中国艺术家，特地举办回顾展，让世人驻足回忆历史。

"文革"期间，钱瘦铁倍受摧残折磨，身心受到了极大的创伤，于1967年12月18日病逝。

（二）

　　自元代赵孟頫开集诗书画印于一身的风气以来，文人书画的范畴便相对宽阔而固定。所谓不求四艺皆绝，但求四艺皆通，这好像已成为文人自律的一种原则。

　　民国时期的一些大家如黄宾虹、来楚生、齐白石等，都精擅书画印。这既是文人历史的承传，也是时代的绝响。民国时期在这方面最大的一个特色是篆刻上的精绝，这一时期的篆刻大家突出了历史的局限，创造出今天看起来很具现代意味的篆刻作品。如来楚生、易大厂、齐白石等。钱瘦铁也是这一时代风气中的杰出代表，读其书或印，总是惊觉其胆魄之大，手法之奇，令人叹为仰止。

　　在钱瘦铁的传世作品中，书法以篆隶居多。成就也当属篆隶为最高。在篆书方面，他衣钵吴昌硕，力学《石鼓文》《天发神谶碑》，并对秦诏版以及用秦钟鼎金石文字下过一番苦功夫。其晚年所作篆书颇多秦诏版遗意，有篆中带草的意味。用笔洒脱，挥毫自如，结体纵横交叉，任势行止，画意盎然。比较一下他与吴昌硕的篆书作品，不难发觉在结体取势上，很明显受吴昌硕《石鼓文》的影响，但在用笔变化上，则大大地超越了吴昌硕的习惯范围。吴昌硕的篆书用笔老辣沉着，有千钧之力使转中锋的感觉，线条形态颇有清代篆书的风气；钱瘦铁的篆书用笔则轻松灵活，去其钟鼎碑版的严整之气，增其活泼生动的意蕴，其中掺入许多画意则是很显著的。吴昌硕是以《石鼓文》来养画，钱瘦铁则有以画来济书的意思。前人为何如此看重书画印三者的结合，此中道理从上可看出端倪来。

　　在用墨上，钱瘦铁喜欢用淡墨，线条的墨色层次丰富，更见肌理效果，有随心所欲的自然趣味。虽然少了我们习惯看法上有关《石鼓文》郁郁芊芊的感觉，却别开生面，饶有风味。在用笔韵律节奏上，钱瘦铁颇重秦诏版的韵味的运用，以轻松自然，浑成天趣为主。所以他的篆书初看不求严谨，却多了一份习俗的亲切感。

　　隶书以学《张迁碑》《石门颂》为主，兼及汉简，所书古朴浑厚，沉逸潇洒，运笔老辣，使尽一波三折之妙，能自成一家。比较篆书而言，他的隶书成就更高一些。原因在于钱瘦铁的用笔习惯、线条造型、节奏控制更适于隶书的创作。很多书家总是幻想自己四体兼擅，实际上是很难做到的。感觉敏锐的书家都是非常清醒地看到自身的优势，然后扩而化之到达一定的境界。在钱瘦铁的传世作品中，隶书占了很大部分，而且篇幅完整，神气十足。不像其他书体，有小品的趣味。如果仅依赏玩的心理来读，或许小品更见真性情。但若从历史发展的立场来审察，我们就不得不读其倾注全部精力心血的作品。在他的隶书书作中，我看到他凝神聚思的神采，而不是一般的泛泛之作。细细地体味，钱瘦铁的隶书在用笔上很有独到的精湛之处，完全不同于时人。行笔潇洒，速度很快，提按使转之间绝无拖泥带水的迂态，很飘逸，但绝少裸露的出锋之笔。线条篆意很足，而起伏从容不迫。化方为圆，取其华滋色彩。通篇又极显茂密昌盛，有很强的海派气息。读他的隶书不妨与邓散木的隶书对照，可粗略形成一种脉络印象。他的隶书还有一个很重要的信息，即是化汉隶碑额的庄严肃穆为轻盈的拈来之笔，驾轻就熟，非常通畅。为此笔者特地采访了其侄西泠印社社员钱大礼先生，据忆钱瘦铁写字执笔随意，把笔很虚灵，强调中锋用笔，力用在笔尖上。行书时笔在手中时有转动，以调整笔锋的方向，从而使线条的绞转更见从容滋润。他认为：用笔的感觉犹如过桥一样，有一定的运动感，有一定的弧度。古人曰之勒笔的感觉，我猜想大概与此述大致相同，意在寓动于静之中。

　　钱瘦铁的楷书早年主攻钟繇与《曹娥碑》，对玉版十三行也甚是喜欢。据钱大礼先生回忆钱瘦铁非常重视钟繇的小楷，认为初学书法必定要好好学习小楷作为基本功的训练。他所书小楷《前赤壁赋》，可为验证。此书深得六朝古雅之韵，又有六朝墓志的散漫，既清朗又俊秀。在民国时期，可谓极为难得。

　　中年时期，钱瘦铁对王羲之的《十七帖》钻研甚多。尤其当他被囚于日本狱中时，还能坚持练习《十七帖》，非常感人，可见其对书法艺术孜孜矻矻、锲而不舍的求学精神。他在出狱前的一封家书中提到，"近学王羲之《十七帖》，自觉颇有是处，盖罹患中之获益，所谓塞翁失马，焉知非福也。"在书法中，他寄托了积极达观的人生哲学观，使自己的作品更贴近人的心灵。显然，钱瘦铁已经不仅仅把书法看作一种技艺或者是一种职业，而把它视为一个修炼的过程。他还对怀素的小草《千字文》、孙过庭的《书谱序》、李北海的行楷用功甚勤。从他晚年所作题画字中，就能明了其中的来龙去脉。用笔圆润洒脱，骨势强劲。能使锋在纸上行，畅通无阻，深得王氏书风之精髓。

　　细心的读者一定能发现钱瘦铁的书法与画在风格上相当近似，这是书画同源命题之下的具体形式。但就书体而言，其行草书是最接近于其画风的。反过来说，绘画上的习惯支配了他的行草创作过程。具体地说，笔法散漫近于画中的笔法，字的选型整体也趋向于画图的构成原理。点画狼藉，而性情逼真。初看有飞花乱舞的感觉，再看进去就会有淡泊宁静的意境。"信手拈来是兰花"，这是画家的信念。落实到书法中，有点近似于"天真烂漫是吾师"的说法。书法崇尚"无意于佳乃佳"的境界，在有法至无法的过程，除了高超的技巧外，还得有宽博的胸襟与深邃的思想。钱瘦铁的书法之所以在灿烂之后有淡泊的意味，原因也大抵可从上述语言中寻找。

（三）

钱瘦铁还以篆刻名世。对日本现代篆刻的影响，他更是功不可没。当他还在苏州汉贞阁做学徒时，其治印已深得郑文焯、吴昌硕的赏识。后来转至沪上鬻艺，以篆刻谋生。又得俞语霜的指点，更是声名大振。日本书画篆刻界亦是非常看重钱瘦铁的篆刻，桥本关雪赞誉他的篆刻为"东亚奇才"。从某种意义上讲，他的篆刻进一步强化了吴昌硕的印风在日本国的流行。

钱瘦铁的篆刻早年受吴昌硕的影响极深，后来渐渐有所脱离。尤其是他晚年远挹邓石如，取皖派圆转印风，衬托原来古朴茂密的印风。他还从事于金石文字研究，因而入印文字取资相当广泛，印风趋向险峻。偶尔采用唐宋官印的布局，亦能自出机杼，脱尽窠臼，独具一格。他刻印喜欢钝刀硬入，衣钵吴昌硕，晚年刀法更为老辣纵横万千，一如他的书法，拙如断蚓，巧似流云，已入化境矣。沙孟海先生评其篆刻为："真力弥满，妙造自然"。

在书法与篆刻两方面看，钱瘦铁对篆刻的用心是显而易见的。他刻印不大有他的书法那样的"游戏"心情，他刻印很严肃，取得的成就也较书法为高。与其说他致力学《天发神谶碑》是为了丰富篆书的创作手法，不如说改变了他的印风。无论从刀法上，还是用字上，《天发神谶碑》的神髓是随处可见的。即使是规模秦汉私印方面，也可见其中的影响。钱大礼先生也说他叔父晚年非常酷好《天发神谶碑》的临习，证实了我的看法。从《石鼓文》到《天发神谶碑》的差异，便是吴昌硕与钱瘦铁的篆刻之间的风格差异。

值得一提的是钱瘦铁一生的精力大部分倾注在国画上。他的山水画出自黄山派，宗石涛法，笔墨苍深，气魄雄厚。花卉蔬果师学沈石田、徐青藤，着墨古而秀，设色明艳而沉着。梅花掺用篆法画干，风骨峭然，草法出枝圈花，冷香逼人，尤为世人折服。

谈钱瘦铁的印风[①]

顾 琴

Discussion on Qian Shoutie's Seal Carving Style
Gu Qin

  1922年，钱瘦铁刻有一方朱文印"学两汉六朝人书法"（收入《钱瘦铁印存》），并有边款"壬戌（1922年）花朝，与吴缶翁、任嫩凉饮于春水草堂，纵说汉印，乘兴奏刀，凿此八字"。综观其一生，顺境也好，逆境也好，钱瘦铁都不失铮铮骨气，表现出正直艺术家的贞节和人格。他的人格力量是刚、是雄，是豪迈和不可阻挡，这些融之于印，便是豪迈恣肆的刀笔，奇崛雄浑的印章艺境，其雄壮、气魄和力量是近代印史上少有的。

一、钱瘦铁的人生境界与印学观

  钱瘦铁生前未留下什么印学著作，书面的材料颇少见。也因此，一般谈及其印

[①] 原载于《创意与设计》2011年第3期。

艺之文都显得有点空洞。其实了解钱瘦铁人生境界的最佳材料就是那些闲章的文句，其文字的取向足以代表其人生观与印学观。

沈万钟《印人杂咏》有诗咏之曰："纵横才气若难消，叔盖家风未寂寥。成就百年穷事业，铮铮此铁亦天骄。"将钱瘦铁苦难的人生经历与其印风联系在一起。"铮铮此铁"是其人格境界，"百年穷事业"是其毕生追求，"叔盖家风"是指钱瘦铁风格来源之一。

钱瘦铁一生受苦受难，但志向一直不变。这在他的闲章文句中有鲜明的反映，如"自强不息""百年清苦""劲节古松""不折"。为什么要选择这些文句，其答案简单而明确，就是以印言志，表示他的志气、气节。钱瘦铁是穷出身，受苦磨砺了他的坚韧。他有一方印"咬得菜根，百事可为"，"咬得菜根"就是能忍受各种艰苦生活的环境，在逆境中得以保持志气。

1941年，他被日本人释放并驱逐出境，并宣称今后永远不准踏上日本国土。但回国后，他组织"画人节"继续抗日，抗战胜利后，他以联合国占领军中国驻日本代表团文化秘书的身份再次赴日，并利用其身份（因其行李可免检）将上海进步木刻作品带到日本宣传革命。1949年后，他即离日回国。他说在日本条件非常好，但自己不愿做"白华"。这一点足以见其高尚的民族气节。"文革"中受尽折磨却壮志不灭，刻"壮心不随华发改""强行者有志""鹰击长空"等闲章，可以反映他的心态是积极奋发的。

钱瘦铁胸襟开阔，心态超然，这可以从闲章中反映出来。"弃名利如七苴""眼中沧海小，衣上白云多""恬淡""恬淡为止""明月襟怀"都是一种心灵的坦露。

1962年，正是他被划为右派后心境最低沉的阶段，在画《松鹰图》时他自题"英气勃然，也有万里云程想，壮哉"。"恬淡为上"说说容易，做起来难，像他这样才气横溢之人，屡遭打击，而始终保持"明月襟怀"，实是很高的人生境界。

正是有了这种超脱、恬淡的人生境界，他在艺术上的追求也与众不同。他的刻印注意抒写情意，将写意放在第一位。他的印学观大体有三点特别引人注意。

1."诗贵性情，亦须论法"，这是钱瘦铁一方印的文句，也即是他的印学主张。"贵性情"是将抒情写意放在"法"之上，这一点是诗、印及一切艺术的灵魂。"亦须论法"是讲传达情感的途径和手段必须是法。"舍弃法"，抒情便无迹化的通道，故这方面反映钱瘦铁对情、法、意之间的认识是深刻的。他的许多闲章，都可视为对这一观点的注释。如"生意勃然""天真烂漫""天真烂漫是吾师"等印。刻印讲究"生意勃然""天真烂漫",看重的正是"情意"最根本的东西。"天真"是人性中最本色的东西,这是"心手双畅"时的"偶然拾得"。钱瘦铁多次刻"偶然拾得""游刃""醉墨""兴酣落笔""落笔殊草草"都是强调灵感的到来,突出心对法的超越。

2. "以古籀草隶作画""老来篆隶入画图",这两方印语,既是他的画学观,亦是其印学观。钱瘦铁是奇才,诗书画印均擅,且都有特色。他的画,用笔奇崛,线条质量极高,气厚壮、势奇伟。这都与用篆隶笔法有关。其书法体现他的这个用笔观念,刻印也如此。"印从书出"是讲以书法笔意入印而能做到这一点,就是以篆隶笔意入印。

1922年他刻"学两汉六朝人书法",表明他在书法上的取向。钱瘦铁的篆得力于汉篆,辅之以高碑大额,他的"篆趣是内圆而外方"(韩天衡语)。这是他长期刻碑探索出来的书法笔意。故其印篆隶的色彩十分鲜明,尤其晚年的毛泽东诗词印章,最见其特点。

3. 章法以阔大、安闲为上。1936年,他刻"钱厓"白文印,边款上刻:"刻印章总以规模阔大、体态安闲为上,不使疏者嫌其空,密者嫌其实,予刻印二十余年尚未得是境也。"这是钱氏对印章的章法的理论总结,十分深刻,其内涵突出两个方面:一为形式之大与势态之闲的关系。这个"规模阔大"并非只指印章的石面大,而是指字法安排的气势大,钱瘦铁的大多数印章,都是石面不大的小章,但气势同样阔大。气势大往往要夸张字形,造成态势的动荡,"动"要讲究,但更要讲究总体的安闲。只有安闲了,整体才会统一。另一层含义是印面的疏密安排。空与实、黑与白的对比,都是矛盾的统一体。"知白当黑"是一种整体形式的领悟,是偶然得之。钱氏有一方"执古之道"的白文印,边款中说:"老子句,集石鼓文字……执古之道可以御今之有"。"执古之道"对印章的章法而言,就是用古人印章布置法的精髓来为今天自己的印章服务,也就是说:"规模阔大"与"体态安闲"要自己在体悟中获得,而并未只是将字刻得大而已。只可惜,钱瘦铁的许多刻印经验未能形诸文字流传下来,只看其印章,以今人的观点解释其印,还不是他原始的创作观念。

二、钱瘦铁的印章风格

钱瘦铁是师承吴昌硕印风最为得其神采又最能放胆独造的天才型大家。说他是天才型,是因为他的很多东西无法言喻,也无法模仿。他是有悟性的天才,以他的知识结构,犹如慧能,是绝对不能与满腹经纶的马衡、黄宾虹这类学者型印人相比。但他的写意风格,其恢宏的气势,勃发的神采,却足以使浙派、皖派的高手敛衽避席。他的章法布局,出人意料之妙,别人无法模仿,故是吴派印人中旗帜鲜明的巨匠。其印章的艺术特点,主要体现在如下几个方面:

1. 篆势雄强、造型奇崛恣肆

"印从书出"是民国时期书家普遍重视的观念,钱瘦铁的印章笔意十足,趣味盎然,但又不完全同于其师吴昌硕。钱氏的书法篆书取法《石鼓文》《天发神谶碑》,隶书则筑基于《张迁碑》《石门颂》,再加旁参钟鼎铭文,因此其书法用笔一如其师浑原、沉雄、苍古。气势雄强,而结体奇崛恣肆。书法笔意入印,其线条就有了金石气,饱满、迸劲、苍劲。他早年的"老铁笔""池田醇印"用笔粗壮、厚噩,神气苍古,完全不像年轻人所为,而最能体现其雄强、浑厚之势的白文印代表作"废画三千""鹰击长空""壮心不随华发改"等作品,则都能体现其苍劲拙朴、雄健豪迈的气概。例如:"废画三千"完全是《天发神谶碑》的笔意,方笔起笔,生涩险劲,但收笔中,有方收,亦有圆势。"鹰击长空"中的"长空",都是石鼓笔意,雄浑而拙朴。钱瘦铁篆书的结体,奇崛恣肆,如"鹰击长空"中的"鹰"因笔画多,字形就硕大,"鸟"的下部结体宽阔笨拙,整个字完全不是四平八稳的结体。"长空"的结体,则开张恣肆,"长"的一只脚伸到了"鹰"的下面,"空"的宝盖头十分酣畅。韩天衡在比较钱、吴的篆趣时说:"缶公之毫,得力于古道,辅之以瓦甓泥封;钱氏之砖,得力于汉篆,辅之以高碑大额。因此,吴昌硕的豪趣,内方而外圆,刀刃上是褪尽了火气的;钱瘦铁的豪趣,是内圆外方,刀刃上是淬满了激情的。豪情不禁,解衣盘礴,一泻无余。这也许正是钱氏的篆趣更具有现今时代的特征吧!"这个分析十分到位。同样篆一个字,因取法不同,线条的形态不同,因用刀不同,吴氏含蓄蕴藉,而钱氏激情奔放。钱氏印章的篆法不随师风,正说明钱氏的创新个性。

钱瘦铁印章的奇崛恣肆,得益于字法的多样取向。这说明钱氏的"执古之道"十分有眼光。例如唐宋官印的九叠文历来被人唾弃,因过于做作,刻意缠绕。但钱瘦铁取其起伏流转中的节奏,一经他的"点化",顽石生辉。他有一方"梁溪钱氏图书"的藏书印,布局茂密,线条的流转起伏,左来右去,极富抒情之味,这是从唐宋官印变化而来,漫不经心之处,实用了大巧。

2. 章法：布局阔大、体态安闲

钱瘦铁印章的形式感很强。出处讲究字法的奇诡，章法的阔大，整篇的安闲。其鲜明而突出的特点是布局阔大，气大、势大、体大。有人称之为"拍天割地"，有颜真卿布势的雄壮，撑满整个印面。如"梅花欢喜漫天雪"，这方印的布局极为阔大，分三行布局，中间"欢喜漫"大密，大有密而不透风之感，而左右两侧是大疏。"梅"的字法用古体，自然省了不少笔画。"花"的字势拉长，下部十分空旷。左部的"天雪"，"天"小而"雪"大，但"雪"的下部全空，以粗边作底。整方印的奇趣在于边框处理，正方形的石章切去左右四角，使之呈梅花的花瓣状，一奇也；而割边时，又让字形逼边和残缺，造成印内外的贯通一气，二奇也；特别是左上角"天"的左部，大胆切去字形的许多，让"天"的上部线条明显残缺，正是这一刀法，产生了"逼边"的形式效果，让"天"的空间得以无限延伸。"雪""漫"字形，都切开边框，使天地之气浑融而入，大疏大密，对比强烈，三奇也。有此布局上的三奇之招，其印奇趣顿出。此外"万花纷谢一时稀"等印，也都有这个特点。

钱瘦铁印章的章法，万变万千，而整体又十分安闲和谐。局部的线条组合，字形安排都不会平淡无奇地凑个印面。例如"高天滚滚寒流急"是方白文印，长方形分两行分布，这极可能造成对称和平均的毛病，但钱氏从每一个造型追求变化以破坏平衡。例如第一个"高"字，上部的一横作了圆弧处理，两个"口"字，上小下大，一扁一阔，没有两两相对的平行感，而是短长不等的拙朴感。"天"的两横及"人"的撇捺，也都是不对称的线条配置。"寒"的内外有太多的同形结构，一一做了变动，这只要看这四个"工"的安排就知道用心良苦了。这三个字属于篆文中的"正反字"，即正反都一样。钱瘦铁竭尽参差错落之能，让人觉得歪倒得有趣。从笔画的线条形态看，起笔方折，收笔有方、有尖，垂笔的这个尖势，是《天发神谶碑》的笔意，特别像"天"第一笔横，方起方收，第二笔是圆弧形，两头均尖，"人"的左撇石捺也是尖笔，"天"的一笔还入侵他行，"滚"的末笔来了一个右钩，正是奇崛处，笔意直转。左右三角切开，左角尤切得曲折多变，有坳折之趣。整体又安闲有致。

3. 刀趣：遒迈、奔爽、自然

钱瘦铁的用刀可以说是其印章最为精彩四射的一端，韩天衡誉为"是五百年明清流派印史上罕有的，特别是他对刀刃、刀背作用的敏颖理解和挥运，使他刀下的线条有笔的八面用锋，又有刀的刻勒韵味。"

沈禹钟说钱氏的刀法来自钱松,"叔盖家风未寂寥",说得中肯,但还不够全面。钱松治印,篆法圆浑,用刀奔放,古朴中求新。钱瘦铁自己说:"坡老云:'天真烂漫是吾师',予于篆刻得之矣。"但他同时也用涩刀,且涩多于爽,这奔放、圆浑的刀法和对天真烂漫的追求正是其刀法所达至的境界。吴昌硕对钱松极称之,瘦铁取之,瘦铁刀法早年取自老师吴昌硕,跌宕挥洒,其豪也似之。另外,钱瘦铁于吴让之的刀法也下过功夫,吴氏刀法,运刀迅疾,圆转流畅,功夫娴熟(沙孟海语)其线条刚劲,字势潇洒飘扬,用刀爽多于涩。韩天衡论钱瘦铁的用刀是五五开,既能爽又能涩。

钱瘦铁的用刀有三个显著的特点:

第一是用刀遒迈,线条峻厚险辣,前无古人,后无来者。得力于他当学徒时候的刻碑实践,他的肘力、腕力和指力都是无人匹敌的。像"鹰击长空"这类白文印,线条粗壮、饱满,态势雄阔、气势大,没有足够的腕力绝对冲不出这种线条。这类印在他的印谱中不是少数。早年的"左海",中年的"癖于斯",晚年的毛泽东诗词句的许多印,都印面大、字形大、气势大。这都能体现其"力"的美。印章线条之力量是用涩刀完成的,正如书法中用涩笔一样。用"涩"就是下刀果敢肯定,运之有物。线条有风骨,粗能壮,不臃肿,细能挺劲,不纤弱,这在钱瘦铁的刻印中是十分明显的。

第二是奔爽。奔爽是用刀的任心自运,毫无顾忌,随心挥洒。"奔"体现运刀的爽快、劲健和速度,而"爽"指一次成功,不修改。钱瘦铁是豪爽之人,运刀如秋风扫落叶,呼啸而过,痛快淋漓,但不是齐白石那种单刀冲切,而是让之的灵活、流畅。在钱瘦铁印谱中,细线条的印,线质挺遒而不光滑,流转自如;而粗壮的白文印,爽快之意随处可见。

第三是自然。自然是一种境界,用刀能达到自然,心手合一,是天真烂漫,是随心所欲。不能说钱瘦铁每一方印都能达到这个境界,他的一些粗放之印,看上去很豪放,细究也多有刀法不到之处,粗陋、粗率,甚至可以说不是很成功。但在他兴致高涨之时,任心自运的印章,大多能达到自然的境界。这种印中,豪情四溢,刀法浑融。这是别人不可及之处。

韩天衡先生高度评价钱瘦铁刀法时说:"钱氏以其过人的腕力与得之天赋的刀感,所作线条峻厚险辣,演化为力度、厚度和韧度的优化组合,表现为一派奇峭、鲜灵、凝重、浑厚、潇洒的非凡气度。这完全是古来印坛上用刀技法的新创造、新发展。"这个评价可谓深刻、中肯,将钱瘦铁的用刀特点概括无余。

郁勃纵横
——钱瘦铁艺术刍议①
石建邦

Thriving at Ease:
Discussion on Qian Shoutie's Art
Shi Jianbang

二十多年前，我因工作关系，有幸拜识钱瘦铁哲嗣钱明直先生，并蒙他垂爱，得以经常去他府上请教，有缘观赏到钱先生各种书画篆刻作品，大开眼界，这段经历至今令人难忘。

2012年前后，我去日本京都，在银阁寺边上，无意间看到有个白沙村。里面很安静，仿佛置身一个中国宋元时代的山庄，极其朴素简洁，一个工作人员在扫地。白沙村其实是一个园子，不大，保持了日本wabi-sabi（侘寂）的风格。里面有一块大石头，扁平的样子，似乎可以在上面跳舞，这块石头名叫"郁勃纵横"。离这块石头几步路，就是有名的桥本关雪纪念馆。我恍然大悟，这就是桥本关雪的故居，于是

---

① 原载于《澎湃新闻·艺术评论》2018年11月2日。

马上联想到钱瘦铁先生当年也在这里生活创作过。这一巧遇，让我重新联想起钱瘦铁的艺术，还有他那跌宕起伏的人生经历。

我觉得，郁勃纵横，这四个字，可以用来代表钱瘦铁的艺术成就。

在近现代海派画家中，钱瘦铁书画篆刻三绝，独树一帜，卓尔不群，无疑是个有声有色的人物。他以金石篆书笔意从事创作，无论书画还是篆刻，都是古意盎然，奔放自如。一如他的为人耿介直率，豪爽仗义。我曾见到一些民国的期刊，上面经常有钱先生作品介绍，足以说明他在当时就是一位令人瞩目而且非常活跃的艺术家。

二十多年过去，今天回思钱先生的艺术特色和价值，我觉得有以下几点值得关注：

首先钱瘦铁的书法，气息高古质朴，直接秦汉雄浑之气。汉代的文化精神，可以用古人称颂司马迁《史记》的四个字来概括——"雄深雅健"。这四字用在钱先生的书法上也是当得起的，特别是他的篆隶，气象万千，变化多端，好极了。他写字可以信手拈来，随机应变，自然成趣。完全没有死板的框框和套路，所以生气勃勃，不落俗套。典型的如《毛主席诗词三十七首》手卷，真行草隶篆，五体夹杂，简直是五彩缤纷，有一泻千里之势。

得力于郑文焯、俞语霜、吴昌硕等前辈的悉心指点，钱瘦铁在篆刻方面的成就最早，也最为人称道，无疑为海派篆刻的中流砥柱，吴昌硕以来的又一高峰，并对日本篆刻界也有不小的影响。大致说来，他的印章雄强恣肆，瑰丽奇崛，不拘泥于点画线条等细节，重视整体章法布局，大气拙朴，厚重绮丽。李可染有两方常用的著名闲章，"可贵者胆"，"所要者魂"，即请钱瘦铁所镌，非常符合李先生的画风，相得益彰。要是换成别人的可能就不那么协调了。至于他晚年的毛主席诗词巨印系列，更是大开大合，随心所欲而不逾矩，异常出彩。

钱瘦铁在绘画上的成就，我觉得是古人"外师造化，中得心源"的最佳实践者，同样有极高的造诣。一方面，钱瘦铁认真吸收传统养料，下过苦功，尤其在石涛、髡残等"四僧"一路画风上用力甚深，并上溯徐渭、倪云林等诸家，为我所用，从而形成自己独具面目的文人写意画风。展览现场，笔者见到很多师法古人笔意的作品，有些小画虽然只有巴掌大，但同样画得简澹深邃，古意盎然，体现出其非凡的传统功力。另一方面，钱先生绘画的一大特色是自由大胆，涉猎很广，除了人物画，几乎什么题材都能画，山水风景，花鸟草虫，都能出彩。比如他画的雄鹰，他的《鹰击长空图》，生猛直扑，动感十足，凌厉得很。近代齐白石、徐悲鸿、潘天寿、李苦禅等都以画鹰胜擅，乃至历史上画鹰的高手林立，但我们看了钱老笔下的鹰，还是眼睛一亮，精神为之一振。

钱先生可以随兴糅合各种风格元素，兼收并蓄，统摄画面，形成自己的独特风貌。他有着高超的对景写生能力，所谓对景写生，其实在他则是对景抒情，笔墨之间满含深情和豪气。这方面的例子很多，比如展出的《无锡华东工人疗养院》《外滩风景》等，画得生机勃勃。他的很多风景写生，尺幅都不大，但密密匝匝，丰富深远，繁而不乱。我记得看过一幅钱先生画的《西湖胜景》，作俯瞰全景式描绘，大概也就两三平尺，兀自小中见大，美不胜收。

钱瘦铁一生经历跌宕起伏，眼界非常开阔，在日本的生活交游，更是打开视野，同样也滋养着他的丹青浩气。20世纪50年代，他和画家朱屺瞻曾经壮游川、陕大地，一路沿途写生回沪。在西安，一向自负的石鲁对他的画艺推崇备至，"至欲从之为师"。此次万里壮游，钱瘦铁和朱屺瞻一路甚是投契，回来后他刻"学而不厌"一印送给朱，边款云："丁酉（1957年）暮春，与屺老从武汉经三峡，过秦岭，至长安，万里壮游中谈论中外艺术，自石涛、八大、冬心、谷柯、塞尚、马蒂斯至缶老、白石，我二人所见相同……"其胸襟抱负可见一斑。所以他的绘画非常开放包容，有世界目光和现代意识，多元融合，笔下"豁"得开。因之有些作品自然也不能用传统的绘画规范来衡量。

所以在我看来，钱先生的山水画，一拳打破古今中外，没有条条框框，将它们熔铸于一炉，可以说独树一帜，堪称近代文人画的杰出代表。我曾在钱明直府上多次寓目钱瘦铁的丈二巨作《北国风光——毛主席诗意图》，这幅作品境界恢宏壮阔，尤其难能可贵的是，画面纯用墨色，绘出北国冷峭奇寒景象，观之令人难忘。据钱明直先生说，老先生创作此图时，看到别的画家画得花团锦簇，风光旖旎，心里不服气，有意挑战自己和别人，这从一个侧面也足见钱瘦铁的艺高胆大。类似的例子还很多，展览中我见到一幅水墨冬景日出，前景是水田，纵横交织，中景是村庄，房舍零落，背景远处隐约山峦雾霭之上托出一轮红日，非常突兀，与画面整体的淡灰水墨笔调形成鲜明对照。仔细看操场上有两排很小的人形，再联系落款为1963年冬，那个特殊年份，或许是画家意有所指，但如此奇绝的作品，估计也只有钱先生能写得出。

"吾善养吾浩然之气"。综观钱瘦铁的艺术，他的书画篆刻作品，无不令人感觉中气十足，大气鼓荡。好的艺术"气息"第一，传统中国画的"六法"之中，将"气韵生动"作为第一条衡量标准，而黑格尔的美学思想中，他认为美就是"灌注生气"，可见中外审美的基本标准都是相通的。一件好的作品，没有生气，奄奄一息，画得再好再漂亮再四平八稳我看也是枉然，也是黯淡无光的。元气淋漓，郁勃纵横，这也是钱瘦铁艺术高人一等，最值得称道的地方。

钱瘦铁一生的艺术道路，也许还值得一提的是，他吃的"第一口奶"就非常好，第一位老师郑文焯（郑大鹤）是晚清著名词人，不但学问好，又懂金石书画。在钱老求知欲最强的十四五岁开始就教其诗文，而且他还热心提携后辈，介绍钱瘦铁给俞语霜和吴昌硕等人认识，等于一下子进入海上最高的文艺界朋友圈，让钱先生少走了许多弯路。郑大鹤爱才心切，对钱瘦铁推许备至，不但将其介绍到吴昌硕门下，而且为钱瘦铁亲订润例，撰文称"他日当与苦铁、冰铁并传，鼎峙而三"，于是遂有"江南三铁"的美誉。其实当时钱瘦铁乃一介贫寒少年，碑帖铺学徒，年甫十九，吴昌硕（苦铁）长他五十三岁，王大炘（冰铁）长他二十八岁，根本是三代人的年龄差距。郑大鹤如此爱惜誉扬，前辈名士的古道热肠，实为艺林佳话。

"万古不磨竟，中流自在心"。今天再读钱瘦铁的作品，里面无不洋溢着"自信、自由、自在"的精神。艺术最可宝贵的就是平等和自由，传统的营养可以为我所用，但我们不是古人的翻版或传声筒。画画不是为了古人，更不是为了讨好观众。艺术最根本的是托物寄兴，写出自己的心声，张扬一颗自由的灵魂。钱先生用自己的笔墨，为这样一种艺术的人文精神下了一个很好的注脚。

造化弄人，如果天假以年，钱瘦铁能多活十年八年，他的艺术生命无疑会更为辉煌灿烂，无奈他七十岁就含恨倒在1967年那风雨如晦的岁月，遽尔长逝。黄钟毁弃，瓦釜雷鸣，历史又经常作选择性记忆。如果不是今天中华艺术宫举办的展览，很多人可能早已遗忘这位大师的存在。不是吗？几年前，上海书法家协会主编的十卷本"海上书家大系"里没有他，上海美术家协会编的《海派百年画家系列作品集》皇皇十八大卷里也没有他，这是很令人遗憾的。

不主故常，真率磅礴
——闲说钱瘦铁艺术
唐子农

Original, Sincere, Majestic:
Random Talks on Qian Shoutie's Art
Tang Zinong

　　要一时读懂钱瘦铁先生的篆刻，绝非易事。一如要去读懂他的书法与绘画一样。

　　晚清民国的上海，艺坛也是风云际会，一时能手云集，气格磅礴，笔墨雄浑的吴昌硕无疑是其中的引领者。因有这位艺坛宗师的提携，钱瘦铁持笔驱刀直入艺术之殿，驰名于海上。然在风格上，同样要面对吴昌硕艺风的影响带来的应对与考量。在受吴昌硕艺术风格影响的书画大家中，有王个簃、赵子云等泽感恩师之情直接全面继承嫡传者；有个性突出的潘天寿在临仿了几笔纵横后又别从吴氏山水中找到启示，加以构成变化耳目一新者；有与吴氏亦师亦友的王一亭专画仙佛人物吸收苍劲与豪迈者；有北人齐白石借吴氏红花墨叶之风加以强化，而"衰年变法"者……而钱氏则选择了一条适合自己的独特艺术之路，初期仿效吴氏，不久便避之而取道明清诸家，偶尔闲涉宋元。

　　钱氏有极开阔的艺术视野和超强的笔墨驾驭能力，山水、人物、花鸟皆擅。他的山水画很早即取法石涛，这既出自个人喜好，也与他们那个时代的朋友圈审美有关，如他的好友张大千、唐云等皆喜石涛，均一时之高手。钱氏于此则有别于张大千的精能豪迈以及唐云的淋漓生动，而以生拙逸气出之，在用笔上部分吸收了古厚的金石之气，不过他用笔的特点却更多是一种率真的天性使然，某种程度上也暗合了石涛的野逸之质。今人有专以石涛衡之，以为钱瘦铁全仿学石涛，实无新调，此论笔者不敢苟同。石涛笔墨自有其临景涉笔的畅怀淋漓，以笔者观之，石涛笔性近帖学性情一派，此石涛所处之时代金石学尚未全然启开之故，想金石之苍古之气，自然无从谈起。钱瘦铁以其涉猎广泛的艺术视野与实践，将金石之气移用绘画之中，师心自用，此其与石涛之不同处。金石对画家的影响，最直接处在于线条的古厚朴质。笔者曾听一老先生言及钱氏向人示学，以吴昌硕等朱文印印边线作为对象练习线条，此种教授之法，亦为一奇！当然石涛是开后来诸家之法源，具有无可比拟的地位。言及于此，忽然觉得钱氏学习前贤是对话式的，颇为神合与貌离。谈到石涛就不能不说石溪，此为清四画僧中并称"二石"之另一家。笔者藏有一钱氏《溪山无尽图》山水一轴，从画上款识可知当是其三十甫过之作。此图画风于石涛外显然还受石溪的影响，合"二石"笔意于一图，线条中锋侧锋互用，笔力老到，每观之，直叹钱氏艺事之早熟。艺术家早熟，这一现象，在民国时期，较为普遍，如刘海粟、潘天寿、朱复戡等先生，均艺术上非常早熟，或是当时海派画坛领袖吴昌硕的艺术能量启示并激荡着他们潜在的能量与才情，使其速成亦未可知。

钱氏山水画固然达到很高的成就，不过对于成长于浦东田园的我，钱氏之作最打动我的是那些闲花闲草，尤其是草本的花卉，以水墨纵笔写来，清逸自如，真入目会心。有些作品率性而为，也不刻意收拾，有时题上数语或小字，意思已足。画面中所体现的那份起承转合，又岂是以工致为能的寻常观者所能识之。

20世纪90年代朵云轩钱瘦铁先生个展，尤令笔者不能忘怀。在钱先生的一幅闲草图前驻足欣赏，记得还一并欣赏起画作上钱氏日本挚友桥本关雪的题字，并笑对友人谈起前一阵讨得朋友家藏桥本氏画册的自题草书一开，那真写得逸气纵横。言及桥本关雪，那是钱氏艺术生涯不得不提的一位异域知己，因他的力邀，钱氏很早去了日本。

我曾撰"感受关良"一文，因此发现关良、朱屺瞻、关紫兰、吴子复等去日本求学，间接地吸收了印象派诸家的画风，那么钱氏呢？他作为一个文化使者，难道对异国的艺术，仅止于输出，而无视于拿来？钱氏曾去过日本多次：1923年应桥本关雪之邀首次在日办画展，并在桥本庄园逗留多日（一说由王一亭带队，同行有张大千等）。之后1935年钱瘦铁携全家东渡日本，以刻印卖画为生，并受聘为《书苑》杂志顾问。当然这都离不开桥本对他的支持，及他与桥本之间彼此的欣赏，钱为桥本刻了多方精彩的自用印及为桥本题写了许多石涛的藏品，二人之间进行了深度的艺术交流。且不说钱氏是否留意欧洲艺术对日本其他画家如富冈铁斋等画艺的影响，就桥本关雪本人的绘画艺术而言，也是毫无疑问地受到了西方艺术的润泽。年轻时的傅抱石东渡日本留学，就因仰桥本关雪之画，在1937至1948年间，曾一再以拟仿或参考关雪画意，创作了一些重要作品。桥本关雪本人除了因为仰慕中国水墨山水而画了大量隽永的山水水墨画外，还尝试参以浮世绘及西方绘画的山水新风的探索。当然那些既有日本浮世绘又有西方新风的重彩浓墨画，笔者也只能推想这多少会激发钱氏对于本民族古代重彩一派的思考。一个不争的事实，在重彩古艳风格上的探索，钱氏是先觉于其同辈的，曾刻"古艳"一印自用，亦可视为旁证。笔者曾于《海上名画》一书中见到一幅年代待考的钱氏重彩，从其款式与画风上看应是20世纪五六十年代的作品。该图色彩浓郁，用笔酣畅，气格沉雄，尤其有意思的是中间浓彩部分竟是大面积的泼墨泼彩。

近期中华艺术宫有"铁骨丹青——钱瘦铁艺术展"，钱氏后人钱晟女士发来几幅钱氏的重彩画，其中有一幅《北瓜》，引起我的兴趣。红色的瓜，青绿的叶，那种不加掩饰的原色之美，令人惊艳。这种实践，在当时的历史条件下，无疑是一种新探索的引领，因于这份大胆的前瞻探索，令当时石鲁高呼、朱屺瞻激赏、谢之光惊叹、程十发暗自吸取……

然而探索者的悲喜，永远是个人的理念与创作的实践之间的赛跑，且须面对无奈的世俗对接，此也不例外，钱氏也曾书画刻了许多迎合时代之作。当然这些都无妨我们选择性去欣赏钱氏那些表达内心独白的精彩之作。正当钱氏进入创作旺盛艺风最为放达之时，一个终结他梦想的悲剧悄然逼临，十年劫难开始了，一切戛然而止。

去年我们的《熔古铸今》杂志邀请钱晟作一个钱瘦铁先生专访，手抚钱氏平生所用刻刀与白蕉先生题字的印床，忆起少年刻印之初曾借得钱氏原拓印谱潜心追寻之情，一时如见大师洒然驱刀之风范。

石建邦、顾村言谈钱瘦铁[1]

石建邦　顾村言

Shi Jianbang and Gu Cunyan Talk about Qian Shoutie
Shi Jianbang, Gu Cunyan

石建邦： 很高兴有这样一次难得的机会，在上海中华艺术宫和大家一起聊聊海上艺术大家钱瘦铁先生的艺术成就，我想这也是对钱瘦铁先生一生艺术贡献的最好纪念。我和顾村言先生相识十多年了，而且都喜爱钱瘦铁先生。我对钱瘦铁先生一直很有感情，虽然没有缘分见过这位老先生，但二十几年前我在佳士得工作的时候，跟钱先生的儿子钱明直先生一直有交往，并从他那里学到很多东西。我从明直先生家里看了不少钱先生的作品，比方书画、书法和篆刻等。印象最深的是钱瘦铁先生很有名的一幅画《北国风光》，

---

[1] 原载于《澎湃新闻·艺术评论》2019年4月29日，原文标题：《从钱瘦铁先生说开去：关于文人画中的笔墨与畅神》。

是一幅丈二匹大画。据钱明直先生说,当时很多人都画这一毛主席诗词题材,但都画得山花烂漫。像江寒汀的也是丈二匹,花团锦簇,很漂亮很讨喜的样子。钱瘦铁看了不服气,有意较劲,于是画了幅完全水墨的。让人看了觉得冷得不得了,刺骨寒冷的感觉。这就叫艺高人胆大。我听了明直先生对此画的背景介绍,又看了这幅丈二原作,非常感动,深深为钱老的艺术吸引,觉得这才是最本色的艺术家,是海上不可多得的一位大画家。可惜现在很多人都不知道他的艺术成就,也不知道他的画好在哪里,为此觉得十分惋惜,觉得有必要为他弘扬一下。

顾村言: 中华艺术宫的钱瘦铁大展2018年对外开放,之前的一个背景是2016年澎湃新闻和中华艺术宫合作策划了"文心雕龙——上海山水画邀请大展",之后我们就想到是不是可以梳理一下近现代有成就的海派画家。因为此前上海博物馆对吴湖帆先生梳理呈现了很多,但还有一些被遮蔽的画家,梳理得比较少,比如像钱瘦铁先生、谢之光先生、张大壮先生等,这些笔墨高度和厚度都比较突出的画家,我们觉得在当下梳理与呈现得都不足,而且由于历史时代的原因,他们相当长时间也没有被重视,我们觉得是比较可惜的。

中华艺术宫李磊馆长也有同样的想法,我们就商量,是不是把海派一些被遮蔽的大家,甚至可以说是大师,重新发现。后来就想到中华艺术宫收藏有大量钱瘦铁先生的作品,又得到郑重老师、了庐老师与钱瘦铁家人的支持。因为了庐老师也曾受教于钱瘦铁先生,郑重老师与钱先生则有较多交往,展览由薛晔博士策划,并请郑重、了庐老师一起选择这次展览的作品。

这次讲座的主题是"钱瘦铁先生笔墨和畅神",这个题目是我们与钱瘦铁先生的孙女钱晟交流后确定的。我个人认为"笔墨"和"畅神"涉及中国文人画的两个核心话题,中国画经过几千年的发展,从秦汉唐,再到宋元明清,有职业画家,但从宋元开始转到士夫画或文人画一脉，元代赵孟頫提出"以书入画"，一直到明清，再到近现代。我们谈中国画，其实大多是在谈文人画，而笔墨可以说是中国文人画的一个核心问题。

但是这一百年来，由于近现代的西化教育（当然不是说西化教育就全不好）在中国美术教育中过分强调西式的素描色彩等，对中国画教育而言我个人认为是"误入歧途"的（虽然学油画并无问题）。我们看到很多表面上的中国画家，其实放弃了笔墨，没有学养，书法也不堪入目，却一味求形象、求技巧，过于注重渲染与技术性，我觉得这是很大的问题。至少就中国画而言，这是舍本求末，因为笔墨与学养才是中国画核心的话题。

还有一个是畅神的问题，为什么提"畅神"两个字，这就需要回归到中国画的追求。为什么要画中国画？为什么要欣赏中国画？中国画到底会给你带来什么？中国画为什么发展到今天这个程度？为什么中国画的语境里总是对过于职业性的画匠有批评，古人讲士夫画、画匠画，这个区分是什么原因？其实中国画根本的问题，我觉得不是一个纯粹的绘画话题，而是一个文化与生命的话题。应当说千百年来，先从魏晋到唐宋，从顾恺之、王维，到苏东坡、梁楷、倪瓒，一直到上海博物馆展的董其昌，再到"四僧"，一直到吴昌硕、钱瘦铁这些人，我觉得这些人都是第一流的文人，而不仅是单纯的画家，以画家来视之是小看他们了。而且他们不是缩在小书斋的文人，是胸怀天下的文人，就是中国儒家讲到的"内圣外王"。他们是胸怀天下的，但在现实中往往会碰壁，而不得不寄情于笔墨，以笔墨来畅其神。从这个脉络看到钱瘦铁先生，他就是一个标准的胸怀天下的大文人，一个真正的士人，他不是一个单纯的画家，只有具有这样精神的人，他的笔墨里面才会带来畅神。

为什么要畅神？大家都知道中国几千年来，大多的时间是一个以专制为主的社会，中国的绝大多数文人是为皇权服务的，皇权的统治总还是要求人的奴性。但中国的文人同时也代表着中国人内在的心性，只要是人就得追求自在，追求心性，所以他就要追求自由。

人在世上其实很辛苦的，包括钱瘦铁先生。前一段时间，我们和钱瘦铁先生的公子钱明直先生做了一个对话，谈到钱瘦铁先生，他就说他爸爸这一辈子真的是非常苦，这是事实。但我觉得钱瘦铁先生在画画时是快乐的，正因为他画画是快乐的，他以画为寄，抒发自己的性情，只有在书与画中，在学问里，他才能得到一种寄托，一种怡情，一种自在，而这就是畅神。他画画不是为了卖画，他是为了把自己内在的一种自在的心性抒发出来，所以这样的人，把自在的心性抒发出来，就是畅神。

倪瓒有言"以画为寄，逸笔草草，聊以自娱"，这是文人画的精髓。我就先解这个题，石建邦前一段时间写了一篇看了钱瘦铁大展体会的文章，标题叫《郁勃纵横》，我觉得建邦可以再解释一下这个题。

石建邦： 说起《郁勃纵横》，巧得很，我有一年去日本京都旅游，参观京都银阁寺，看完出门沿山坡下来闲逛，很偶然地发现边上有一个白沙村，它很古朴，有湖有建筑。我走进去一看，原来这是桥本关雪的故居，他生活过的地方。里面有一块石头大概方圆一米不到，这块石头旁边立了块牌子，写着"郁勃纵横"。不远处，有一个桥本关雪的纪念馆，里面有钱瘦铁先生的照片。钱瘦铁20世纪30年代开始在日本生活，其实对当时艺术圈影响很大的，除了桥本关雪，他跟文学家谷崎润一郎等人也都有交往。谷崎润一郎是日本很有名的文学家，最近他的一本《阴翳礼赞》在我们国内很风行。

我补充一下顾兄讲的文人画，中国人为什么尊重文人画而不大尊重工匠画或者是普通人的画，这是中国艺术的一大特点。西方的油画家是一个专门的职业，但在中国如果他是一位职业画家的话，人家往往看不起。古代的科举制度，文人士大夫一般都是读过书然后当官，他有理想、有抱负，所以形成了他们的审美取向，他们的审美取向是有导向意味、有话语权的。总之中国画的审美体系和西方完全不同，是文人士大夫的思想文化在里面起主导作用。

文人士大夫觉得道德文章是立身之本，是最重要的东西，他们重视书法就是因为书法能够传递文章道德，传递精神价值取向，可以说是文化载体。所以中国艺术中书法的地位比绘画高，要放在前面。文人画画其实是一种人生寄托，因为他在政治上可能没办法实现自己的志向，但他在绘画里面或者写字、书法里面，会成为自己的主宰，躲进小楼成一统，成为自己的主宰。我自己退守一方，通过笔墨来表达自己的理想，实现自我价值。

　　回到钱瘦铁先生，他早年就受到非常扎实的传统文化教育。一个偶然的机会，晚清名词人郑大鹤（郑文焯）非常赏识当时只有十四五岁的钱先生，予以悉心栽培。他把钱先生介绍给吴昌硕，还有俞语霜等名人，跟他们交往。其实吴昌硕比他大好多，大几乎五十岁，还有一个篆刻家叫王冰铁，也比钱瘦铁大很多，但郑文焯不管，把他们三人放在一起，说是"江南三铁"，可见老先生对钱瘦铁的爱护和提携。因为郑文焯的着力推荐，钱瘦铁在很年轻的时候就与江南主流艺术圈交往，二十岁不到就跻身吴昌硕主持的海上题襟馆这样的金石书画会，扬名立万。

　　文人画要求画家肚子里要有墨水，要有修养。古代绘画"六法"里面，第一条就要求"气韵生动"，这也是最重要的一条。自己肚子里要有东西，要能随意地表达出来，那就要求画家有书卷气，通过古代诗词、文学等营养来滋养自己。在钱先生的艺术世界里，他其实对汉代的文学历史，还有书法，是有很深研究的，顾兄你可以再讲讲这个。

顾村言：　　我再接着建邦兄的观点，他讲到了文人画，"四王"是文人画，石涛、八大也是文人画，但区别还是很大的，就像文人一样有小文人有大文人。钱瘦铁先生是大文人，他不是小文人，就像佛教一样，有小乘、大乘，他不是"躲在书斋成一统"的小文人，他是大文人。而大文人的概念，是有胸怀的。我们现在一般说知识分子，但从历史的语境讲文人或士大夫是不同的，苏东坡讲士夫，提出"士夫画"的概念,黄宾虹先生也不说文人画,他说"士夫画"。提到"士夫画",很多人说已经消亡了,但我觉得不会。中国的民族精神,中国的人格精神,一直在,只要有真正的中国人在,中国文人精神和中国士大夫的精神就一直会在的。这一定会寄寓于笔墨中,所以我从不认同说文人画消亡或者是士夫画会消亡的观点。

　　士夫画的源头,或许可以追溯到先秦,《庄子·田子方》里面提到一句"真画者","宋元君将画图,众史皆至,受揖而立,舐笔和墨,在外者半。有一史后至者,儃儃然不趋,受揖不立,因之舍。公使人视之,则解衣盘礴,臝。君曰:'可矣,是真画者也。'"一帮人来画画,有些人用笔毕恭毕敬的,他认为不是真画者,但有一个人来脱衣箕坐,光着膀子唰唰画几笔,他认为这是真画者也。当然这一段不是庄子本人写的,是庄子的弟子辈所记,我觉得这可以认为是庄子的观点,就是真性情,就是画画要自己做主人,而不是虚伪的,奴性的。也就是说真正的文人画、士夫画要进入自己的本真状态,董其昌讲"一超直入如来地"。道家讲天际真人,有处子之心,就说你这个人是透明的,是真诚的,都是这个道理。

　　这是先秦的,只是文字记载,但考察中国文人画的实物,至少可以追溯到汉代。我这几年走访了陕西、山西的一些古壁画,看了很多原作。比如西安理工大学汉墓出土的西汉《羽人图》,它的线条就与汉简书是相通的,古草意的笔法,可以让人感受到一种心灵的自在与飞跃,我觉得就可以认为是早期的文人画。当然一般的观点认为文人画是从王维时代起,但我个人觉得应该从先秦就开始。而且中国的书画里寄托了当时文人士大夫的理想,我们看"汉三颂"中的《石门颂》《西狭颂》《郙阁颂》,《西狭颂》中还有汉像,我觉得从这些书画里可以进入中国文人画的源头,《郙阁颂》朴茂真拙的风格可以视为颜鲁公风格的源头,《石门颂》笔意的自在飞逸可以看到对后来逸格率意一路的影响。中国文人画并不单纯是绘画的问题,内在则是求得性情的本真之美,拒绝奴性,做自己的主人,就像庄子讲的逍遥游,"我是这个天地的主宰",当然,生活中未必如此，但至少笔墨里得是这样。

所以对于中国传统文化，很多人认为是专制的，我一点也不认同，中国传统文化最核心的应该是老庄这一块的，当然儒家也是通的，儒家是因为经过汉代改造以后，为政治服务的伪儒多。真正的儒家与老庄是通的，这就是孔子讲的"吾与点也"。夫子一日让身边弟子各言所志，唯曾点的"浴乎沂，风乎舞雩，咏而归"深契夫子之心，对于想在庙堂之上为庙堂服务，孔子并不欣赏，他只说"吾与点也"，赞成曾点的说法。所以中国文人画的核心，也是这样的，是在追求一种心灵的大自在。

我们回到钱瘦铁先生的这件作品里，可以看出他对石涛的取法最多。当然他是拜吴昌硕先生为师的，包括之前郑大鹤、俞语霜，这都是他的老师，他也因此打下深厚的传统文史基础。他虽然没上过现在说的专科、本科、硕士、博士，他就是学徒，但他的文史功底非常之深，而且是全方面的追求。我们看到他对散氏盘、甲骨、石鼓文等中国古文字花了不少力气钻研，对历史典籍也是如此。所以他笔墨的功底极厚而深，他的笔墨一方面是借鉴，对"四僧"取法是最多的，尤其是对八大、石涛、髡残（石溪）三位取法是最多的。他骨子里应当是对清雅秀逸有很深的感应与喜欢。他对江南文化，比如说倪瓒这种萧逸散淡风格的也是有会于心的。他的老师郑大鹤也非常推崇姜白石，所以他内在应该是很清雅清淡的。但当时到了清代，再到晚清，经过以吴昌硕为代表的时风影响，就产生一个结合。郑大鹤要求必须在汉代里面花力气，所以他一方面是从笔墨上追摹秦汉，更重要的是在读书，包括《史记》《汉书》等史书。从了庐先生和钱明直先生主编的《钱瘦铁年谱》可以看到，他在日本狱中致夫人的信中曾经常提到要多看书。他虽然被关在狱中，但觉得是一种因祸得福，因为没那么多应酬了。而且当时日本的友人，对他非常好，给他通了很多关系，在狱中提供单独的房间，可以更加静下心来写字画画读书刻印。推窗可以看到松树，可以看到鸟雀，他在家信中说这是"一个洞天福地"。他虽在狱中,却刻了很多印章,其中一方是"石癖"。

石建邦: 这幅梅花下方的这方章就是在狱中刻的"石癖"。

顾村言: 对,所以他对取法于秦汉不是口头上的,是很扎扎实实的,因为钱瘦铁先生是一个很质朴很真诚的人,你看他的笔墨就知道,一个人很虚伪很浮夸,他的笔墨是可以看出来的。所以为什么说中国人讲"见画如见人","书如其人,画如其人,文如其人",这个真的是千古不易之言。一个人如果浮夸浮躁,从他的笔墨是看得出来的。钱瘦铁先生取法乎高古,立足于秦汉,这个核心原因在哪里?

刚才在讲座前我与建邦兄在谈为什么晚清到民国时期的那些人想立足于从笔墨里借鉴先秦与秦汉,是有一个背景的。中国历史上,从唐宋八大家提倡复古,从韩愈柳宗元推行古文运动,提倡学习刚健质朴、言之有物的秦汉古文,到清代乾嘉之学经过整理秦汉,到了吴昌硕以金石入画,就是想在笔墨里多取法先秦及秦汉,为什么要这样?其实立足于秦汉仅仅是口号和表面上的,内在则在于精神性的取法。我觉得从中国历史上来分析,钱瘦铁先生就是如此。我也是从小很喜欢《史记》《汉书》,苏东坡曾经提出读《史记》可以了解"龙门家法",司马迁为文的一个文法是"龙门家法"。为什么提出司马迁,这里面就牵扯到中国知识分子的一个心境,就是不平则鸣,他们是以天下为己任,是有胸怀的人。他们立足于秦汉是觉得明清以后中国人的心性深处已经弱化了,我们读《项羽本纪》,读《高祖本纪》,你就可以感受到中国人在秦汉时期的生猛与刚健之气,所以汉代有"犯大汉者虽远必诛"之说。

中国人这种开放宽阔的胸怀与刚健之气,是不可能闭关锁国的,中国文化的深处一直推崇一种生机与昂扬之态,就是《易经》讲的"天行健,君子以自强不息"。但历史上经过不断地被外族侵略、奴化,我们的知识分子还是被奴化了,像电视剧里面的清宫戏

石癖

台词，一口一个"奴才"，这都是奴化。但总有些知识分子有一种先天的敏感意识，经过晚清东西方剧烈碰撞后，经过被外族不断蹂躏后，这些人觉得中国人这样下去肯定不行的，必须要强其骨力。所以从吴昌硕先生开始，就有一种强烈的"强其骨力"的精神，笔墨上推崇一种雄壮的力量性，因此他们取法先秦并立足于秦汉的核心，追求一种精神的核心的东西，包括钱瘦铁先生就是受这种思潮的影响。这些人大多还是"以画为寄"，当然也会卖画，也会有一些应酬，但在内心还是要——至少他的情绪或者主观上——是要建立这种刚猛自强的民族精神的，这是非常重要的。包括大家都熟悉的鲁迅，他除了写文章，对整理汉代的碑帖这方面也是专家，他花了很大的力气做这些，而且非常喜欢汉代的画像石。去年上海鲁迅纪念馆策划了一个汉画像石展览，所以从书画家到文学家到学者，其实是一个系统的，无论是画家、文学家、政治家和当时的活动家，都在往这个方面转。钱瘦铁先生也在往这个方面转，而且他真是身体力行的，我觉得钱瘦铁先生就有一种中国秦汉人的元气，我们看他一个最著名的事例：20世纪30年代桥本关雪等邀请他到日本去作画，住在京都。当时郭沫若也在日本，但郭沫若因为名声太响了，被日本间谍监控。卢沟桥事变发生以后日本军警就对郭沫若限制起来，是钱瘦铁先生利用他在日本的人脉资源，把郭沫若先生安全送到轮船上回国了。最后日本军警却把他抓起来了，让他在法庭上下跪，可他拿了铜墨盒，砸到法警头上，最后以袭警罪被判了近四年刑，这就是刚才说他为什么会在日本狱中的原因。

所以我觉得钱瘦铁先生身上有一种豪侠之气，中国人内心这种豪侠之气，在他身上有许多体现，营救郭沫若和袭日警就不失为具体例证。他性情耿直，有担当，我觉得他是画如其人的。后来似乎是国民党给他一个虚的少将军衔吧，因为这个缘故"文化大革命"对他冲击就很厉害了，包括对他的家人影响也很大。但他们还是有挽救民族、国家的核心精神在身上，我觉得这一点是非常重要的。

石建邦： 我前不久看到一个资料，是钱瘦铁在东京参加一个聚会的合影，里面参加的不是画家、文学家，就是学者名流。有一个篆刻家叫河井荃庐，他是谁呢？我刚去日本东京看了颜真卿大展，里面有很多碑帖是三井文库收藏提供的，而且都是珍品，有唐拓本、宋拓本。当时三井家族很有钱，是日本有名的家族财团。三井家族的三井高坚非常喜欢中国文化，就委托河井荃庐帮他收集东西。河井一直往返中国和日本，把中国一些大收藏家的好东西，特别是最好的碑帖全部卖给三井高坚，包括前一阵子上海图书馆的石鼓文展览，据说最好的宋拓石鼓文也是通过河井荃庐等人卖给三井家里的。所以我就感觉，钱先生在日本的时候应该和日本当地的主流文化圈关系很密切。他有一段时间是住在桥本关雪家里的，桥本关雪把他引荐到日本的文艺圈里面也有很大的功劳。

我还要补充一下刚才顾兄讲的，就是中国的书画。我们叫书画，把书法放在前面是有很大道理的。为什么书法放在前面，画放在后面？为何讲到中国画一定要谈到书法？因为书法对国画的影响非常大，如果一个画家字写不好，那么他的画就缺口气，就缺乏中国画的味道，或者说就不是原汁原味的中国画。现在很多画家字写不好，更不会也不敢画上题跋，更不要说作首诗。有时候画画好以后，上面写几个字，一看就觉得这个字不行，和画不配，这个现象很普遍。中国现在的美术教育体制，是西方的体系，讲素描、讲造型，而弱化了以前诗文书法对绘画的影响。

像吴昌硕画画据说是四五十岁以后才开始，比较晚，但是他很早就开始写石鼓文，很早就出名了。钱瘦铁早年是在苏州一个刻碑店汉贞阁当学徒，刻碑很讲究腕力，很要手劲的，这对他日后的篆刻、写字也是很有影响的。可以说，书法篆刻，对钱先生的绘画影响是非常大的，三位一体。

钱先生在秦汉书法文化中汲取了很多营养，他的隶书自成一家，而且每幅作品独具面目，风格突出，能够再现秦汉时期宽博雄浑的艺术神髓。秦汉时候的文化风尚，是华夏民族文化最强盛的时候。因为春秋战国的时候,诸子百家你方唱罢我登场,华夏民族的思想体系大多在这一时期已经形成,到了秦汉时期,可以说达到了鼎盛的阶段。钱先生在日本狱中饱读史书,尤喜《史记》《汉书》,他很重视从中吸收文化营养。像司马迁的《史记》我也读过几篇,读了以后觉得中国人真伟大,两千年的文化精神,道德规范还有大丈夫的气概等,里面都有。如果有机会你们读读里面像《项羽本纪》等传记,讲项羽怎么起家,开始是很伟大的,力拔山兮气盖世。到后面被刘邦打得没办法,英雄末路,霸王别姬等场面写得很悲壮,看了仿佛身临其境。我觉得钱瘦铁先生书画之所以那么郁勃纵横、意气风发,确实是在秦汉文化中得到源头活水的。

顾村言: 有幅画我特别喜欢,是钱瘦铁先生画的《梅花》,这是私人收藏的。这次中华艺术宫也有很多钱瘦铁先生的梅花,我们讲钱瘦铁先生的笔墨和畅神,他的笔墨,浓淡相宜,而更主要在他的笔法。在他的笔法中我们可以看到篆书的笔意和隶书的笔意特别强,线条圆转、率性又自在,你看下面那个字转、圆转,笔墨非常纯粹,是钱瘦铁先生的精品。

钱瘦铁是一个真正的艺术家,所谓真正的艺术家,是状态性的,所以一定有非常好的作品和相对一般的作品,而不可能一直保持高水准。钱瘦铁先生好的作品非常好,但也有很多其实我认为很一般的作品,这个很正常。因为一个人的情绪状态是有好有差的,他情绪状态好的时候,这幅画一定是情绪状态好的时候画的,所以这幅画是非常好的精品。情绪状态不好的时候,那笔墨就比较不好,就比较差,我觉得很正常,一个人他有悲伤、痛苦、高兴、失落,是很正常的。

说到张大千,他的笔墨功底很好,是一个有传承性的非常重要的艺术家,对整理中国画的技巧有着极大的贡献。但如果论及在写意作品中体现出生命的深度与厚度,我个人认为张大千不及钱瘦铁。因为他的作品太整齐了,他太注重应酬了。真正的艺术是对内心的挖掘，是对自己生命状态的挖掘，包括你自己对所处的这个社会，这个国家，这个宇宙，你到底如何看待，这是非常重要的。

刚才建邦兄讲了桥本关雪，桥本关雪为什么极其赏识钱瘦铁先生，多次邀请他到日本去跟日本的名流交往？桥本关雪就看了钱瘦铁先生两件作品，一幅是《梅花》，还有一幅是《无量寿佛》，就佩服得五体投地。应当说，桥本关雪是日本当时对中国画的鉴赏力非常之高的人，这样的人可能现在就很少了。

当时就上海滩而言，说老实话，比如对吴昌硕、王大炘而言，钱瘦铁绝对是晚辈，但可以与之并列号称"江南三铁"，就是因为钱瘦铁的精神气概。看《无量寿佛》这个线条，就像他的名字一样又瘦又硬，就知道这个人的内在精神非常之强悍。这种精神的维度，我觉得是张大千画中人物的线条不好比的。当然张大千学敦煌壁画的线条是非常好的，但就从寄寓的精神维度来讲，是有差距的。

为什么说笔墨是核心的东西，中国画笔墨是核心的？因为中国画是通过以书入画，至少从元代就定型了，从赵孟頫、倪云林、吴门、董其昌，一直到"四僧""四王"都是笔墨。当然"四王"和"四僧"又有巨大的不同，他们的精神维度是有天壤之别的，因为"四僧"是越看越有生机，而"四王"看多了有点厌倦，后面还是一个精神维度的问题。王时敏是学董其昌，但并没有真正学到董的清透灵动；王石谷、康熙把他捧为"画圣"，"四王"是有以画为服务的思想在里面，但是"四僧"是做画的主人，我觉得这里面就是人格的独立和精神维度的强大，而钱瘦铁先生的作品就是体现这样一种精神。而且他的画，我们看题跋、印章，我觉得他很多画还是有创新。

在《梅花》中，钱瘦铁对笔墨的融合度，我觉得比吴昌硕又推进了一步。真正好的中国画，还是要以画为寄的，寄托他的性情，寄托他的人格，寄托他的生命状态。钱瘦铁先生很重要的一点，是他的笔墨可以看得到他的生命状态，让人感受得到他的情绪和状态，现在很多的画、字都是看不到这样的状态的。

无量寿佛

刚才建邦兄讲，由于现在中国美术教育西化的原因，美术学院招考必须要考西式的素描、色彩、速写，其实这是扼杀中国画的一道道门墙，也是比较无奈的。现在很多画家的画里是看不出他的生命状态的，看不出他的情绪状态的。刚才建邦兄讲到日本东京的颜真卿特展，其中最重要的是《祭侄文稿》，《祭侄文稿》为什么这么好？就是可以看得到颜鲁公的生命状态，感受得到他的情绪状态，字里行间的惨烈与性情，那不是书法，那幅字就是他的状态，他的心迹，他的呼喊。就像王羲之写《丧乱帖》，他从山东琅琊移居到绍兴，他的祖坟最后被盗了，他只好说"痛贯心肝，悲乎悲乎"，几乎感受不到字的存在，然而却可以彻底感受到王羲之的生命状态。

颜真卿写《祭侄文稿》也是这样的，进入他的生命状态，为什么中国人的书画强调以画为寄，以画见人，以书见人，就是能进入他的生命状态和他的心情。但现在我们看好多画是看不出的，听说全国美术年展连续好几年都没有写意画入选，都是制作的画、渲染画和工笔画，这在过去都是匠人画。当然中国画本身是千姿百态的，中国画有文人画，有画匠画，还有民间画，还有灶头画，这都是中国画。但我们现在讲的，我们的语境是中国画，中国画是归到文人画的语境，所以很多画是属于一种职业画、匠人画的范畴，跟文人画没什么关系。回到中国绘画史，即使工笔画，在宋徽宗和赵孟頫时代，我们看很细的线条与他们书法的笔性是相通的，但现在好多工笔画不是。前不久，上海博物馆展的宋徽宗的花鸟图，他的线条跟他的瘦金书是相通的，赵孟頫画的很多的工笔画与他的书法也是相通的。这次在日本东京展出的李公麟的《五马图》中的线条，与当时的文人、士大夫的书法也是相通的。

回到钱瘦铁先生，笔墨的成就是非常重要的，可惜的是由于历史原因，71岁就去世了。而且他在20世纪五六十年代到画院工作，被打成右派，这期间画的画中，有的画也蛮好玩的，像有的人物画，很质朴，有汉代人物画的感觉在里面，因为他在秦汉里面吸收的养分太多了，他的线条比较拙，这个拙是跟真相通的，有真趣。

由于时代的原因，钱瘦铁没有在艺术本体的路上钻下去，后来被打成右派，画院给他发的薪水很少很少，因为家里子女众多，最后据说买纸都没有钱，只好用乱七八糟的纸。想象这样一个造诣极深的大画家，为时代所误，我们觉得还是让人心酸的。但他还是在孜孜以求，钱明直先生回忆他父亲的时候说，由于历史的原因，家人对他也不是太理解，他很喜欢一个人躲在房间里画画。

当然钱瘦铁先生也有不少应酬之作，他的一些画比较率性，一些画构图还有待推敲，但这是钱瘦铁先生的一个长处，也是缺点。这些画从艺术价值来讲比较一般，但另一方面也可以看出，他是一个很率真的人，他不是一个处处要把自己打扮成衣冠楚楚的人，他就是一个不修边幅、简简单单、真性情的人。

说到山水画，对钱瘦铁先生影响最大的是石涛，然后是髡残，这两个人对他的影响最大。石涛对汉隶花过力气，画山水是"搜尽奇峰打草稿"，钱瘦铁先生也想做，但是由于时代、社会的原因，他没有像石涛一样走很多地方，壮游天下，所以他的山水画里面，很多线条、构成，从石涛那边的笔墨取法比较多，但他的丰富性、复杂性跟石涛比还是有差距的。后来他在日本又被关了几年，再以后由于各种原因，他也没办法像石涛那样"搜尽奇峰打草稿"，所以他的山水画从对自然生机的反映来说不及石涛，这是蛮可惜的。

包括建邦兄写的文章也说，如果再给钱瘦铁先生十年时间，让他能真正地从艺术上沉进去，那会非常不一样的。其实中国画家还是越老越厉害，就是"人书俱老"，像齐白石、黄宾虹，最成熟的作品还是80岁以后。齐白石在钱瘦铁这个年纪的作品，面貌远远没到他这个程度，钱瘦铁先生可以说是一位被时代所误的画家，我觉得从笔墨上来说，包括他的书法、篆刻已经有了这样的厚重感，如果再给他十年，那会完全不一样的。

石建邦： 我稍微再谈几点。中国画讲究"诗、书、画、印"，一幅好画，这四个元素都应该有，这很考验画家的综合修养，钱先生的作品可谓四美兼具，这就非常难得。这幅《梅花》作品上有个题字："东风时雨，大地皆春"，梅花是春天最早开的，傲霜斗雪，凌寒独立，历来为人们称颂。所以这八个草书，不但书法好，而且寓意好。中国画上写字，起到一个画龙点睛的作用，它能点醒观者这幅画的旨意，代表了一个什么思想。我们知道文字能传达思想，直接告诉你作者的意图。画，可能各人各看，有时候没有文字的话，没办法确切地传达是在画什么。特别现在发展到抽象画，你就很难知道他在画什么，表达什么意思。文字不一样，有很强的指向性，可以传达很明确的思想，所以中国画中文字题跋非常重要，是不可分割的一个部分，它的文学性、书法性全包含在里面。

沿着刚才顾兄讲的意思，我也讲几个想法。顾兄刚才讲到，张大千和钱瘦铁他们不一样在什么地方。张大千是一个技法很全面很多产的画家，不能不承认他的技法水平很高超。如果用一个术语讲，这一点上他是有"广度"，山水人物花鸟都能画，十八般武艺样样会。而且他特别擅长临摹仿作，拿一张古代画家的画，比如石涛，他可以做得比石涛还石涛，这个水平很高。这个就是我们讲有"广度"，技法全面，面貌繁多。但他缺乏"深度"，所以看他的画往往感觉很唯美，似乎很完美，也很讨人喜欢，特别是工笔画，富丽堂皇，看上去很漂亮，很容易让一般人喜欢。

但像钱瘦铁先生这样的画家，是以精气神入画，用金石、书法入画，他的学问、修养，他的境界、抱负都能在纵横恣肆的笔下体现，这就需要有非常的深度的。这种画就比较有个性，比较自由，不是说我画这个画是为了讨好你，为了取悦观众才画的。我是要画出我心里认为美的东西，需要随机应变，法由心生，这是跟张大千不一样的地方。张大千我认为他有广度，虽然很完美，但在笔墨的探求上，在深度上浅了一点。

还有一点，中国世俗社会对书画的认知其实非常浅薄，大家讲"名人字画"，书画家的名气放在前头，东西好坏不重要，放在其次。搞收藏的人也是，都讲究"大名头""小名头"。大名头大价钱，小名头小价钱。这说明大家没有真正的鉴赏力，都是听说这个人很有名，那我买他。有人买了一张画，自己觉得很好，但是朋友、同事、周围的人都说不知道这个人的名头，他就觉得很委屈，觉得白买了。很多收藏家，或者说附庸风雅之辈，经常有这个心理。反过来，如果说你买了张画，旁边一个人说："啊呀！这个人名气很大，我听说过！"你就觉得很开心，觉得自己很识货，很有面子，自己花的钱很值。"名人效应"，"论资排辈"，这其实是非常幼稚的行为。古人讲"世人解听不解赏"，"贵耳贱目、荣古陋今"，等等，就是讽刺这种弊病。

所以很多人买画都是听忽悠，听宣传，而不是用自己的眼睛去看，去认识和欣赏，这其实牵涉到长期以来国民的审美缺失问题。我说这些是想在这里强调，像钱瘦铁这样的大画家，如果我们再不重视，再不宣传，就被大多数人遗忘了，这是很不应该的。

已故著名画家朱屺瞻，活了一百多岁，我记得在20世纪八九十年代的时候，上海市政府曾大力宣传过他，作为文化人里的艺术寿星来宣传，他确实也画得很好。但其实朱老生前就很佩服钱瘦铁，他们俩1950年代一起到西北那一带去写生，一路上朱老对钱先生崇拜得不得了。他们到西安，长安画派的赵望云、石鲁、方济众，也对钱先生礼敬有加，认为他了不起。

顾村言： 石鲁曾想拜钱瘦铁先生为师。

石建邦： 对，他们都对钱瘦铁相当尊重，觉得他手下的笔墨好，要向他学习，要拜他为师。朱屺瞻也是，他说我要跟钱老学习，要拜他为师。他确实跟钱老学了不少东西，最主要的是解放了笔墨，摆脱了中国画原有的许多条条框框。钱老和朱屺瞻有一个特点，朱屺瞻早年学过西洋画，写生能力变形能力比较强，他晚年讲画中国画就是要随性、随意，叫"瞎塌塌"（乱涂涂）。钱老在日本待过，也明显受到各种美术思潮的影响，笔下不受拘束，对景写生抒情的能力同样非常拿手，笔下往往信手拈来，活色生香。这些都是这些大画家们佩服钱老的原因。刚才顾兄讲钱先生有许多画好像不拘小节，有很多的缺点，其实我觉得缺点往往也是优点，只要大处着眼，整体把握住了，细节上有点瑕疵反而挺好，反而觉得潇洒风神，活泼可爱。十全十美的画，往往太刻意太装饰。

顾村言： 实际上关良先生也说过一句话，一幅画不要画得完美，要留有缺憾，画得完美就完了。就像山泉一样，山泉肯定有点泥沙的，蒸馏水是没有泥沙的，二者之间，当然山泉是真实的。

石建邦： 不能追求完美，很多人有一个误解，以为画画就像装饰画一样，一定要完美，每一笔到位，每一个细节什么的都要像花布头，图案化，程式化，这个实际上是不对的，是违反写意画的水墨精神的。还有，钱先生的作品也让我们慢慢理解，艺术的精神追求，其实是一种个体的自由和平等，而不是因循守旧，泥古不化。这个过去我们中国人不太讲究，经常论资排辈或者讲师徒关系，像吴昌硕派、齐白石派、吴湖帆派，或者大风堂门下，等等，讲究门户之见。现代艺术的精神告诉我们，画画不能这样，这样往往越画越差，越画越不行，没有自己的个性发挥，你的作品也就没有存在价值，更谈不上超越。在西方以前也有这种师徒关系或者是工作室制度，但是现在大家都反对这个。现在西方的画家，如果你说他的画很像他老师，他觉得这是对他的不尊重，说明他没本事，没有自己的东西。

我觉得在钱瘦铁画里也有这种强烈的自我意识存在，他在日本时受西方绘画的影响应该是很大的。他的一些写生形式的作品，我个人非常喜欢。像他画的《上海外滩》《无锡太湖华东疗养院》等，既是风景画又是写生。他很自由地处理画面，里面内容非常丰富，要细节有细节，要山水有山水，又空灵活泼，不觉得呆板窒息。你觉得还有传统的味道在里面，他能轻松地把古今很自由地结合在一起,让人感觉这样的中国画也很有魅力。

我还见过一张钱先生画的《西湖》,不大,二三平尺吧,但是画面密密麻麻,整个西湖鸟瞰地画了一遍。里面细节很多,有笔有墨,又觉得很现代,汽车、电线杆都有,但它又是传统水墨画。钱瘦铁就有这样的本事,跟传统跟别人都不一样,拉开距离。我在钱明直先生家里还见过一张用颜料画在木板上好像油画一样的东西,很随意,但也特别有味道。总之我感觉钱先生画画那种随心所欲、自圆其说的能力特别强,而且往往有神来之笔,使得作品很有感染力。

画老鹰也是钱老的一个强项,与众不同。他笔下这个老鹰跟传统很多画家的形式不一样。他画了老鹰俯冲下来的姿势,很有动感,真正体现了"鹰击长空"的动势,凌厉生猛,鹰的细节,眼睛、羽毛、爪子等都画得很传神。古代有很多鹰的题材,像宋徽宗、明代吕纪、林良等人,以致近现代齐白石、潘天寿、徐悲鸿、李苦禅等人,都画过鹰,但绝大多数都是静态的,动态的鹰我没看到过,钱先生擅立新意,让人耳目一新。

顾村言: 齐白石画鹰是站在松树上的。

石建邦: 对,一般都是画鹰站在松树上,取"英雄独立"的寓意。他就画一个俯冲直扑的,鹰击长空的味道就出来了,这个是其他画家都没有的。所以我一开始就讲到,钱先生他特立独行,喜欢搞与众不同的题材,我要画得跟人家不一样,这是钱先生艺术思想中很强烈的一个特点,自我挑战和迎战。这也是比较新的一个艺术追求,跟他在日本的交往见闻也有关系。晚清开始,中国和日本之间的相互交往是非常活跃频繁的,一直到抗战爆发之前。吴昌硕在日本走红,就是因为王一亭的大力推动。王一亭算吴昌硕的学生,当时是大资本家,和日本人做贸易往来,他好像是日清公司的中国代理,所以在日本很有关系,被人称为中日文化交流的民间大使。爱因斯坦来中国，他还请过爱因斯坦到他家里做客。1920年在上海发起成立的"中日美术协会"，1923年在杭州发起成立的"西湖有美书画社"等社团组织，都是王一亭出面联络协调的。通过王一亭等人的活动运作，吴昌硕的很多作品在日本流行起来，还有很多日本艺术家来上海向吴昌硕学习，包括吴昌硕还学过日本画家富冈铁斋的一些画风，大家相互之间受影响。钱瘦铁当时也加入了这个圈子，比如海上题襟馆。题襟馆是王一亭、吴昌硕他们一起牵头的。中日之间活跃的文化艺术交流，使钱先生的绘画创作也受到了相当大的影响。可能有点扯远了，但这个背景我们应该要有所了解。

顾村言： 确实是这样，你看《鹰击长空》中俯冲下来的老鹰好像在其他画家的画中从来没过。刚才建邦兄讲到他的与众不同，一方面可能有意识是不同，另外我觉得追根溯源不一样的核心是他的人格不同，他的胸怀与普通画家胸怀不一样。

这个就回到他画画的目的是什么，回到我们的第二个主题：畅神。他画画是为了让自己畅神，让自己在现实生活中没办法实现的抱负得以实现。中国的文人基本上都有很大的抱负，苏东坡在杭州做官，有很多想法，还留下了一个苏堤。颜真卿是鲁公，王羲之是右将军，所以中国真正的书法家画家，他们本质上来说既不是书法家也不是画家，本质上他们是有胸怀的文人。

时代的原因，现在各种协会很多，协会主席也很多，其实是没办法与古人相提并论的。中国历史上很多伟大的艺术作品，都是不得志以后，把全部的精力寄托在一些看似的小事上，反而放大了他的人格。这种放大，把自己的精神寄托在小事上，再放大，这就是畅神。如屈原写《离骚》，司马迁写《史记》都是畅神。司马迁写《史记》，后来很多历史学家认为他完全是个人主义，但个人主义是真正的艺术精神，是真正的大人格精神。所以钱瘦铁画画，我觉得也可以这样理解，因为他熟读《史记》《汉书》《资治通鉴》，他在日本的狱中都要他夫人、小舅子读史书。在日本的家信里面,我读到过好多次,他这样的学养与寄意,就自然在他的笔墨中呈现出来了,这就是我觉得他的畅神之所系。我们可以对比来看,像石涛也是这样的,石涛、八大山人的作品,为什么看着与"四王"不一样?就是精神深度不一样,因为他的人格精神投射进去了,这就叫畅神。石涛和八大,他们是国破家亡,他们都是皇室后裔,他们跟普通人不一样,他本身是可以继承一个河山的人,最后国破家亡,成为遗民,以致出家为僧,可以想象他的胸怀是不一样的。这样的人,经历这样的事情,把自己的精神与人格放大了,他不是仅仅伤感于故国离去,而是把这种精神放大到一个人处在这个世界上要思考什么?人之所以为人是干什么?人为什么要活在这个世上?这样的思考就归到中国画的正脉了。我们刚才说中国文人画从宋元明清以后,本质不是绘画性的,它是诗性的,是哲学性的,不是一个单纯造型绘画的东西,是文化、学养和涵养的综合体现,是画家的人格修炼的一个过程。画中国画是不断修炼自己的行为、修炼自己的内心的过程。为什么中国人好古而要取法古人?其实真正的师古是师其精神,而非师其形貌,不是像"四王"那样师其形式,而是师法其神,像石涛、八大、钱瘦铁先生这样,是师法古人的精神。

我们经常讲传统,很多人认为传统是糟粕,传统是死的,我从来不这样认为,真正的传统是活生生的,为什么?因为好的作品没有古今之分,我们看八大,看宋徽宗,看李公麟《五马图》,都可以感到这种生命的活跃,是活生生的,是画家在这个世界上的心境的折射。像董其昌讲的"宇宙在乎手",人在世界上看到的,一切无非生机,一切无非是活泼的,所以他把这种精神投射进去,所以他讲究哲学,讲究诗性,这个与西方是不一样的。西方油画从一开始是为神学、宗教服务的,当然它后来也有写意的东西,是从印象派开始真正进入写意的状态,而印象派是受东方艺术日本浮世绘的影响,这是美术史公认的,而浮世绘的源头是中国艺术。

我们再回到"畅神"这个语境，像这幅画上的这个线条，我们写字画画时，就这种线条一笔下来，像弯曲那一笔，恣意自在，感觉到这笔下来自己画画是很舒服的，是很快乐的，我写字画画时有一种体会，就这一笔下来后很开心。为什么叫写意画？就是写其意绪，而且有这种状态，这种画是不可复制的，真正的写意画是不可复制的，因为你的情绪状态，你的生命状态是不可复制的，所以这个叫畅神。

但现在真正的写意其实不多了，反而伪写意横行。大家都知道有一个以前画连环画的画家流水线作画，后来还打官司，那样的画与写意精神、畅神是完全两个概念，那是虚伪的写意。

回到钱瘦铁先生，其实他对价格、对市场很迟钝，钱瘦铁画了很多画，基本上是存在两个箱子里，很多是草稿，卖得很少。如果现在也有画家这样画的话，未必受市场欢迎，因为他是为主观为自己，不是为金钱，不是为权力，也不是为主题性创作服务的。

当然钱瘦铁先生当时是画院的画师，拿画院的工资，也不可避免地有一些主题性创作，所以我们看到他画了外滩、参军拥军之类的命题之作，不过也能自圆其说。但那种画，不是他的畅神之作，我认为他好的畅神之作还是他的写意作品。

钱瘦铁先生画《三峡》，包括我们谈到畅神，我们对比钱瘦铁先生同时期的画家，如傅抱石、唐云、张大千等。他们都受石涛启发和影响，但又不尽相同。张大千临石涛很像，但我个人认为是表面像，他的线条、厚度跟石涛差距很大。傅抱石是大艺术家，他最大的成就是通过对石涛等的取法，在巴蜀山水间创造了"抱石皴"，非常了不起，他的山水画秀逸与豪放之气都有，但细读仍缺少一种浑厚的质感。唐云先生的山水对石涛的取法也多，他的技法非常丰富，但他的格局我觉得不及钱瘦铁先生。唐云先生有名士气，喜欢喝点小酒，吃螃蟹，标准的江南文人。钱瘦铁先生格局更大一点，唐云先生一直也很佩服钱瘦铁，钱瘦铁先生很多展览、活动，都是唐云在张罗。包括朱屺瞻先生可能比钱先生还大一点，也非常佩服钱瘦铁先生。钱瘦铁到西安写生,石鲁要拜钱瘦铁先生为师。这些人的审美眼光都是超一流的,为什么他们认定钱瘦铁先生?就是看到钱瘦铁先生不光是画家,他身上有一种豪侠之气,一股真正的文人气,感动了这些人。

再回到畅神的角度,钱瘦铁先生写意画中的线条和笔墨的晕染太棒了。我自己曾经想买一张钱瘦铁先生的《三峡》图,不过由于出差在外电话委托,且价格过高没能买下,很是遗憾。但这是我第一次想在拍卖场买画,如果不是发自内心的喜欢,是不会这样的。其实我们今天是跟大家交流,讲讲我们俩为什么喜欢钱瘦铁。在座很多都是高人、大家,比我们水平、造诣高得多,我们只是讲一下粗浅的一些心得。就对石涛的学习来说,钱瘦铁先生真的是形神兼备,唯一遗憾的是从"搜尽奇峰打草稿"的角度而言他与石涛是有差距的,他没有走那么多地方,这是由于时代的原因造成的。如果他壮游天下,再加上学养造诣,那他的笔墨一定会到达一个非常高的向度。钱瘦铁先生如果活到九十多岁,到达的高度与影响可能远非现在可比,他经历了很多世事变化,为时代所误。

真正的中国画所寄寓的心性自在与刚健清新,在当下仍然是非常稀缺的。当下的中国画,其实有很多问题。中国书画是中国人精神的一个活泼的载体,而且艺术史从来不是以当时的人来书写的,艺术史从来是后来人书写的,所以现在我认为到了重新看待钱瘦铁的时候了。如果有可能的话,我建议上海的美术机构还应该再重新梳理谢之光先生、张大壮先生、来楚生先生,重新发掘这些大家会让我们知道中国画的本来,它的意义在什么地方,中国画的核心到底是什么。

石建邦: 最后由于今天的时间关系,我们对钱瘦铁先生在篆刻艺术方面的成就说得比较少了些,重点讲了他在绘画书法上的成就和贡献。其实他最早是以篆刻出名的,"江南三铁"讲的也是他在篆刻方面的成绩。在海上著名篆刻家中，钱先生当然也是首屈一指的，去年推出的"海上篆刻十六家"中也有他的专辑问世，他在篆刻史上的地位是毋庸置疑的。李可染先生画作上经常盖有两方图章"可贵者胆""所要者魂"，也是可染先生的座右铭，后来我发现也是钱先生帮他刻的。所以我们今天谈钱先生的艺术成就，应该从书法和绘画、篆刻三方面联系起来一起讲，各有千秋，都达到了很高的成就。

钱先生一生刻了很多图章，到了晚年，我听钱明直先生回忆，家里实在穷得连好点的石头都买不起，买的都是很差的石头，质地很硬。老先生年纪也大了，体弱多病，刻图章很累。钱明直先生先帮他把底挖好，精细的部分再由他慢慢修改。那时候印泥都买不起，找油印机的红色印油作印泥，印在纸上。一代篆刻大师，晚年窘迫到这个地步，实在令人心酸。

钱先生实在走得太早了点，1967年年底他逝世的时候还不到71岁，那是中国最暗淡困难的时期，要是再有个十年八年寿命，他在艺术上无疑还会有更大的成就和突破。

我们今天这个讲座，意在重新缅怀钱瘦铁先生的艺术道路，唤起人们的历史记忆。在顾兄还有了庐、郑重老先生等人的倡议呼吁和中华艺术宫的鼎力支持下，搞了这么一次很有分量的专题展览，颇为轰动。一个好的画家，并不是看他生前如何风光，他要经得起历史、时代的考验。半个多世纪后我们再看钱瘦铁先生的作品，还是觉得很鲜活，很有生命力，还是觉得他是非常了不起的艺术家。好的作品就是要经得起历史和时间的考验，有一句话叫常看常新，你经常看，经常还是给你很多启发，每次都有新的发现，一点不厌倦，那是很不容易的。我觉得钱先生的艺术是当得起历史的考验、时间的考验的，当得起"常看常新"这四个字的。

2

作品篇
On Works

更凭铁笔古愁牵①

唐　云　苏渊雷

From Qian's Works to Ancient Classics
Tang Yun, Su Yuanlei

　　钱厓（1897—1967），字叔厓，又号瘦铁，幼聪慧有大志，尝谓"立功业须在人先，寻快乐须在人后"。自小忧国爱民，至老弥笃。此后从事书画义卖，参加慈善救灾活动，因而获得社会好评，驰名中外者，非无故矣。

　　五十年来，瘦铁求师问友，锲而不舍，在整个艺术领域里，从金石到书画，一日三摩挲，经过了曲折艰辛的努力，摸索出一条师古创新的规律，笔墨当随时代而前进。

　　他以碑帖店艺徒出身，从小就受郑大鹤、吴昌硕等名流奖掖，耳濡目染，敛才就范，打好日后从事长期艺术实践的基础。他的金石篆刻，远挹邓石如，近师吴昌硕，

---

① 此文原为《钱瘦铁画册》前言，上海人民美术出版社1984年版。

上溯秦汉，融为一体。钝刀硬入，浑厚朴茂，深得皖派的精髓。晚年技法更为老辣，拙如断蚓，巧似流云，布局奇险，尤饶古趣。郑大鹤当时为了提拔后进，使易出名，替瘦铁订"篆刻润格"时，把他和吴苦铁、王冰铁拉在一起，称之为"江南三铁"。瘦铁因之刻苦自励，技进乎道，成为"铁体"，居之无愧。这和他的篆隶写秦汉，取法乎上，一脉相通。行草尤飘逸飞动，顾盼生姿，不落姿媚一路。

书法初学《曹娥碑》，得其劲秀、飘逸之致，继学《张迁碑》，有苍茫朴厚之气，又学篆书，变法石鼓，陶熔钟鼎，蔚为一家。山水宗石涛、石溪，格调高雅，后法董源，笔墨苍润，心源造化，各擅其胜。所作黄山诸图，云烟变幻，幽林雪瀑，相映成趣。奇峻险绝中，洋溢着画家炽热的爱国之情，能不为一味追求隐趣的黄山画派所囿。余事花卉蔬果，参学青藤，明快沉着，挥洒自如，得简淡古艳之趣。此与其画梅运用篆籀植干，草隶发枝圈花，同臻绝诣，一如金冬心、赵㧑叔之所为。

由此可见，瘦铁精书、画、篆刻各家之长，三者合为一体。因此，他的画有金石气，书法中有画意，刻则有笔趣。加之1949年以来，漫游各地，更饱览祖国山河，又有内心感受，技艺愈精。近数十年来，以画、书、篆刻者论，首推瘦铁为江南艺坛之杰手。

瘦铁弱岁即露头角。25岁任上海美术专科学校教授。27岁时为日本画家桥本关雪氏所赏识，遂于1923年东渡，在京都明石举行个人书画展览，声誉鹊起。翌年，组织中日书画家民间团体"解衣社"，从事国民文化交流，活跃于东京银座。出品人如吴昌硕、王一亭、曾熙、小杉未醒、桥本关雪辈，皆一时名宿，瘦铁厕身其间，世为惊异。旋任《书苑》杂志顾问编辑，发表不少金石书画评论文章。回国后仍在上海美术专科学校，从事教学工作，辛勤培育艺术人才。

尤难者，瘦铁再度携眷居东，值日本侵华战争爆发前夕，他热爱祖国，同情革命，与郭沫若等进步人士，过从甚密，不时参加地下活动。发言凌厉，刚棱四注。力助郭沫若氏脱险归国，不惜代坐日本警监。受讯时以助郭出走及散放"越轨"言论定罪。瘦铁坚持民族气节，不肯下跪，怒斥日警："这不是侮辱我，而是侮辱整个中华民族。"随取身旁铜墨匣痛砸日警，正义凛然，轰动中外。瘦铁刑满，归赴国难，默默不自表爆。郭老在所著《海涛集》中，亦曾述及此事，且谓"我不知道应该怎样感谢他"。生平好友，如徐志摩、金殿尘、叶恭绰辈，皆能以道义相终始云。

1949年后瘦铁定居沪上，精进未已。前后作品，如《千里冰封》《鹰击长空》《益鸟》等巨幅,或模山范水,描写祖国壮丽山河,或借物喻志,关心世界和平事业。笔致苍莽,气宇腾骞,宜为世人所赞叹无已。

总之,瘦铁艺术造诣,一言以蔽之,曰艺如其人:凝炼贵乎笔墨,坚苍有关风骨,深远纯在意境。他生前心血所凝聚,劫后仅存的艺术作品,孤神独逸,生面别开,终于展现在千万读者之前,算是大幸特幸的了。

长忆黄浦江畔,观帆阁上,当时种种谈艺情景,如在目前:窗外玉兰一株,高及楼檐,花时烂漫,香散四座。客来时瘦铁手持锁钥,徐徐自楼窗下掷,尤为令人感念不已也。苏渊雷曾题一律,录此作为奏雅之助:

  小阁观帆年复年,江天无尽思无边。
  高名应悔动寥廓,大道犹期共白坚。
  即论画师超诣在,更凭铁笔古愁牵。
  胸中海岳谁能了,落落人间渐子贤。

钱瘦铁与石涛的笔墨渊源①

了 庐

The Brushwork of Qian Shoutie, Closely Tied to Shi Tao

Liao Lu

  画僧石涛,僧中之另类,一生以书画笔墨为其修行事。作为艺术家,他又豪情满怀地提出了"笔墨当随时代",其积极有为的思想为同辈文人学者所不及。奈何在他生存的年代,中国社会还是以农耕经济为主体,封建的社会制度相对也比较稳定,绝大多数的文化人和他同时代的画家还是习惯于对前人笔墨的临摹和仿效。所以石涛那种积极有为的艺术精神没有得以有效的呼应,在某种意义上他还是孤独的。在他之后三百年间,人们还是津津乐道于对宋元名家的临摹和仿效。

  直到20世纪前后,中国的大门被西方列强强行打开以后,不少有识之士开始有心力求变法和改革。表现在画坛上,石涛"笔墨当随时代"的艺术思想开始得以

---

① 原载于《澎湃新闻·艺术评论》2018年10月2日。

为人们所关注。如张大千、傅抱石这两位大画家，当年都是从石涛入手而得豪放之精神，之后又各自有所成就。名画家唐云虽早先师承新罗山人，中年以后也积极地转承石涛，作品于清新中得恢宏之气，笔墨劲健之中见浑厚。在他们同辈的画家之中，始终以石涛的笔墨终其一生的是钱瘦铁。

钱瘦铁早年以学刻碑为生，后得前辈郑文焯先生点拨，学习篆刻和书法。先生以刀为笔，篆刻的成就早年与吴昌硕齐名，享誉海外。书法以笔为刀，积点成线，圆转处又见遒劲，其中又以先生在1937年描绘的印章草稿做文字解读的一批书法册页，及晚年所书的毛泽东诗词三十七首长卷最为精彩。可谓是中锋运笔，四体并用，方圆结合，刚柔相间，正中有奇，奇不碍正，为同辈书家中所少见。

绘画对钱瘦铁来说是一种兴之所至的游戏。在绘画中，先生因自恃在篆刻和书法中打下的笔底功夫，所以下笔大胆泼辣，与其说是一种创作，更像是一种发泄。他笔下的线条刚健遒劲，与贺天健相当。所以大作给人一种震撼之感，小品也于细微处铁画银钩，小中见大，善于淡墨中施以干擦，给人一种心灵透亮的感觉。

先生的山水画，在构图上极力地模拟石涛，但不同的是石涛在山水画创作中可谓是"搜尽奇峰打草稿"，传世所见的作品大多一峰独秀，山石形象于写生之中得以变化，奇崛之处为画史中少有。相较之下，钱瘦铁先生于书斋中的创作不同于其他山水画家的三重四叠，而是以石涛的山水形象为范本，参以自己的心意。虽用笔极似石涛，线条严谨，但终不如石涛山水作品中有一种自然的清音。后虽有外出写生的机会，但又受当时现代主义文艺创作思想的制约，故作品如《上海外滩新貌》《宝成铁路》等，都不能尽兴地发挥自己的心意，终与石涛的"搜尽奇峰打草稿"的笔墨精神有所不同。

在先生的绘画作品中又以题为《黑鹰奋击图》中塑造的一飞冲天的黑鹰令人过目难忘，其笔墨之大胆泼辣达到了极处。还有一张题为《训狐鸟图》的猫头鹰，其中的用笔犹如用刀凿出来的一样，给人一种金石之气，这也是其晚年雄心不羁的写照。

画僧石涛，真率好学，其一生不同凡响的作品在当时颇得宠信，所以许多小品未免笔墨轻率，为后人所微辞。钱瘦铁先生，一生坦荡爱国，有侠义之气，这在许多先生的文章和年谱中都有所记载。其真率之处，在气质上与石涛有所相似，但其与一般画家不同，极具文人气质，也因此在艺术创作上会有过于情绪化的创作状态，所以其作品具有极大的偶然性。又因先生早年致力于篆刻和书法，对绘画纯粹是一种兴之所至的游戏，相较其他画家在形象的把握上，则未免有所不足，所以先生下笔纯粹是表现自己的一种感觉。其得意处，作品之精神不为形所拘，依然为人所赞叹，但对有些花卉写生的小品，则未免也同样因过于率意而有所不足。

  先生是极其性情中人，颇具传奇，其一生大多较为幸运，故其篆刻、书法和绘画都有所成就，与来楚生、白蕉一样，怀"三绝"于一身，是现代绘画史上一位优秀的艺术家。他的创作，尤其对谢之光先生后来在中国画的创新中的成功起了重要的影响，继后又影响了朱屺瞻、石鲁等人，但不幸的是先生晚年在政治上受到不公正的待遇，心情随之失落而沮丧，所以后来的作品气息和笔墨与以前不可同日而语。综观先生的作品，复杂多变，后人当认真地予以区别，既要看到他艺术上的成就和高度，又要从他一生中吸取应有的教训，还先生一个客观全面的形象。

  两位先生都是文人画家，性情中人，所以在创作中难免有一定的偶然性，我们后人学习时要认真加以甄别、警惕。尤其在当下，通过对钱瘦铁作品的认识，可以对石涛提出的"笔墨当随时代"的艺术思想有一个更契合现在的思考。我们的时代是一个在进一步改革开放中，实现中华民族伟大复兴的时代，所以我们要有石涛的创新精神，正如石涛所言，"搜尽奇峰打草稿"，走出书斋，从生活中发掘丰富多彩的创作题材，创作出与当今时代精神同步的艺术作品。笔墨当随时代，时代需要笔墨。在任何时代，笔墨永远是中国画家的核心竞争力。要让传统的文人画中优秀的民族文化精神在新的时代中找到新的方向。

师古与再造
——浅议西安美术学院藏钱瘦铁作品[1]
许 可

Inheritance and Innovation: Brief Discussion on Qian Shoutie's Works Housed in Xi'an Academy of Fine Arts
Xu Ke

《西安美术学院藏名师课徒画稿（钱瘦铁卷）》由两套册页组成：一册为钱氏在上海创办中国画会中所作课徒画稿，计九开，内容涵盖了山水、花鸟；另一册为钱氏于20世纪60年代初期所作的山水图册，计十六开，主要描绘祖国名胜以及新中国建设场景。两套册页跨度近三十年，从两套册页的对比中，可以明显地感受到钱氏在传统与自我绘画语言上所做的努力。作为钱氏作品对比以及个案研究，或许对如今的学者有借鉴启发意义。

钱瘦铁（1897—1967），名厓，字叔厓，号瘦铁，以号行，别号数青峰馆主等，江苏省无锡市鸿声里人。斋名有瘦铁宧、梅花书屋、峰青馆、契石堂、一席吾庐、临江观

---

[1] 原载于《荣宝斋》2018年第6期。

日、天池龙泓研斋等。上海中国画会创始人之一。擅长中国画及书法、篆刻。山水画师法石涛,曾被誉为"江南三铁"(吴昌硕称"苦铁"、王冠山称"冰铁")之一。

钱氏早年的学画经历,在上海人民美术出版社出版的《钱瘦铁年谱》2007年版详有叙述,兹录如下：钱瘦铁在14岁时在苏州"汉贞阁"当学徒,并拜铺主唐伯谦为师学习刻碑。"汉贞阁"隔壁有一家专营古董文物的"竹石山房",店主徐树铭见钱瘦铁刻苦勤学、天赋又好,就把钱瘦铁介绍给郑文焯和俞语霜两人。从这里能够了解钱氏早年学画的师从,对于研究钱氏后来风格的成因有着重要的意义。

郑文焯(1856—1918),字俊臣,号小坡,又号叔问,晚号鹤翁、鹤道人等,工诗词,通音律,擅书画,懂医道,长于金石古器之鉴,而以词人著称于世,客寓苏州。钱氏拜师郑文焯时,虽初习治印不久,然所作已很可观,颇为郑氏所赏,但郑氏认为要做一个篆刻家,光是会刻印还不够,还应该能书善画,所以主动教授钱氏绘画。

钱氏的另一位绘画启蒙老师俞语霜(1874—1923),近代画家。一名宗原,又名原,字宜长,别号女床山民。浙江吴兴(今湖州)人。南社社友,擅画,工山水、花卉、人物,宗法八大山人、石涛,作品苍茫雄浑,水墨淋漓,意境极高。钱氏对其极为倾倒,因从之请教画艺,得益颇多。

20岁时,钱氏来到上海以鬻书画兼篆刻谋生。同年,钱氏参加了吴昌硕主持的海上题襟馆金石书画会。并为该会会员。同时拜吴昌硕为老师学习书画篆刻。1929年,33岁的钱氏在上海与贺天健、郑午昌、孙雪泥、陆丹林等人组织了"蜜蜂画社",后来为了联合更多的书画界同仁,钱氏于35岁之时即1931年成立"中国画会",同时解散了"蜜蜂画社"。

该画册中的课徒画稿即在中国画会所作,从该册中可以看出钱氏摹古与师承的痕迹,几开山水拟倪瓒、沈周、石涛,皆得神似,笔墨苍润,花卉力追沈石田,去石田之苍而得其润。虽然钱氏在此之前就师承吴昌硕,然而与吴在面貌上还是拉开了距离,这从他们书法的取法不同反映到用笔上,吴昌硕的用笔得益于古籀以及瓦甓封泥,钱氏的用笔得力于汉隶以及碑额。钱氏学画启蒙为郑文焯,受郑的影响,钱氏的画收束多而放纵少,画面呈现出一种冷静和沉寂的气息,钱氏力求"拙"味而又多用巧,主要体现在章法方面,多追求拙味,而在用笔方面又有一种"巧"味在画面中。大处用拙,小处用巧；实处用拙,虚处用巧；用笔上的轻重、提按、刚柔、断续的巧妙组合,从而形成钱氏早期清新明丽的艺术气质。

另一套册页约作于20世纪60年代初期，该册为钱氏盛年精品，可以说幅幅精彩。此时的钱氏，正被错划为右派，然而在书画篆刻的创作上，毫无懈怠，此册即为该时期所作（有明确年款的为1960年和1961年春的两幅作品，钱氏1957年秋错划右派，1961年9月摘掉右派帽子）。此册无论对于书画创作者还是欣赏者，都具有启示性的意义。该册借古开今，笔墨虽旧而气象新颖，有几开作品笔墨与形象神和。对于观者而言，从此册中可以领略河山雄秀，从笔墨角度来讲，不难见到宋人气骨与元人风韵。钱氏的精彩之作对于后人的启示不仅仅是笔墨或者丘壑，或是传统功力，而是对于中国书画篆刻深层次的领悟。在钱氏所处的特殊的历史阶段里，很多富有创造性的山水画家有感于清中期以来大量文人山水画不食人间烟火而致力于现实题材的开拓。在钱氏的这套册页作品中，似乎更为自觉地去解决"林泉之心"与祖国建设的"城市之迹"的矛盾，在自己被打成右派之时，依然保持着"林泉之心"，创作这样的作品来"卧游"。所以该册虽然有具体所指物象，然而反映在钱氏的作品中物象与笔墨虚实结合，真实而又神化莫测，虽有具体所指的"写境"，又有钱氏的"造境"，笔墨与实境融为一体，达到了钱氏一生艺术的一个新的高度。该册作品中如《五湖云山》中古塔与远山的处理，清润高华；《宜昌》大开大合，风神凝远；《夔峡之雨》清润华秀，如良玉生烟；《风力灌溉》骨格精炼，纵横入于优淡；《听松看云》与《黑虎松》骨力充盈，意到笔随，似觉黄山理应如是。

钱氏此册所体现的"传统"或许可以纠正一些人对于传统的误解，正如将"外师造化"理解成为仅仅描写江山实景一样，"中得心源"无非借景抒情，可以不必把具体感受上升到高层次的审美感受与审美理想；很少去考虑"自我"将山川脱胎，并且上升至高层次的审美追求上；凡此种种，均是对于传统过于表面与简单化的理解。至少该套册页所体现的，不仅仅是如此的传统。钱氏早年致力于元人及石溪、石涛山水画的学习研究，从第一套课徒画稿中的作品能看出钱氏对于古人的丘壑不拟形而取神，以拟古的手段来领悟传统精神而非从拟古到拟古。在其后近三十年所作的册页中发而扬之，融笔墨丘壑为一，将造化的神奇与自己的心境交织在一起，入自由之境。

钱氏毕生饱含激情的艺术探索，在艺术创作中无论篆刻、山水、花鸟，均不愿意重复自己，并且在作画时极富激情，不经意间往往会出现极其精彩的作品。钱氏反对程式化的笔墨，以至于作品中也有不稳定之处，钱氏在受到政治打压时，心绪多有起伏,这样势必在作品中产生落差,所以在此套钱氏册页中也偶见有失水准的局部。然综观此册,钱氏能得造化之自然,合于画之自然,出画家之自然。清新淡远,纯穆自然。钱氏拟古而化,在作品中能"师造化,得心源",并且在此基础上能够迁想妙得,从这个角度来看钱氏对于传统的理解,想必对于如今的书画家尤为值得借鉴。

钱氏1957年6月26日在西安与陕西省美术家协会的诸位画家欢晤,其中有赵望云、石鲁、方济众等,石鲁对于钱氏艺术极为倾倒,至欲从之为师,正在这时,上海中国画院一封电报招钱瘦铁速回。回到上海,钱瘦铁即被划为右派。虽然未能拜师成功,然而,我们不难从长安画派画家方济众等人的作品中看出钱氏对于其影响,也许因为钱氏的作品从而启发了赵望云的晚年变法。

重返日常书写的书法
——读《钱瘦铁隶行六种》[①]

曹工化

Back to Daily Writing: Six Calligraphy Works of Qian Shoutie
Cao Gonghua

　　第一次看到钱瘦铁这批晚年书作的时候颇有点意外，意外于它们的随意。这种随意已经超出了书法作品的一般规范，说它们"随便"可能更加合适一些。"随便"，这种过分的随意使这批作品似乎不能算之为"作品"，说它们是"手迹"或者"墨迹"可能更加合适一些。因为在这里你无法看到书者的创作意识，那种符合通常认为的美好规范的组织。在这里秩序感似乎消失在松散与杂乱之中。

　　钱瘦铁绝不是一位徒有虚名的书家。他曾从郑文焯学书法，俞语霜学画，篆刻则受教于吴昌硕。20岁即以职业书画家篆刻家闻名于海上。篆刻与吴昌硕（苦铁）、王大炘（冰铁）并称为"江南三铁"。1921年，经吴昌硕、潘琅圃推荐去日本访

[①] 原载于《钱瘦铁隶行六种》，浙江人民美术出版社1994年版。

问、交流,声震扶桑,他在日本篆刻界的深远影响被认为可与杨守敬赴日对日本书法界的作用相媲美。1924年应刘海粟之聘,任上海美术专科学校国画系主任,并主编《美术生活》画报。后来钱瘦铁再次东渡日本,正值日本侵华战争爆发前夕,他热爱祖国,同情革命,与郭沫若等进步人士过从甚密,不时参加地下活动,发言凌厉,刚棱四注。力助郭沫若氏脱险归国,不惜代坐日本警监。受训时以助郭沫若出走及散放"越轨"言论定罪。瘦铁坚持民族气节,不肯下跪,怒斥日警:"这不是侮辱我,而是侮辱整个中华民族。"遂取身旁铜墨匣痛砸日警,正义凛然,轰动中外(摘自唐云、苏渊雷所写的《钱瘦铁画册》前言)。1949年上海解放后,他即于翌年年初离日归国。当时因吴淞后被美舰封锁,不得已转道香港,被耽搁一两年才返回上海。他曾说过,"我是中国人,所以要回祖国。日本条件虽好,但我不愿做'白华'"。由此可见其胸怀。这样一位彪炳中国近代书画篆刻史的名家对书法的认识及其驾驭书法的功力自不待言。只要稍稍看看这些书作的细部(特别是经编辑界格的提示之后),其深厚是显而易见的。那么这种从作品整体视觉图式中显现出来过分的随意是无意间的失误?抑或这是一些纯粹与书法无关的"手迹"?我看却是钱瘦铁在晚年对书法本体的深邃感知之后的痕迹。

这是否就是通常所谓的灿烂之极之后的淡泊?是否是规矩之极之后的散漫?我以为这批书作都不能以这种规范书法创作(书法作品)的规范去规范它,因为它已经在这之外,它已经进入了非书法的"日常书写"状态之中。你也不能说它是"无意于佳乃佳",因为这里所谓的"无意",在深层上还是"有意"的,还是意在"佳",还是一种书法"创作"的状态。而"日常书写"是一种非"创作",从而是一种"非书法"的平常的状态。在这种姿态之中,作者(叫书写者更准确一些)已经不是作为一个书法家在创作,而是作为一个人在书写。"创作"是一种脱离日常生活的活动,而书写本身就是日常生活的一部分,或者可以说它就是日常生活。这批书作在平常姿态中,在日常书写之中,脱去的是虚伪,保留的是一股在其中流动的似乎能感觉到的他的呼吸一样的真气。在这里书写者与书作(手迹)的距离,观者与书作的距离乃至书写者与观者的距离都已经消失。留下的是亲切、平易和融合,是和睦相处的良性生态。

于是就想到了书法与日常书写的关系。

书法起源于日常书写,这是毋庸置疑的,似乎也是用不着说的。但是更正确的说法应该是，书法起源于与日常书写的分离。书法只有从日常书写中分离出来才能成为"书法"，成为作为一种艺术的书法，换句话说，如果不从日常书写中分离出来的话，书法仅仅是一种"书写的方法"——运用书面语言的基本技术之一。从时间流程来看，这种分离大约是发生在东汉到魏晋南北朝之间。这是被人们称之为"艺术自觉"的时期，也被书史家们顺势定为"书法艺术自觉的时期"。

至迟在东汉，我们就可以从赵壹的《非草书》中看到人们是如何为脱离了日常书写的作为艺术的书法而痴迷的状况。比之时下的（或者说在不久以前达到高潮的）"书法热"也当是有过之而无不及。

在这样一个背景下，书法史——由书法家、书法作品、书法理论家、书法理论、书法批评家、书法批评共同构成的一个完整的结构便开始生成、转动了（在这以前只能算作是书法史前期）。于是书法以前所未有的态势汹涌起来，并且一泻千里、蔚为大观。

由此可见，书法是在摆脱了日常书写的拉扯之后才开始上升，才开始走向顶峰的——如果说有顶峰的话。与日常书写分离之后首先带来的也是决定性的结果的，是为形式的高度发达提供了可能，随之而来的自然是这种可能成为现实——无以计数的书法家、书法理论家、书法批评家及其作品组成了一部辉煌的中国书法史。书法史，其实就是书法形成史。但是，就在它上升的时候（可以说是与上升同时）实际上它也开始坠落了。坠落也是从脱离日常书写开始的，或者说坠落的根源就在于与日常书写的分离。上升是与坠落共生的。上升是以坠落为代价，看来这个"上升"是否是上升还是一个问题。

那么，我们有什么理由说与日常书写分离之后的书法（或者说书法在其生成的瞬间、在其开始自觉、在其开始成为一门真正的艺术的瞬间），便开始"坠落"了。让我们先来看看我们有什么理由说脱离日常书写的书法是"上升"。所谓"上升"，因为是它成为一种艺术，从日常生活到艺术，这是所谓称之为"上升"的一种运动过程。艺术高于生活。艺术使人的生活成其为人的生活，从而区别于其他生物。但是我们从另一个角度看，用同样的理由，我们可以说书法的"坠落"。因为它脱离了日常生活，与生活相分离，它在向高处运动的同时也在离我们远去。与生活（日常生活）分离的东西也就是（或者最终将是）与人分离。

书法的"上升"，其实就是形式的上升。形式在这一过程中确实是发展了，或者可以说是进步了。但是形式对我们来说究竟意味着什么？我们要形式（的进步）干什么？如果说这种进步的代价是与人的分离，那么这是"进步"吗？这种与人分离的，外在于人的形式随着书法史的流变越来越受到关注。而在这种关注之下，进入"形式"的难度越来越大，进入之后它给你的负荷越来越重。人在形式之中失去了自由，被形式缚住了。人在书法之中也是在艺术之中的本真状态失去了。这种本真状态就是"游"的状态，就是孔子所谓的"游于艺"，而赵壹的《非草书》中所谓的"游手于斯（书法）"。

蔡邕《笔论》中说"书者，散也"。这就是从根本上把握了书法的状态。"散"的状态也就是"游"的状态。他接下去解说："欲书先散怀抱，任情恣性，然后书之；若迫于事，虽中山兔毫不能佳。"这种不"迫于事""散怀抱""任情恣性"都是一种"游"的状态。而蔡邕之所以要强调这种状态，并且提到根本，这从另一面看是他已经看到当时（书法脱离日常书写的初始）的书者却在渐渐失去这种状态。

"游"是一种"逍遥"自由的最高境界，庄子说："浮游，不知所求，猖狂，不知所往；游者鞅掌、以观无妄。""堕尔形体，黜尔聪明、伦与物忘，大同乎涬溟，解心释神、莫然无魂。"这也是"同于大道"的"坐忘"状态。如果说书法能"同于大道"的话，也是在"游"之中完成的，并非是在形式技巧与心中之道的对应中达到的。因为形式已经变得非常之沉重了，把握它已非易事，再要将它与心中之道对应（而这样对应是无止境的，因为"道"为形而上，"形式"终究是为形而下，说到底是无法对应的）又是难上之难，而对应的结果（因为必定是对应不上）反馈过来再来修正形式又使形式加倍地沉重起来。对形式过分地看重到一定程度，反而不利于形式完美。一如庄子说的博弈"以瓦注者巧，以钩注者惮，以黄金注者殙。其巧一也，而有所矜，则重外也。凡外重者内拙。"脱离日常书写的书法（形式）的"注"是越来越重，有美学的、伦理学的、社会学的，政治学的……，而外越重则内越拙。

《兰亭序》这一书法史上的高峰，其实并不是所谓的"书法自觉"的丰碑，而是日常书写胜利的旗帜。这是王羲之为兰亭雅集众人诗作写序的手稿，完全是日常书写，真正的无意于书法。当他自己写成后用"书法"的眼光审视，觉得并不完美，决定重新书写。这之后的书写便不是日常书写而是"书法"了。但是，尽管是在书法创作状态之中，尽管是专注于书法形式，尽管是重复多次，终究没有能超过这一"手稿"。因为王羲之在"书法"中失去了"游"的状态。正是这种在日常书写中的

"游"的状态为书法史留下了"天下第一行书"。庄子说：在"游"的状态中"万物云云，各复其根，各复其根而不知。"日常书写之中保持着"游"的状态，在这里书法不知不觉地归复了根本。值得注意的是，书法史上绝大部分经典之作都是日常书写的"手迹"。

"游"这种对待书法的"古典"的、"本真"的状态在明代之后便日渐消逝。直接的原因似乎是纯书法作品的日益增加和职业书家的出现，实际上这并非原因，而是"游"的精神缺失之结果。或者说它们是互为因果的。

"游"的精神在书法中的缺失，带来的是书法表层的空前繁荣和深层的空前苍白。至近现代，随着书法艺术的越来越学科化，书法作品越来越纯粹化，书法家越来越专业化，书法表层与深层的反差亦越来越大、越来越明显。而书法系统中作为主角的书法家由于其职业化必然产生的敬业精神及其随之而来的使命感，使他们变得比以往任何时代都显得沉重，又由于他们对书法形式的专业化研究与操作，使书法形式比以往任何时代都难以进入，再加之他们（也包括其他一些理论家们，以各自不同的目的）强加于其上的"精神"负担，使书法形式亦不堪重负。进而，书法在整个艺术格局，乃至社会文化格局中的位置也显得日渐沉重。人们越来越把书法"当回事儿"了。在这几种重量的相互作用之下，书法犹如滚雪球一般，越滚越大、越滚越重、越滚离中心越远，越滚越虚弱。涉及书法的人（书法家、理论家及观者）在其中都身不由己地变得沉重，"游"之不得。

于是，我们有些人开始怀念旧时的好时光，开始追忆那逝去的书法之乡。他们纷纷迫不及待地从大尺幅的鸿篇巨制中挣脱出来，义无反顾地走入了随意的手札式作品。本来最具展厅效果的样式让座于最不具展厅效果的样式。与此同时，本来被不屑一顾的民间日常书写的痕迹，哪怕是一纸契约、半块砖刻都成了至高无上的理想模式。这种重返日常书写、重新进入"游"的状态的行动，是以表面上看起来似乎仅仅是对一种新的书法样式的追求，是耗尽了原有的能源之后的新的能源的补充，而且在大多数情况下还仅仅是一种对时尚的追逐上表现出来的。但可惜的是这种无意识的"重返"日常书写被淹没在有意识的追求（新的样式）之中。这里的"重返"从严格意义上讲应该是"逃亡"。因为他们只知道从"沉重"中逃出，而不知逃向何方。他们把途径（日常书写的样式）当成了目的地，而真正的理想国（"游"的状态）他们还没有看到。更为重要的是，因为他们还是在"创作"在"书法",因此,他们从根本上讲不可能"重返",他们不可能逃出沉重。他们仅仅是在"创作""日常书写式"的书法。是在作"日常书写状",也就是在作"游"状。

钱瘦铁这批晚年墨迹从根本上区别于"日常书写式"的书法,他们是真正的日常书法。可以肯定地说,他当时写这些墨迹的时候完全是在进行日常书写,而不是在创作书法作品。就是在隶书,这种最具秩序感的书体之中(也是最难"游"的书体之中),他也显现了他的自由。有几幅连格式都是日常书写式的而非正规的书法格式:不落款、题目、词牌写在最前面,上下阕之间空格。从而使这些书作显现了其非书作性。所以它让我第一次看到它们的时候出乎意外,因为我面对书作时总是习惯以用"书法"的眼光去观看的,是"意"在书法之中的。从这里看,"游"是困难的,因为我们的眼光已经被书法秩序的"界格"固定了,对自由失去了感觉,甚至对之产生了恐惧。

钱瘦铁确实在这批墨迹中失去了一些对于"书法"来讲至关重要的东西,比如"秩序"(形式的秩序), 得到的是更为重要的东西——本真的书法(写)状态。如果书   的秩序中缺失,那么我们宁可让形式靠边,因为形式(秩序)   径而已。

         纠缠不清的。当它竭尽全力从写字中挣脱出来成其为书   方向,遂使其沦为非书法。当它迷途知返,企图重回它的家   已经是不记来时路了。在大多数时候它仅仅是回到了写字的   ——那种人与字合一的"游"的状态。

   日常书写,是否会消亡在其之中?这大概是书法的关注者最为关注   答这个问题有两个方面。首先,我们所谓的重返日常书写是"重返"之   书写,这个日常书写从本质上与通常的日常书写相区别。这是在日常书   "游",是"游"于日常书写,因为只有在日常书写的状态之中,才能真正达到   "游"的姿态。达到和保持人书合一的自由境界。

书法不但不用担心其消解于日常书写之中,而且它只有在日常书写之中才能得以本真的存在。书法必须是写字,但它又必须超越写字。书法必定在日常写法之中才能进入,必定在日常书写之中(而不是之外)才能超越日常书写。这种超越就是"游","游"于日常书写就是超越。游于日常书写达到书法就是本真的书法。在日常书写之中,因"游"的姿态,穿越日常书写,达到书法(本真的书法与人合一的书法)。让日常书写在"游"之中产生书法意义,或者说让书法在日常书写的"游"中获得意义。

日常书写是书法的起源处,现在我们在谈论重返日常书写的书法正好应了那句"起源就是目标"的格言。我们憧憬着的原始(史前)和民间书法的那种自由、率真,就是日常书写中的"游"的姿态。这是我们无法企及的希望。我们老是在说,人是无法回到童年的。我们毕竟已经离开了(并且已经远离了)源头,我们实现且已经无法重返起源,它仅仅是一个永远在前方的目标。但它却能将我们引向前方,并且心底踏实。

现在我们已经回答了问题的第一个方面,这里有两点。一是重返日常书写不但不会使书法消解,而且是书法本真存在的必经之路;二是这种重返实际上也是不可能真正达到日常书写的。

让我们再来回答问题的第二个方面。即使"重返"真的使书法消亡又将如何?那我们要问,书法对我们意味着什么?如果书法使我们本来已经沉重的人、沉重的生活更加沉重,我们要书法干什么?书法消解了,却让人、让人的生活哪怕些许轻松一点,书法又算得了什么?能"书法"的人应该是有福的,他们在别人无处可"游"的世界上至少还能"游"于书法。

写到这里想到了一个有趣的现象。据说现在已经进入了后工业社会,在后工业社会中的后现代文化都趋向零散化、平面化、轻松化、日常生活化。艺术当然是在其中,而且是首先受到影响的。但是对于书法却恰恰相反,书法家们的使命感使书法的背负史无前例地沉重。就如庄子所谓的"注金"状。

"游"于日常书写在一定意义上讲就是"游"于日常生活。

在日常书写之中超越日常书写,这种提法颇近禅意。那么干脆录一段《古尊宿语录》中的黄檗禅师的语录作结:"终日吃饭,未曾咬着一粒米;终日行,未曾踏着一片地……终日不离一切事,不被诸境惑,方名自在人。"有"游"作为保证的日常书写当然是不会被日常书写所"惑"的。终日写字却未曾写过一个字。

青山欲共高人语[1]

了 庐

Discourse Between Landscape and Master
Liao Lu

　　钱瘦铁先生生前自谓"平生以书第一,印第二,画第三"。昔年在"梅景书屋"吴湖帆先生曾云:"当代可谓书家者,帖学以白蕉先生为第一,兼其诗品及画兰之品气清格高。碑学以钱瘦铁先生为第一,兼其印学与画中笔性之圆劲而有疏野之气,二位均非他人可望尘及,奈何曲高和寡世人有所不识。"

　　钱瘦铁先生作为入世的学者型的艺术家,为人磊落坦荡。当年其在日本,曾侠义兴救郭沫若先生安全回国的抗日爱国之举,在现代中国文化史上留下了动人的事迹。

　　钱瘦铁先生"书、印、画",是现代典型书、印、画三绝的文人画家。其块垒勃勃,

---

[1] 原载于《谢春彦中国画家的评论》,上海画报出版社2004年版。

纵横在手，兴致所至以强悍雄健的遒劲之笔随处生发、一气呵成，所写之物奇崛而富有生命力。先生用笔胜于用墨，以线条圆劲而又生拙凝重，观其画似可闻运笔之余音沙沙不绝于耳，偶尔用色则更大胆泼辣，喜用鲜艳明亮的原色大块涂抹，犹近似西方后期印象派大师的简洁奇特而令人耳目一新。当年刘海粟、石鲁、谢之光、朱屺瞻辈极为推崇乃至效仿。1957年4月先生入陕川写生，经西安，石鲁先生见之大为惊骇并为之倾倒，即向先生顶礼为师。先生的画尤其对谢之光、朱屺瞻等后来的中国画创新有直接的影响。

钱瘦铁先生作为文人画家以自己的学养直抒心境，其作品是典型的文化性大于绘画性的文人画。但在当今传统文化精神日益失落的中国画现状中，就难为注重绘画性的人们所认识和重视，这是一个时代的遗憾，但也只是一个时代的遗憾。从历史发展的宏观来说，先生注重学养、用笔与笔性，注重民族文化精神的高雅艺术作品，正可为有志于弘扬民族文化和中国画事业的后学者以最好的学习范例，我们可以从中得到启悟和认识。

钱瘦铁先生的画与同时代的张大千、唐云等都师法石涛，其中唯先生与众不同，注重用笔的笔性，线条圆劲、气息疏野而以神胜。

先生平生酣畅之作以大画见多。此小品册页为先生最后的作品，从中可以看出先生一反常态，虽尺幅小如巴掌，而仍以遒劲之笔严谨细微地书写黄山及长江的心境，传统笔墨法度一丝不苟而神形俨然。陆俨少先生题"小中见大"，从中也足以说明先生平生笔墨大都纵横于法度之中。

青山欲共高人语，非高人不足以识。

苍劲浑朴，奇险多姿[①]

刘小晴

Vigorous, Primitive, Surprising and Colourful

Liu Xiaoqing

  钱瘦铁（1897—1967），名厓，又字叔厓，晚年自号淞滨病叟，江苏无锡市人。12岁时曾赴苏州谋生，在一家碑刻铺当学徒，并拜铺主唐伯谦为师学习刻碑，其间钱瘦铁结识了当时著名的书画家俞语霜和郑文焯二人，并经常请益书画篆刻技艺，勤学苦练，加上其聪颖过人，艺遂大进。六年学徒生涯期满瘦铁即到上海以鬻书画兼刻印谋生，经郑文焯介绍，又结识了吴昌硕先生，并拜其为师学习绘画篆刻。当时上海已成为书画家云集之地，一些由民间自发组织的艺术社团如海上题襟馆、金石书画研究会、豫园书画善会等更是办得有声有色，钱瘦铁亦经常出入于这种会社，相与论艺谈道，切磋书画，渐蜚声于海上画坛。

[①] 原载于《钱瘦铁楷书千字文册》，上海书画出版社2000年版。

1922年，瘦铁应刘海粟之聘，任上海美术专科学校教授。是年经友人介绍，又结识了日本著名画家桥本关雪先生，桥本十分欣赏瘦铁的才艺，遂于次年邀请瘦铁访日。此后铁老曾多次往返于中日之间，进行书画交流活动，在日本出版了《瘦铁印存》四卷，在中国上海，发起成立蜜蜂画社，并任《蜜蜂旬刊》《蜜蜂画集》《当代名人画海》编辑。1935年任日本《书苑》杂志顾问，于出版、选题、编辑方面出力甚多。1937年，铁老因营救郭沫若而被捕入狱，直至1940年6月获释。抗战胜利后，铁老又再度随中国代表团赴日本东京，任文化秘书之职，后又赴香港举办个人书画篆刻展并积极筹创港九美术家协会。

　　1949年后，他又返沪加入了上海新中国画研究会，投身于旺盛的创作阶段。1956年上海中国画院成立，受聘为画师，赴川陕等地写生，所作画稿，几盈箱箧。1957年，他被错划为右派。1966年"文革"开始，他更是首当其冲，揪斗、抄家、交代、检查接踵而至，家中所藏书画、印章、图籍悉被捆载而去，又被诬为特务、奸细等莫须有的罪名，备受折磨，终于1967年12月18日因病与世长辞，终年71岁。

　　铁老一生致力于书画篆刻，22岁时即脱颖而出，被誉为"江南三铁"，有金石书画三绝之称。其书法得名师指点，加上其天赋极高，故出手自然不凡。其楷书先从颜真卿《多宝塔》入手，然后上溯魏晋，沉酣于钟繇《宣示》《季直》二表和"二王"之《曹娥碑》《黄庭经》《洛神赋十三行帖》，又羼入简帛残纸墨迹中的笔意，故其书用笔古劲，体势平中寓奇，有气清质实、骨苍神腴之态。其篆书学《石鼓》及秦诏版，又参以钟鼎铭文之章法，笔致苍劲老辣，拙朴醇厚，寓奇正欹侧于参差错落之中，妙合自然。其隶书学《张迁碑》《石门颂》《衡方》诸碑，又吸收了汉简意趣，气息高古，体势宽绰，十分大气。其草书则学《十七帖》《书谱》等，而以篆书笔意书之，简约古淡，意蕴深远。从总体的风格来说，铁老的书法气息古雅，用笔苍劲浑朴，结体奇险多姿，布局参差错落，生趣盎然，再加上他又能将金石、绘画的意蕴渗入书法，观赏其书便觉有一股金石之气扑人眉宇。

　　《钱瘦铁楷书千字文册》是铁老晚年所作楷书的代表作品，此册写在一本旧拓本的背面，似乎不经意之作，故通篇一气呵成。笔意精到，体势奇险，而字与字之间，又能各尽字之姿态，于平和简静的气氛中流露出一种不拘一格的微妙变化，十分耐人寻味。特以全文刊出，以飨读者。

咬得菜根，百事可为[1]
吴颐人

Only Those Who Endure the Most Become the Highest
Wu Yiren

在我五十余年的学艺生涯中，钱君匋、罗福颐两位老师是我无知者大勇，斗胆通过报社写信，自己投师上门而被欣然接纳的。而认识钱瘦铁老师，则完全是我老同学张力的父亲张汝砺伯父直接引荐的。这一切都发生在20世纪60年代初我弱冠之年，其时，我只是为生计在当一名代课教师。

记得张伯父与好多知名学者、文艺界文士都被错打成"右派"，一起在嘉定外岗社会主义学院"学习"。张伯父是位出了名的交游极广的热心人，他见我热爱书画篆刻，既穷又无良师指点，便列出好多位书画家的名单，表示他很熟，愿意引荐。那时，我通过《文汇报》已经认识了钱君匋老师，于是我选择了二位知名度很高的前

---

[1] 原文为《钱瘦铁印存》的序，上海三联书店2001年版。

辈，提出很愿意拜见刘海粟与钱瘦铁两位老师。

去刘宅拜见海粟老，既简单又印象深刻，尤其是厅里挂着他的老师康有为先生的一副手书对联"独持偏见，一意孤行"，印象极深。看了我的写意花鸟画，刘老认为学画不宜一入门就学现代人，最好多写生，并学习传统，要我下功夫先写好字，还送了两幅托人在海外精印的国画给我（一幅山水，一幅水牛），上面有章士钊等多位名人题词，至今仍保存完好。惜当时年轻无知，根本未想到要请他在上面题字留念。刘老对我的篆刻习作倒十分称道，他说你还是刻的印好，认为初学应该学秦汉印，知道我得君匋老师的指点，觉得路子很正，并兴冲冲地上楼捧下一大沓原钤本《十钟山房印举》。这是我第一次接触这一印史上的要籍，翻开这些满目都是陌生字的秦汉玺印，其实还真一点不懂也并不觉得有什么吸引自己的地方。真正理解这些玺印的妙处要再过二十年。有意思的是，越三十年，我出版了《印章名作欣赏》一书。但是，刘老使我知道《十钟山房印举》是本了不起的印谱，学印的人不可不研究。

过外白渡桥去黄浦路73号（现已拆除后新建高层）的瘦铁老师家很好找，其时他很清苦，衣着朴素，态度和气，大约与他童年的出身有关，对我这个郊区小镇来的小青年话间并无一点嫌弃的口气。他的画桌上杂乱地堆放着画纸、画具、印章，身后几只书柜上毫无规律地堆插着书籍、画卷，大约与笔者的个性相合，竟带着欣赏的心情细察这些零乱之美。而成年后，我竟对"整洁的书桌是智力不健康的迹象"这句爱因斯坦名言也十分称道。不料几十年后，我的画桌、书柜也习惯十分杂乱，为此，常在家中出现口角之争，但至今还是我行我素。写书了，画案上堆满了各种资料，画画了，又设法清理桌面，根据我那只很大的画案上的整洁程度，大致可以知道我最近在忙些什么。

瘦铁老师十分慈祥，或许对我当年这位瘦骨嶙峋的农村小青年曾勾起他童年学艺的艰辛，或许瘦铁怜瘦骨，竟十分偏爱。允许我每次边听他讲话或作书作画，边用竹签剔清印文，揩净印面，然后用他的纸和印泥钤盖他为友人所刻的新作品，或他的自用印。在他创作毛泽东诗词高潮时，我几乎钤留下所见到的全部作品。有的印刻过两三稿，我也都有幸把所见到的全钤留了下来。但十分令人遗憾的是我年少无知，当时还不懂篆刻艺术中边款的重要，又以为拓款十分麻烦，所以每次祇钤印面，未留拓过一方边款。而在瘦铁老师存世的篆刻作品中，又恰恰甚少边款，如果当初我稍懂点事，多留一点老师的边款，该是多么有益于篆刻爱好者的事啊！

由于毛泽东诗词刻石印面大，颇耗印泥，不知是老师的发明，还是采用了谁的办法，他是用一小段毛笔笔管外套钢笔橡皮笔胆，再用铁丝做成小小的把手，自制成小型油墨滚筒，在玻璃或平整的瓷质平面盛器上，滴上几滴牡丹牌金红色铅印油墨，滚筒上均匀地蘸满红色油墨后，再在印面上来回滚动，使油墨上石，待钤盖上纸干后，即如同日历本上印刷星期日那样的红色印章。嗨，真是一个好办法，这真救了咱穷小子一命。回来后我依样照办，有一个时期，我所刻之印，全用金红色船印油墨钤盖，而老师的毛泽东诗词刻石，就这样得以使我亲自钤盖，并保存至今。今日有幸在上海三联书店出版，与广大读者见面，想来老师在天之灵亦当有所欣慰。

这里还有一段插曲，在"文革"前与我通信的老前辈，在上海还有一位大名鼎鼎的马公愚先生。那是一次在朵云轩楼上举办的书画篆刻作品展，我正一边参观，一边勾描印稿。猛然间，闻一位鹤发童颜的老者高声批评一幅很差的山东作者的篆刻作品，说："朵云轩的人眼睛怎么生的？"我一看这作品确实不好，而这位作者倒也见他到处投稿见报，故对作者大名似曾相识。我见此老人气度不凡，绝非等闲之辈，便悄悄向展览服务员打听，方知他就是"书画传家三百年"（马老印文）的马公愚先生。何不趁此良机求教，当即手持随身携带的临刻汉印及创作印章趋前求教，老先生当着众人之面说："你刻得比这人好多了。"还留下地址让我去市区襄阳北路72弄他家玩。其时，笔者尚不敢奢望作品有一天可以展览，但马老却成了我的忘年交，时有书信往来，直至"文革"停止。一次，他看到我用瘦铁法的油墨代印泥寄去的习作，十分感兴趣地写了一信仔细询问油墨的牌子，之后，我还为他做了两个小滚筒，送了一点油墨亲自上门"表演"。老人在信中哀叹酷热难当，岂料，这时"文革"的厄运正悄悄向他袭来，附信所书时间为1964年，离他去世只有五年。

一个郊区来的乡下孩子，懂什么规矩，加上腼腆，瘦铁老师家中的师母、子女等我也不敢询问，见到也只点个头示意，并未有所交谈。故"文革"厄运降临，瘦铁老师含冤去世等事我一概不知，之后也未有与家中任何人联络的机会。只在"文革"后五年一次的西泠印社聚会上，与老师的侄子钱大礼先生有几次交谈，有时也通通电话。何故？只因家父有点一般的历史问题，本人也属"可以教育好的子女"，且又不懂人情世故。现在有时会深深地自责，为何不在彼时多去看看老师，给他哪怕一丝温暖、安慰也好。在老师家中,大部分时间很清静,也时见沪上、西安等地名流小坐闲谈,我似乎只专心收集钤拓印章,翻阅印谱,见过谁?谈些什么?竟全然想不起来。可见痴迷如此。直到1991年秋,收到同门昆山中医院的黄公明兄来信,才使我回忆起三十多年前,唯一在老师家见面又略有交往的就是公明兄。记得本书所附照片也是他所赠,他还忆及我凡乘车去总有晕车情况,真是十分难得。公明兄从师比我晚一两年,1969年学医毕业分配到外地好像还在操刀治印。1991年秋,西泠印社为我在上海美术馆举办个人书画印展暨三本新著的首发式时,他还专程来信祝贺。

当时就是一个"穷"字,买不起纸求老师作画,买不起石求他刻印,但毕竟也求刻了二方:一方为我的学名"吴一仁印",汉封泥遗意,另一方为白文"忘我庐"。二方印堪称精品,而且在款上都留有准确的刻制日期。之后更名"颐人"老师也多次为我题签、题扉页。这次搜寻他的印作,竟又意外发现了三件。二件乃为我所题,以作纪念,一件是他自题的"叔厓篆刻集",今即作为本书扉页,这一定是老师生前所料想不到的。一次,我买了一把扇面,正反面分别求他写了毛泽东与郭沫若两人的唱和《满江红》。又一次,他当场为我写了"楷法晋唐、隶宗秦汉"几个大字,见我不开口,又主动要我挑一点他临写的《张迁碑》和毛泽东诗词。师恩难忘,何以为报?在以后的岁月中,我在出版五本著作中,都列专章介绍瘦铁老师的人品及艺迹,实在是为了表达我内心深处对吾师深切的怀念。翻阅当时的来信,对我的印章都表扬"有进步"字样,如果吾师健在,见到我的汉简书法、东巴文书法、篆刻、大写意花鸟画及近二十本专著,我想一定会以无锡乡音连声称赞我"有出息"的。而我无意参加大赛、展出这类活动,仅以书画自娱,低调对待荣誉,且不愿享受送上来的官职。近些年热心"希望工程",四处筹措,竟也每年资助了一百五十名贫困学生上学。对于没有上过大学的瘦铁老师及靠姑母吴苇若资助而得以读完初中的我来说,都是贫苦出身,内心一定有同样的感受。但贫穷难不倒我们,将临花甲之年才体会到,凡在早年受挫的人都是很幸运的,可以学到鼓起勇气,克服困难,顽强不屈。若运气一直很好,到了四五十岁忽然灾祸临头的人真叫可怜,他们年轻时享过福,又未学过如何重新做起,祸到临头再来学,年纪已大,力不从心了。每个人的福分与苦都差不多,如一味来享福,便是消福,"福"消光,便临"苦"境;而甘于吃苦,就是"苦"了,"苦尽"便有"甘来"的一天。在老师家中我曾钤盖到一方印"咬得菜根,百事可为",这是老师的心得,也是我的体会,老师的这一人格力量一生都在影响着我。

说到"穷"还有一件可笑之事,当时去黄浦路73号钱宅,往往骑一辆临时借来的自行车,一则是节约车费,另则因我有严重的晕车症。乘一次车,等于生一次病。第一次骑车飞驶在黄浦江边直通外白渡桥的"快车道"上,竟不知此乃犯规行为,只听身后高筑的警亭里高音喇叭传来大声的呵斥声,我不知这正是在训斥我这犯规的乡下小子,反正此声音绝不是在称赞我,声音越高,我骑得越快。于是,我拼全身之劲奋力蹬车往外白渡桥飞去,好在当时警察的装备尚无大哥大,亦无全副武装的摩托车,任你大声吆喝,我竟得以平安飘然离去也,真所谓艺不高胆子倒挺大。不过,从此去钱宅,再也未敢上这快车道了。

书如其人,画如其人,印如其人,凡一艺之成,无不与作者的气质、学养、生活习惯息息相关。瘦铁老师生活随便,案头柜内书画名迹堆放狼藉,而其作品也正是乱头粗服,气势夺人。与我的另一位沪上大家,接触时间最长的钱君匋老师相比,风格正好相反。匋师室内窗明几净,书籍画册排列有序,所有书籍画册无卷角破损。审阅毕书画,必亲自理齐卷好,用过的小绳子之类都一一卷叠好收拾备用。这大约与他结识鲁迅先生,有鲁迅遗风有关。两位老师的生活习惯、艺术风格都影响着我一生。他们都在我最贫穷之时,最渴望学艺之时,给我以温暖,给我以支持。往事如烟,我即将迈入花甲之年。在书画篆刻艺术刚刚入了门,还未深入研究时,一不小心竟"卓然成家"。当然,这对我并未有什么得意之处,只是我在思忖,"文革"这场史无前例的浩劫,使众多的有真才实学的老前辈们过早地离开了我们,在书画篆刻这一艺术舞台上,我觉得登场成名似乎过早了一点。当今社会,"大师"帽子满天飞,想到吴昌硕、齐白石这几位开派的巨匠,才有资格被人们公认为一代宗师时,我真为给人戴"大师"帽子或喜欢戴"大师"帽子的人汗颜。离开瘦铁老师已34年了,如果健在,老师已103岁了,如果天假以年,如果没有"文革"大难,诗书画印全能的瘦铁老师,在艺术上必将有更大的成就,或许离"大师"仅有一步之遥,或许就是大师级的人选。但是,无论是人品、艺品,瘦铁老师,您永远是我心中的大师。

铁骨丹心，丈夫情怀[①]

王悦阳

Painter of Fortitude

Wang Yueyang

  百年翰墨，风流未被雨打风吹去。在风格多元的海上画坛，有一位前辈的大名总是令人难忘。其为人为艺，顶天立地，丈夫襟怀，因而具有永恒的艺术魅力与人格感染力。他，就是书画篆刻巨擘钱瘦铁。

  钱瘦铁是我国近代书画篆刻史上一位富有传奇色彩的艺术家，名厓，一字叔厓，号瘦铁，别号数青峰馆主等。他是中国画会创始人之一，平生擅长中国画及书法、篆刻，是继吴昌硕、齐白石之后，变古出新的又一人。他由浪迹吴门的刻碑铺卑下学徒，通过师长的提携、自身的奋携，仅以数年春秋，即叩开艺坛的大门，跻身辉煌的殿堂；在清末民国初长幼有序、等级森严的氛围中，他能以后辈的身份与乃师

[①] 原载于《新民周刊》2019年3月1日。

缶庐(苦铁)、老辈王大炘(冰铁)并称为"江南三铁",足见其天赋、实力及影响。

钱瘦铁还是一位不折不扣的磊落丈夫,有着一颗爱国的赤子之心与壮阔胸襟。20世纪40年代,钱瘦铁在日本期间,为护送郭沫若回国,被日方逮捕,审讯时拒不下跪,法庭动武,大义凛然,威震朝野,一介文士显示的是民族魂、英雄胆。其气格雄大,画作金石书画,笔墨豪放大气,风格独树一帜,堪称"千秋丈夫气,翰墨尚凛然"。他的山水取法石涛,笔墨苍深。花卉蔬果学沈石田、徐青藤,着墨沉着,设色秀丽。书法兼擅篆隶行草,作篆或拟石鼓文,或师秦诏版,皆奔放苍古。篆刻初学缶翁,后致力于汉印及《天发神谶碑》等,章法跌宕纵横。钱瘦铁学习前人的主张是"取其意,不重其形;撷其精,不袭其貌",沙孟海先生以"真力弥满,妙造自然"誉之。

遗憾的是,钱瘦铁生前颇具盛名,死后却颇为寂寞。长期以来,他的艺术没有获得应有的评价而被搁置一边,使人抱憾。

近日,中华艺术宫"铁骨丹心——钱瘦铁作品展"盛大开幕。本展览是对钱瘦铁艺术的一次重要回顾,意在探索他为上海美术乃至中国传统绘画拓展出的更为深广的艺术内涵。本次展览共展出馆藏作品89件,内容涵盖山水、花鸟和人物,不少作品为首次展出。如巨幅《鹰击长空》,用传统中国画笔墨描绘苍鹰,状写毛主席诗词意境。图中鹰的身躯自然成曲线状,作者用纯熟老练、一气呵成的笔力充分展现了老鹰英武雄壮的一瞬间。鹰的双翅雄健有力,用墨浑厚华滋,力量感跃然纸上。鹰身雄健强劲,眼神犀利,透出一股正值壮年的力量感。下腹鹰爪露出小部分,钱老勾画出的尖锐锋利效果于整只大鹰奋力冲刺的瞬间非常贴合。鹰喙细腻尖利,仿佛下一秒便要将猎物彻底撕碎,如此张扬神态的鹰,全作都透着一股强劲的气势,极富感染力与艺术张力。

再如《墨笔山水》,笔调清新,笔法简逸,繁而不乱,气韵天成,富有意境。还有《秋水渺无极》一图,白描写意,寥寥数笔,简练清淡,大片留白为水面,却勾画出了一个深远隽永的意境,耐人寻味。左右两株柳树姿态婀娜,迎风招展,浓墨淡笔,恰到好处。而堤岸更是用墨色和留白来表现边界。远处水面有一艘乌篷小船,船头一舫公摇橹向前,悠闲自得,再加上天上偶尔飞过的几只水鸟,此景此情,不由让人联想到"落霞与孤鹜齐飞,秋水共长天一色"的千古名句。

《山茶红梅》是钱老为数不多设色稍显丰富艳丽的花鸟画作。画面构图很有意思,左上方一枝红艳的山茶花斜刺下画面中心,枝头有拥抱中间一块青色巨石之势；而巨石的腰部则有一枝红梅成分叉状意欲合抱缠绕。双枝抱巨石，花团簇拥顽石，堪称有趣。山茶花颜色明艳亮丽，红黄耀眼，梅花淡粉雅艳，枝叶山茶浓黑而梅枝淡稀，一上一下刚好形成视觉上鲜明对比。巨石设色靛青，黑色皴笔表现出其上纹路，像是一柄大剑扎牢地面向上升去，显得刚劲有力，与旁侧的花枝形成鲜明的刚柔对比，是一幅典型的反映海派市民风趣的花鸟画。

  总体来说，钱瘦铁的书画艺术风格，雄健大气，很好地体现了吴昌硕先生所谓"画气不画形"的艺术理念。同时在绘画题材上，较之吴昌硕一派，又有很大开拓与创新，其山水清雅高洁，花卉浓墨重彩，品格清奇，气息高古，令人见之顿生豪兴。欣赏赞叹之余，更添钦佩敬仰之情。而其书法、篆刻，更是自成一家，别开生面，其在当代艺术史上的地位，不容置疑。

  借由本次展览，对于钱瘦铁先生的书画、篆刻艺术，得以进行一次全新而有益的整理，同时，对于老先生在当代美术史上的影响、地位与评价，自然也是一次极有意义的开拓与还原。狂风吹尽始到金，钱瘦铁先生艺术不朽，为人，更不朽！

3

交游篇

On Socializing and
Acquaintance

钱瘦铁与日本文化人的交流研究（1936—1944）[①]
堀川英嗣

A Research on the Exchange between Qian Shoutie and Japanese Literati (1936—1944)
Horikawa Hidetsugu

一、序文

"我到日本，是要日本人的钱，来维持我的生活。并不是拿我的钱给他们用，并且拿我国的艺术和他们联络，做私人间的交际。使他们知道我国故有的艺术，由此并可知道我们是酷爱和平崇高伟大的国家。故到日本治艺是很有意义的"。[②]

上面为在战时严格的言论管制下，钱瘦铁经常和周围友人提及的话。他是一位通过艺术交流的方式盼望和平的书画篆刻家。

20世纪20年代到40年代，钱瘦铁几度往返中日两国，与日本众多书画篆刻家、学者、作家等著名文化人相互交流，名垂中日艺术交流史。然至今对其的研究仍待

[①] 原载于晋阳印社《印象》杂志，2018年第26、27、28期。
[②] 引自《在日被捕之钱瘦铁》，载《宇宙风·逸经·西风》1937年第6期，第130—131页。

求索。其中又有许多尚未知晓的奇闻异事。在此稍作介绍,由此立体地再现钱瘦铁和日本文化人之间的交流情况,清晰地展现民国时期中日书画篆刻交流的一端。本文之目的即在于此。

二、钱瘦铁的生平

钱瘦铁,名厓,一字叔厓,号瘦铁,以号行,别号数青峰馆主等,江苏省无锡市鸿声里人。斋名有瘦铁宧、梅花书屋、峰青馆、磅礴、契石堂、一席吾庐、煮墨盦、临江观日、天池龙泓研斋等。善于书画篆刻,与吴昌硕、王冠山一起被誉为"江南三铁"。

首先简说钱瘦铁与日本文化人之间的交流情况。

表1 钱瘦铁生平及与日本文化人的主要交流情况

年份	内　　容
1897	2月13日,钱瘦铁出生在无锡金匮。
1910	去往苏州护龙街的汉贞阁做学徒,跟唐伯谦学习书画篆刻。
1916	自立门户,在苏州摆刻字摊,以为生计。从那时起,师从郑文焯、俞原、吴昌硕治诗文、书画、篆刻。
1917	移居上海,加入海上题襟馆金石书画会。
1922	成为上海美术专科学校的画师,同年孟秋在上海与桥本关雪会晤。
1923	春,受桥本关雪的邀请赴日,并寓居于桥本的白沙村庄。
1924	秋,从上海赴日。 由外狩素心庵支持,在东京银座的松屋百货店开个展。
1926	组建了中日书画家的民间团体"解衣社",并于日本举办了第一次展览会。会员共八人,即王一亭、刘海粟、石井林响、小杉放庵、森田恒友、小川芋钱、桥本关雪和钱瘦铁。吴昌硕也作为特邀出席该展。
1929	开始与会津八一交流。此年出版《瘦铁印存》(私家版)。该印谱由吴昌硕题字,长尾甲、会津八一撰跋文。又因获谷崎润一郎、桥本关雪支持,于东京和大阪的松坂屋百货店开书画展。 与郑昶、孙雪泥、贺天健、陆丹林等组成"蜜蜂画社"。 成为"中国画社"一员。 参加关东大地震救济活动的"中日文化展览会"。

(续表)

年份	内　　容
1935	携家眷来日,再版《瘦铁印存四集》(私家版)发行。
1936	转居东京,11月为支持会津八一在新潟开展览会。 担任书法杂志《书苑》的客座顾问,为发刊和编辑出力。3月书法杂志《书苑》创刊。
1937	8月7日,因违反日本《治安维持法》被检举为中国的间谍。 10月,次子钱明直在日本出生,妻子携带儿子月底归国。
1941	5月15日,刑满出狱,归国。服刑期间,桥本关雪、会津八一和川村骥山等人举力求其释放。狱中与在上海的妻子和兄长们通信三十余封。
1946	作为联合国驻日代表团的文化秘书的身份来日。 秋,给谷崎润一郎题其斋号"潺湲亭"。
1947	8月,于京都举办《瘦铁书法颁布会》。
1949	辞任文化秘书一职。 中央公论社主办钱瘦铁与会津八一对谈《遗留的美术,该留传的美术》。 在香港举办个展。

注:笔者参照《钱瘦铁年谱》《桥本关雪·钱瘦铁交流回顾展》所收《钱瘦铁年谱》及《钱瘦铁印举》中的《年谱》制作。

1949年回国后在中国国内的活动,在此不赘述。若有兴趣,请参考上文提及的年谱等资料。钱瘦铁与日本人的交流以1922年与桥本关雪在上海的会面为始,到1949年辞任文化秘书为止,不到三十年时间。即便是战时,也有人对钱瘦铁的艺术怀有崇敬之心,特从日本来中国访问钱瘦铁。1949年归国后虽再无访日,但其在日期间几度开展览会和作品的颁布会。且其与日本文化人、艺术家的交流频繁,在当时日本书坛影响深远。

在此围绕于1936年发刊的书法杂志《书苑》,叙述钱瘦铁与日本文化人的交流。

三、钱瘦铁与《书苑》杂志

《书苑》杂志(1936年3月发行,1945年2月停刊)是专业的书法杂志,由三省堂发行。共计8卷83册。除此之外，由雄山阁出版新号2册。主编为金石学者藤原楚水。

关于钱瘦铁与《书苑》杂志的先行研究，(日)柿木原(2011年)在《在日本的钱瘦铁》(《书学书道史论丛(2011)》)一文中有所提及。该文中提到，钱瘦铁自创刊号开始就一直参与策划。并且该文中指出《郭沫若归国秘记》中记载在《书苑》杂志发刊前，河井荃庐委托郭沫若、金祖同撰稿一事。郭沫若和金祖同答应了这个委托，除此之外，章炳麟也给该杂志撰稿。

该图版为《书苑》发刊发布会所照。

发布会于1936年11月4日下午5时至9时，在日本料理店柳光亭举行。照片第一排右起：小室翠云(南画家)、市村瓒次郎(东洋史学家)、国分青崖(汉学家)、中村不折(书画家)、比田井天来(书法家)。第二排右起：原田尾山(南画研究家)、土屋久泰、仁贺保香城(汉诗人)、郭沫若、河井荃庐(篆刻家)等时杰在列。钱瘦铁虽没有出席拍照，但在此次发布会的记录中记载着西川宁和钱瘦铁也有参加。该会记录中，钱瘦铁被介绍为"画家，而且是民国时期屈指可数的篆刻家"，当时钱瘦铁才40岁。而且，作为客座顾问，在当时在日的一流文化人中，钱瘦铁是唯一中国籍的成员。由此可窥见，钱瘦铁的书画篆刻艺术在日本受到了极大的重视。

钱瘦铁与《书苑》杂志的关系，可以分为三部分，即：① 篆刻作品的刊登；② 撰稿；③ 收藏品的刊登三个部分。

① 钱瘦铁在《书苑》杂志第一卷第三期至第七期刊登了共计十一方篆刻作品。

第五期刊登了三方，其余的每期刊登两方。印中所用书体从甲骨文到陆机的《平复帖》，样式丰富，为日本的篆刻家和篆刻爱好者提供了样例。

第三期的编辑后记中这样写道："从本期开始刊登钱瘦铁先生的铁笔，每期刊登两页。今后也会继续刊登。"因此每一期都刊登了钱瘦铁的篆刻作品。另外，后记中叙述："先生除了篆刻外，也工于书画，即便是在现时的中国也是为数不多的大家。"壮年的钱瘦铁在日本已经被认为"大家"，这也许是当时在上海和年长近40岁的吴昌硕并称为"江南三铁"的原因吧。并且杂志中写道："近来倾其所知，特为本刊撰写关于石涛和尚书法的文章"，对将要刊登有关石涛书法的文章做预告。

②《书苑》创刊号中刊登了钱瘦铁《中华民国习字法》一文。该文以采访的形式展现了民国时期有关儿童书法教育的情况。当时记者拜访了钱瘦铁驹达林町的住处，进行采访。记者记述拜访钱瘦铁的情景："以书生的仪态来迎接我，完全不像

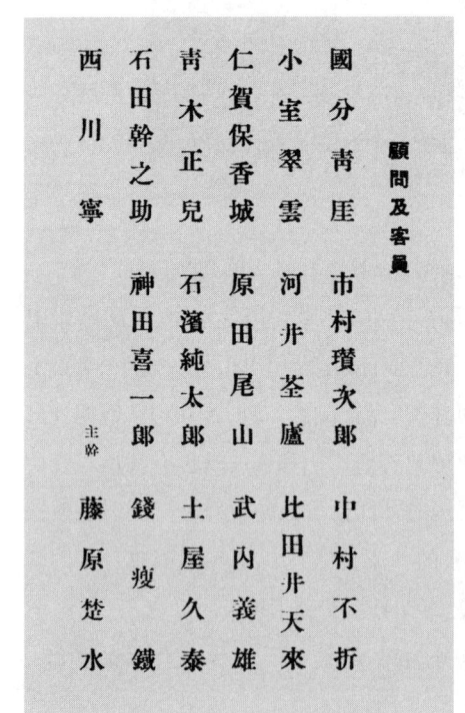

《书苑》杂志发刊号顾问及客员名单　　　介绍散氏盘及甲骨文

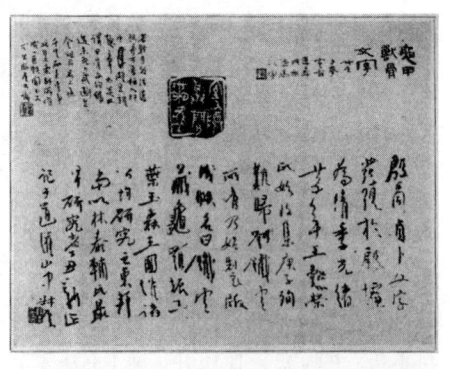

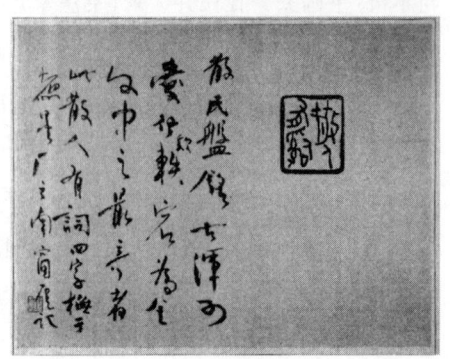

知名画家的样子。"钱瘦铁平易近人，屈体躬身，让记者感到不胜惶恐，从这里可以了解到他不摆架子、礼貌待人的言谈举止。钱瘦铁的日语很流利，但有时也夹杂笔谈。采访中写到民国的儿童学习书法从"描红字"一事开始，继而九宫格，再而楷书（姚孟起、黄自元、谭延闿的临本），之后根据儿童的秉性，以行、草、隶、篆的顺序来学习。从该采访可以了解民国时期儿童书法教育的一面。

③《书苑》杂志的卷头为胶版印刷，刊登了各家的藏品。其中，从创刊号到第九期刊登了钱瘦铁所藏《顾若波山水册》。

钱瘦铁和《书苑》杂志的关系，除了以上三件事之外，在"编辑后记"中还有提到若干事情。如第四期的"编辑后记"中记载，钱瘦铁准备和日下部道寿一起负责读者投稿的对南画作品的评论等。但是，第九期上刊登钱瘦铁所藏《顾若波山水册》之后，除了过后一段时间在"顾问及特邀人员"的名单中留名之外，他的篆刻作品和论考再也没有被刊载。同时，之前预告过的"石涛和尚的书法"及"南画评论"也不见踪迹。

究竟为何钱瘦铁的作品和论考不再刊登了呢？第九期于1937年11月出版。为冲破动乱的战争时代，1937年8月7日①，钱瘦铁因助力郭沫若秘密回国，根据日本的《治安维持法》，被认定有间谍的嫌疑，在日本被捕。

四、钱瘦铁被逮捕和在监狱中的书画篆刻活动

（1）被捕前夕

要探讨钱瘦铁服刑中的书画篆刻活动，必先提及郭沫若。当时郭沫若遭蒋介石政府通缉，流亡在日本千叶县市川市。从郭沫若的秘密回国到随之钱瘦铁被捕之始末，需在此简单记述。

卢沟桥事件发生不久后的1937年7月15日，金祖同探访了当时住在千叶县市川市的郭沫若，劝其回国。金祖同作为当时的知心人，向郭沫若介绍了钱瘦铁。因为钱瘦铁与驻日大使许世英关系密切，方便对回国的筹备。而且钱瘦铁重义气，是洪门的会员，在中国国内有着广阔的人脉，这一点也十分有助于顺利回国。当时郭

---

① 了庐、钱明直编著的《钱瘦铁年谱》中认为是1937年8月10日，上海人民美术出版社2007年版。

沫若受到日本刑警、宪兵、巡警的严密监视，感到生命受到威胁。是年7月25日晚上9时，郭沫若与金祖同二人冒名登上了由神户发往上海的加拿大籍客船日本皇后号的头等舱，回到了国内。这一年中发生事件的详细内容，被金祖同以"殷尘"的笔名发表在《郭沫若归国秘记》一书中。8月7日，钱瘦铁以违反《治安维持法》[①]的罪名被捕，在狱中度过了近四年的时间。

（2）狱中的生活

要了解钱瘦铁的狱中生活，最出名的资料莫过于寄给妻子张珊和兄长的信。目前所知约有三十通，其大部分信件收录于了庐、钱明直编著的《钱瘦铁年谱》中。

在写此稿收集资料的过程中，挖掘到了许多新资料。这里用到的两篇文章，即为时任东京区法院的监督法官上田操所著《回顾名人钱瘦铁》以及当时直接负责钱瘦铁的东京地方检察厅检察官望月武夫所著《钱瘦铁两三事》，是迄今为止关于钱瘦铁的研究中被遗漏的新资料。

望月和上田分别为检察院和法院的监督法官，两者立场相异，但二人都对中国文化有一定理解，曾与狱中的钱瘦铁几度会面。从两篇文章中可知晓迄今为止尚不为人知的钱瘦铁狱中的具体生活。

① 殴打工作人员事件的真相及起诉理由。

钱瘦铁被起诉的理由本来是违反《治安维持法》，但后又加之杀人未遂罪。关于其中的理由，上田、望月的文章中有所涉及。首先讨论上田的文章。

1938年秋，上田操担任东京区法院的监督法官，收到当时丰多摩监狱长S氏的邀请："我们这最近入狱一个中国人，常常给看守们写字作画，我觉得挺有趣的，你也来看看吧。"这里说的中国人便是钱瘦铁。由此可以确认，当时钱瘦铁在狱中能够自由地进行书画活动。

根据上田所述，钱瘦铁"与中国通的后藤朝太郎[②]同时被认为有间谍嫌疑而被

[①] 《治安维持法》是在1925年《大日本帝国宪法》下制定的法律。对以社会主义运动、劳动运动为首的思想、学问、言论、表达进行严酷的镇压。据说被捕者达数十万，七万人以上被送交检察院，监狱和拘留所中，囚死者四百余人。1945年废止。是一项最严酷的法律。

[②] 后藤朝太郎（1881—1945），号石农，爱媛县人。日本东京帝国大学讲师，中国通、书法家。享年65岁，据说被暗杀。著书、编著超过110册。

捕",后藤以违反《军机保护法》的罪名被判有期徒刑,"钱瘦铁本在中国驻日大使的斡旋下不久将被遣返回国,但他以为自己和后藤有着相同的命运,在警视厅接受调查时,好像想要逃走,用桌上的铜墨盒殴打工作人员的头部,因此以伤害罪,或是杀人未遂罪被起诉(后略)"。这次的工作人员殴打事件,望月武夫在《钱瘦铁两三事》中这样记载:"1937年7月,卢沟桥事件发生后没几日工夫,警视厅外事科向东京地方检察厅思想部打来电话。因被嫌疑违反《治安维持法》而被拘押在驹込警察局的钱厓,在二楼接受调查时,用桌子上的铜墨盒把某个审讯警官殴打至昏迷,自己也用前额撞墙以求自尽。"这里对用铜墨盒殴打调查的工作人员一事的记述与上面相同,但其理由却不是想要逃亡,而是企图自杀。之后地方检察厅直接派遣检察官长谷川明进行笔谈调查。其调查钱瘦铁对工作人员实施暴行的理由是"本人为篆刻名家而受到万人敬仰,但既然某警官命令我跪拜,我想与其受此屈辱不如同归于尽"(原文为日语),就这样写后交给长谷川明了。这次事件之后,望月作为检察官,请了口译直接进行了调查。当时有这样的描写:钱瘦铁"因局里供给的饭食脂肪不足,一边吃着花生一边以中国人特有的大陆风范接受了调查"。上田的"试图逃亡"一说是由传闻而来,但比较望月作为检察官主任直接与钱瘦铁进行的交流,他的叙述似乎更有可信性。

而且望月关于钱瘦铁被起诉的理由这样明确地阐述道:"虽说与郭沫若相关的内容是最主要的理由,但是除此之外,也存在让日本法西斯研究者、日本反帝同盟的指导者K潜入中国的事实,所以我起诉他违反《治安维持法》和杀人未遂罪。"K指向不明。望月接着叙述:"钱瘦铁事件不是外界所说的间谍事件,也不是为了逃跑而对警官施加暴力","钱瘦铁的犯罪是由于他的爱国和高尚品格,所以我相信,他的犯罪一点都不会损坏他的颇有格调的艺术的"。从钱瘦铁的爱国精神和高度的自尊心的角度来记述这个事件,这是负责钱瘦铁事件的亲历者所出的言论,这也许可以说是最接近真相的一个了。

② 在狱中的书画篆刻应酬。

钱瘦铁在狱中当时处于什么样的生活状态?在邮局印为1939年11月19日给妻子张珊的信中这样写道:"今将每日起居动作告吾爱:起身用冷拭法使皮肤坚实,朝餐后即开始工作,午餐后运动,温习太极拳。四时许晚餐,工作至每晚有间可读书。"并非之前的"数十年闲散生活",而是过着"今此规律生活习惯锻炼筋骨体肤,读书可得许新知识,诚良好之教训也"。这种非常规律的生活,颠覆了之前根据《治安维持法》对被捕者严刑峻罚的印象。

那么钱瘦铁在狱中进行了怎样的活动?下表提取了钱瘦铁书信中的有关内容。

表2 钱瘦铁在狱中的活动

邮局印	收件人	内容
1937	郑逸梅	安心休养,读书静坐,颇有益于身心。
1938.10.20	张 珊	余欲读之书如下:唐诗,民智书局出版,注有平仄声者;宋王安石文集,商务出版;学生字典,同上。先购此三种速速寄来。
1938.11.8	张 珊	读书休养良佳。
1938.11.28	张 珊	读书消夏,书、诗中别有天地。
1938.12.28	张 珊	今日习练草书,每日写字读书,今欲购《黄帝内经》。
1939.2.8	张 珊	吾每天看书习字。
1939.3.1	张 珊	近日读家庭卫生法。
1939.6.19	张 珊	案有秦汉以前书,商周金石文字之帖。
1939.7.29	张 珊	余近读《史记》以消暑。
1939.9.16	张 珊	吾在狱中身虽不自由,对于读书大有益。
1939.11.19	张 珊	每晚有间可读书。
1939.12.13	钱文选（二哥）	弟今恳请狱中当局改为绘画工作,已于前月十七起从事笔墨,重温旧业,静心修养,借此深究画学,阐明六法之奥,可谓狱中祸福也。
1940.3.9	张 珊	近日画墨笔山水深得古人奥妙,每成一幅展之铁窗下自赏,聊当卧游,苦中作乐。前月曾刻印六方,刀法亦有进步。入狱以来读书颇多,增益知识修养身心,亦复不恶。
1940.3.15	张 珊	吾近写画习字颇有兴味。
1940.5.16	张 珊	吾之书画有进步,自作自赏,聊可自慰。今日所习王右军《十七帖》已得其遗意,而能运用其笔入之画中,写山水追董北苑法。《龙宿郊民图》《洞天山堂图》《溪山行旅图》此三图之妙处皆已悟得(后略)。

(续表)

邮局印	收件人	内 容
1940.11.10	张 珊	书法笔法亦苍老多矣。
1941.2.8	张 珊	予近日作画颇有佳兴,今日写达摩石壁图神气活现,题云:在狱作画自刻闲章二"石癖""慎独"。
1941.3.11	张 珊	予在狱中习草书,作画颇不寂寞。(中略)昨写《雏鹏窥尾图》题句。
1941.5.2	张 珊	近今学王羲之《十七帖》自觉颇有是处。

注:笔者根据《钱瘦铁年谱》收录的书信内容整理。

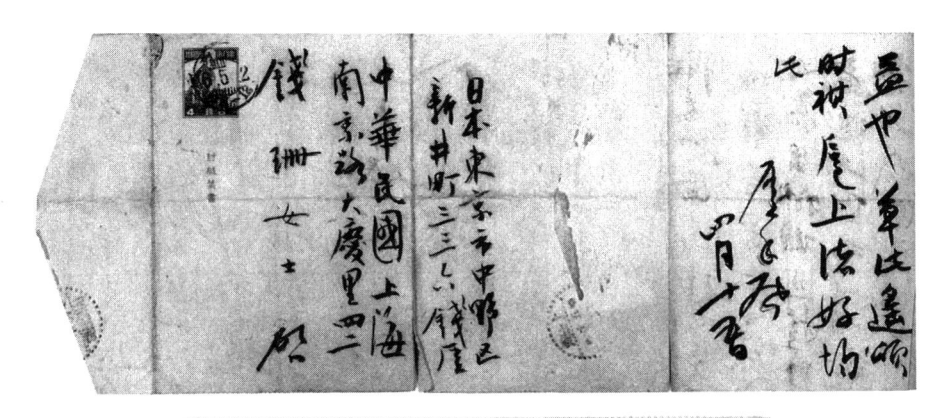

钱瘦铁在狱中致妻张珊的家信

从这张表中能看出即便身陷囹圄，钱瘦铁还是能相当自由地进行书画篆刻活动的。上田操的文章也可以证明这一点。上田在某月某日，受监狱长S的邀请，并在S的见证下，与钱瘦铁在监狱长室会面。于是，据上田记述，他和钱瘦铁"畅谈中国自古以来的绘画和篆刻"，每月还来慰问一两次。而且，在这期间，"当时法律界有某人委托钱瘦铁刻一方印章并被委托篆刻刀和章料，我有些犹豫，但那人说'真正的名人，绝对不会用自己使用的刀来伤害别人的'。我便爽快地答应了，并如实地将此事传达给监狱长S，委托钱瘦铁刻印"。另外，上田自己也委托过钱瘦铁刻印。"大概是那时候吧，我当时有个友人从中国作为礼物带回来田黄石和鸡血石，我带去给钱瘦铁看了。钱瘦铁对石头爱不释手，务必把它们让他刻，我也很开心地委托他篆刻。为我刻的是我的雅号'三竿'，此印在之后的战乱时期，被我时刻不离地带在身上，得以免于焚毁"。

那么，钱瘦铁是在何处进行作品的制作呢？1939年6月19日，给妻子张珊的书信中这样写道："吾居此独处一室颇清洁，庭中雪松五株杜鹃花数本，有时鸽雀飞集，大有诗意。"由此可知，监狱中划出了一间钱瘦铁的工作室。另外，《钱瘦铁年谱》中记载，"得以在狱中独处一室作为书画刻印，于是钱瘦铁自署'一席吾庐'及'煮墨盒'"。但是此说法有疑问，在《钱瘦铁年谱》中，"丁丑（1937）春仲"写成的作品已有"一席吾庐"的落款，可见"一席吾"斋号是在被捕之前就使用过。

钱瘦铁在狱中得到了可能被用作凶器的篆刻刀，进行着书画篆刻活动，在监狱里受到了十分特殊的待遇。即便是在战时，监狱有关人员秉持着对中国文化的理解与崇敬，加之许多日本友人的交流协助，钱瘦铁狱中的书画活动才得以实现。在这之中是怎样的人物与监狱的有关人员进行交涉，从中斡旋，这是今后还需探讨的课题。

③ 钱瘦铁被释放及其缘由。

1941年4月15日，钱瘦铁在狱中给妻子张珊写了信，如下。

"珊珊如面，前接来书，忻悉家中多好甚慰。出狱期近，精神益健。此间，友人如桥本、土屋、池田诸公，极重道义，深可感也。出狱后一时往池田君处，归国之期，当不远也（后略）"。

以《十七帖》书风所写的信中，透露出钱瘦铁临近释放的喜悦和身体的康健。还提及了服刑期间对其多有关照的友人姓名——桥本关雪、土屋计左右和池田醇一。

正因为有了他们的照拂，同年5月15日①，钱瘦铁刑满释放。需要注意到，书信中有"出狱后一时往池田君处"，即钱瘦铁出狱后一时寄住在池田醇一的家中，之后才踏上了回国之途。池田醇一（1893—1974）是钱瘦铁出狱时的身份担保人，狱中的钱瘦铁也在书信中多次提到他的名字。

从出狱到回国的情况在《钱瘦铁年谱》中这样记载："刑满释放时被两个宪警直接送至轮上，并宣称被驱逐出境，往后永远不能踏上日本国土。当时前去送行的日本友人许多，但不准接近交谈，旋即回上海"②。《年谱》中记载的是钱瘦铁并未在池田家逗留，而是直接被遣送到了上海。由此可见这与钱瘦铁预定的计划有所出入。那么，钱瘦铁出狱后真的直接被遣返回国了吗？

有关这个疑问，让我们再度回顾之前文章里提及的上田操《回顾名人钱瘦铁》中的有关内容。上田是东京地区法院的检察官，当时因丰多摩警察所长S的介绍，与被监禁的钱瘦铁见面，并委托狱中的钱瘦铁为其篆刻，一来二往便相识了。上田在文章中这样回顾道："不久之后我就被调任到最高法院，因事务繁忙便疏于见面了。尽管这段时期疏于拜访钱瘦铁，但大约两年之后的某一天，钱瘦铁来拜访我：'现在我是暂时出狱释放的身份了。完全是因为您的深情厚谊，我在狱中才能够特殊地得到笔墨纸砚，免除了我的孤寂之苦。正因如此，我才能够心怀感激地度过每一天。所以，请您收下此物，以略表我的感激之情'。说着，便

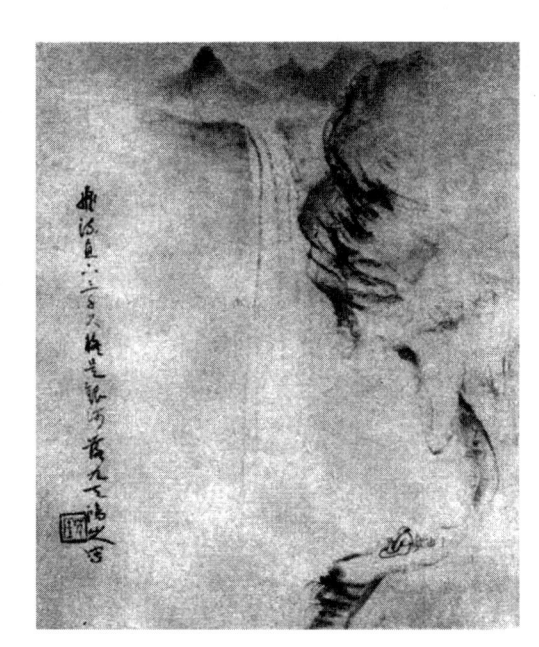

钱瘦铁赠予上田检察官的画

---

① 了庐、钱明直编著的《钱瘦铁年谱》中认为是6月，上海人民美术出版社2007年版。
② 了庐、钱明直编著：《钱瘦铁年谱》，上海人民美术出版社2007年版。

赠予我一张纸和几本书法作品（钱瘦铁在其书画中使用'鸿山人'这一雅号）。"①从这段记述中可以看出，钱瘦铁被暂时释放后，并没有被即刻遣送回上海，而是在一段时期内继续滞留日本。而且，钱瘦铁在狱中拥有画室，能够相对自由地进行书画篆刻活动，是因为上田等人与监狱相关的人员交涉的结果。从这件事情也可以看出，钱瘦铁重义气的人格。

钱瘦铁在服刑期间，为钱瘦铁的释放出过力的人有桥本关雪（画家）、会津八一（文学家）、川村骥山（书法家）、松丸东鱼（篆刻家）、池田醇一（文学家）、谷崎润一郎（作家）等人，他们采取了怎样的交涉方法，在这一点上除了大鹿卓所记载的"会津先生为钱瘦铁的释放一事劳心劳力，为了说动某个要员，还特意奔走，对他苦口婆心地摆道理"外，没有发现具体的资料。

五、钱瘦铁回国之后

1941年5月15日，钱瘦铁回国。时隔五年，直到1946年作为联合国访日代表团的文化秘书才重访日本。《年谱》中所记录1942年到1945年的大事，有女儿钱明康、钱明敏的出生；创作了《前赤壁赋》、《酒中八仙图》(1942)、《青山红树图》和《古寺春色图》(1945)；1945年在北京开了画展；同年，移居到上海黄浦路73号。

当时的上海沦陷区是由日军统治，在这段时期，有很多仰慕钱瘦铁书画篆刻艺术的日本人，其中既包括特意从日本拜访的，也包括居住在上海的日本人士。大鹿卓②便是其中一位。大鹿卓在战争结束前一年，也就是1944年春，访钱瘦铁于上海。钱瘦铁时年48岁。

大鹿卓的《关于钱瘦铁》③一文，可以补充当时钱瘦铁的状况。据大鹿卓，当时钱瘦铁"数年杳无音讯"。大鹿卓与同行者水谷清④在沈立氏⑤的带领下拜访了钱瘦铁。当时钱瘦铁住在环龙路，据大鹿卓描写："在昏暗的入口，油的气味扑鼻而

---

① 上田操：《回顾名人钱瘦铁》，载《法曹》，1964年第11期，第28页。
② 大鹿卓(1898—1959)，小说家、诗人。
③ 大鹿卓：《关于钱瘦铁》，载《桃源》，1948年，第26页。
④ 水谷清(1902—1977)，西洋画家。
⑤ 可能是当时钱瘦铁的至交沈立民。

钱瘦铁书法《前赤壁赋》

来,好像是道具类的杂物被胡乱地放置着,斜着身体穿过去,才到了射有光线的房间里",由此看出钱瘦铁的生活并不济。文中还描写了这个充满文人气息的处所:"一个宽敞的书桌放置在窗边,笔筒里立着几支笔,背后的书架上卷帙浩繁,画笺等纸类成束,随意地叠落在上面。一面墙壁上贴着钱瘦铁亲笔写的红纸对联"。

大鹿卓第一次访问钱瘦铁时因钱瘦铁外出而作罢。文章中写到当时见到了十五六岁的外甥。那位大概就是钱大礼先生。隔了一周,再度访问钱宅,这回见到了钱瘦铁。不巧的是,那天正好是搬家到辣斐德路(复兴中路)的三层新居的日子,大鹿卓便早早回去了。当时钱瘦铁给二人看了所藏的颜辉的《彗可断臂图》,又与刊载在《东洋美术史》上的雪舟的《达摩图》相比较,并提到他发现了雪舟是以颜辉的画为基础画的。另外,那日两人还拜托钱瘦铁为他们分别刻"青霞人"和"长乐"印。钱瘦铁原甚少在他人面前篆刻,但当时呈现在了水谷和大鹿面前。

水谷和大鹿分别就钱瘦铁的篆刻写下了感想。水谷写道:"好像指尖跃动着一种气魄,这是在日本篆刻家的身上看不到的气势。"大

"长乐"印

鹿也写道:"手握着刀散发出凌人的气势,接连着发力不断雕刻着刻出阴文。粗线条地刻上后又慎重地运起细刀雕琢。我感触至深,原来这样才能够在印章里面流通气脉啊"。这些描写作为了解钱瘦铁篆刻的线索之一,故记录在此。

至此列举大鹿卓的文章,说明了日本人对钱瘦铁的拜访。那么,在那个特殊时代里,钱瘦铁对于日本人或者日本有什么样的看法?宇文光在《钱瘦铁昏聩糊涂》[①]中引用了当时钱瘦铁的话。从此文的题目也能得知是批评钱瘦铁的文章,但文章中引用了钱瘦铁的话,如下:

"我钱瘦铁不是文化汉奸,虽然在抗战时期我替敌人画了些画,敌人也是出润格向我买的,艺术家卖画给敌人有什么关系呢?还有,我是和日本画家们非常'亲善'的,我以为艺术不分界线,战争又不是艺术家引起的!艺术和战争是没有关系的。我在上海沦陷期内举行多次展览会,很多敌军官来买我画,承他们赏识,这也没有办法。总之,艺术是最伟大的东西,老实说,我直到现在还和日本画家联络呢!"

这里说的"上海沦陷期",是指钱瘦铁1941年到1945年回国的这段时期。当时虽然是日军统治上海,但是在文化方面的活动,有着孟悦、戴锦华(2010)所指出的"日本文化侵略带来的偶然的话语缝隙"。从近年来对于沦陷地区的研究也可以了解,当时于政治无害的领域,如文化艺术、出版活动中存在着一定程度的自由,即所谓的"灰色地带"。钱瘦铁在这期间也多次在上海开展览,又因为在日本闻名,当时很多日本人,包括军人都去展会参观鉴赏,甚至出金买下作品也并不见怪。但是,特别令人疑惑的是,"举行多次展览"的内容究竟是什么,这些在《年谱》等记载中只字未提。有关这一点,柿木原在《钱瘦铁与谷崎润一郎的周边》中指出,钱瘦铁于1944年在上海的大陆画廊、1945年初夏在北京举办个展,并且柿木原推测钱瘦铁能够举办展览会的理由为"对于郭沫若贵国上帮助的结果"。但柿木原在文中没有叙述钱瘦铁在两地办展的消息来源于何处。

钱瘦铁说"艺术和战争是没有关系的",把战争和艺术完全分开看待,并述说自己和日本人之间的关系亲密友好,和日本画家来往频繁。但是,这也不难想象,这样的话在当时十分容易引起周围人的反感。

---

① 宇文光:《钱瘦铁昏聩糊涂》,载于《海星》,1946年。

这篇报道若不是故意贬损常年与日本人交往的钱瘦铁,而是仅仅传达事实的话,那么我们可以从钱瘦铁的话语中看出,即使在沦陷期那样特殊的状况当中,钱瘦铁也并没有因民族感情而愤怒,而能非常理智地看待这个问题,并且与通解艺术的日本人进行交流。而且,从言语的细微之处,我们也能够发现,钱瘦铁对于艺术强烈的信赖,以及从中反映出的其作为艺术家的无上的文化自信。

六、结论

本文考察了钱瘦铁从1936年策划《书苑》,后经过近四年的拘留,到1941年回国这段时期的情况及回国后的动向。这段时期在中日两国的资料中几乎为空白。通过迄今为止不为人知的各种未被关注的资料,稍可明了当时的情况。

特别是关于钱瘦铁被拘留期间的情况。钱瘦铁在监狱内能够进行书画篆刻活动,究其原因,之前只有桥本关雪等人的交涉被人所关注。但是本研究找到尚未被关注的法院的监督法官上田操以及当时直接负责钱瘦铁的东京地方检察厅检察官望月武夫的两篇回顾文章,并且从两篇文章中得知除了桥本等的努力之外,还有监狱方面对钱瘦铁的理解,尤其是对中国书画篆刻和艺术家的理解,才能让这些得以实现。而且,正因为钱瘦铁在日本被公认为真正的艺术家,所以在狱中才能被允许使用能够当作凶器的篆刻刀。当时,即使在敌对的两个国家间,对艺术与政治的态度也有着明显的界限。即使对方是囚犯,也能够通过艺术保持其尊严。

从钱瘦铁被释放后给帮助过自己的人赠送作品,可窥见其重义气的品性。而且,钱瘦铁回国后,即便知道会引起周围人明显的反感,也一贯坚持"艺术和战争是没有关系的"这一观点以及艺术至上的立场。从此也可以看到钱瘦铁对艺术的真诚。

参考文献

中文文献:
[1] 自在.在日被捕之钱瘦铁[J].宇宙风·逸经·西风,1937,(6): 130–131.
[2] 宇文光.钱瘦铁昏聩糊涂[J].海星,1946,(10): 5.
[3] 殷尘.郭沫若归国秘记[M].北京: 言行出版社,1945.

［4］了庐、钱明直.钱瘦铁年谱［M］.上海：上海人民美术出版社，2007.
［5］孟悦、戴锦华.浮出历史地表——现代妇女文学研究［M］.北京：中国人民大学出版社，2010.
［6］袁慧敏.袖珍印馆·近现代名家篆刻系列钱瘦铁印举［M］.上海：上海书画出版社，2015.

日文文献：
［1］藤原楚水.书菀［J］.日本：三省堂，1936.3—1945.2.
［2］上田操.名人錢瘦鉄への回顧［J］.法曹，1964，11：27-29.
［3］望月武夫.錢瘦鉄氏のことども［J］.法曹，1965，1：30-31.
［4］桥本关雪.钱瘦铁交流回顾展［M］.日本：白沙村庄，1994.
［5］柿木原くみ.錢瘦鉄と谷崎潤一郎の周辺［J］.书学书道史研究，2009，(19)：9-22.
［6］柿木原くみ.日本における錢瘦鉄［J］.书学书道史论丛，2011.
［7］西岛慎一.风姿花传［M］.日本：艺术新闻社，2015.
［8］堀井弘一郎.戦時上海グレーゾーン［M］.日本：勉诚出版，2017.

钱瘦铁与桥本关雪的友谊
桥本归一①

Friendship between Qian Shoutie and Hashimoto Kansetsu
Hashimoto Kiichi

  当今的日本,说起钱瘦铁,除了极小一部分持有关心的人,绝大多数的人都不知道这个名字吧。钱瘦铁号瘦铁,极少的时候也有写成苍铁。字为厓,所以最初叫钱厓,按兄弟排序字为叔,故也称作叔厓,还有只使用厓的时候也很多。

  秉承中国文人的传统,他书、画、篆刻皆出色,特别是篆刻方面,是与他的老师苦铁(吴昌硕)、冰铁(王大炘)被并称为"江南三铁"的英才。画的方面,曾有过上海美术专科学校的国画系主任、教授的经历。

  瘦铁被日本关注的地方是通过他的篆刻,在与众多日本文人交流中被认识的。特别是桥本关雪,很早就认可了瘦铁的才能,邀请他到日本,并招待他在自己家小

---

① 桥本归一为桥本关雪之孙,桥本关雪纪念馆馆长,日本美术史家。此文为1994年"桥本关雪、钱瘦铁交流回顾展"开幕式上的发言,刊于《桥本关雪、钱瘦铁交流回顾展画册》。

住,是给予他广阔活动机会的重要人物。

关雪自身也如吴昌硕一样,亲自把圈内的朋友推荐给瘦铁认识,瘦铁初来日本是大正11年(1922年),那是瘦铁26岁,关雪39岁的时候。这之后,瘦铁从关雪开始,又结识了西山翠嶂、金岛桂华、中村不折、小杉放庵、会津八一、谷崎润一郎等人。

谷崎的名画《潺湲亭》的印章即为瘦铁所刻,与谷崎及八一的关系,并非是通过关雪的关系结识的,从中可以看到瘦铁独立的一面。

但是,如这样的与日本文人的深度交流,使他在日中战争期间被视为中国间谍,又在"文化大革命"期间被视为日本间谍。达到炉火纯青的境地已是45岁以后,被时代的波浪冲击的他,在晚年才恢复了名誉,并在当今的中国得到再次的肯定。日本培育了年轻的瘦铁,尽管得到现代中国书画界的高度评价,但他是继吴昌硕、齐白石之后,开拓新画境并连接通往现代道路的瘦铁这一点,依然没有获得应有的评价。被搁置一边,不禁使本人抱有遗憾。现在,回顾关雪与瘦铁的关系,我以为也是近代东洋美术史的长流中十分重要的事情。

首先就篆刻而言,他的才能实在是多姿多彩的,甚至会让人产生迷惑:这些完全出自一人之手吗?不是擅长或不擅长的问题,而是看到怎样的印迹都是令人欣赏的雕刻,其功力可见一斑。而且确实如对金石学有详细研究的人,以侧款表现出拟、仿、模、用等文字来。

就绘画而言,可以看到在深入学习明、清南画的基础上,吸取了日本画、西洋画的特点。现代中国画家大多使用的"晕"色,也是很早就尝试了。其作品绝非单纯的写生,而是富有创作力的。书法也是自由豁达,可以看到嵌入了自己的笔法。

就其人品而言,战后昭和20年代(1940年代)再来日本时,关雪的长子节哉在计划"钱瘦铁书额颁布会"的意向书中写道:"与其说他完全没有变过,不如说他笑嘻嘻的和蔼可亲",以及"他的作品完全表现出他那珍贵的胸襟开阔的人品,忍不住令人喜欢"。他不是带有非凡气质的艺术家形象,而是以拥有真实人格和丰富才能的人物形象浮现在眼前的。

这次机会,不仅仅局限于作品介绍。一个人也好,很多人也罢,这个被埋没的艺术家的存在,以与关雪交流的足迹为线索展示出来的话,我们已经感到很满足了,再者若能得到各位的同感那就更为难得了。

有关钱瘦铁在日本的一些零星回忆[1]
杉村邦彦

Bits and Pieces of Qian Shoutie in Japan
Sugimura Kunihiko

　　这次,以财团法人关雪纪念馆主办、京都报社后援举办的"桥本关雪、钱瘦铁交流回顾展"在关雪和瘦铁关系深厚的白沙村庄(桥本关雪纪念馆)召开,是寄予了约十年来近代日中书法文化交流史方面的关心。作为稍有一些研究的人,真诚地感谢,并深深地感慨。

　　桥本关雪(1883—1945),众所周知是我国近代画家代表人物之一,即便到今天,他的作品展也是屡屡举办。再者,桥本关雪的孙子桥本关雪纪念馆馆长桥本归一先生,也是第一次汇编了诸多专门研究者的言论,刊行了相当多的相关论著。但是,钱瘦铁(1897—1967)方面怎样呢? 即使在我们国家,对中华民国后的篆刻、

---

[1] 此文为1994年"桥本关雪、钱瘦铁交流回顾展"开幕式上的发言,刊于《桥本关雪、钱瘦铁交流回顾展画册》。

书画怀有深度关注的人来说，当然知道他是知名人物；然而作为一般的知识分子，未必感受到他深刻的存在。基于这样的状况，本次展览，名称是二人的"交流回顾展"，然而重点则是放在瘦铁方面，以瘦铁的绘画、书法、篆刻、书简等为中心，这些之外增加了与关雪的合作，从而构成了这次展览的内容。

展出的瘦铁书画，是住在纽约的收藏家赵宝荣先生以及瘦铁的儿子钱明直先生的藏品，在我国完全是首次公开展出的作品。另外关雪遗爱的瘦铁刻印，以及关雪与瘦铁合作的作品，是桥本关雪纪念馆的藏品。

在此，对首次举办了这两人展览的桥本关雪纪念馆理事长桥本归一先生、为实现本次展览而竭尽全力对钱瘦铁进行努力调查的书论研究会会员卫藤红雨女士、现代中国艺术中心社长当铭藤子女士以及其他各位相关者，谨表达我衷心的敬意和诚挚的感谢！

不好意思，这里有个私人请求，请允许我在这里说一点与钱瘦铁相关的细微想法。当然我和钱瘦铁先生直接会晤的经历一次也没有，即便是我曾经有幸见过钱先生，那也是很年幼的时候，因此基本上也是没有什么意义的事。但是人与人的相遇，比如说即便今世没有相遇的机会，在这人身后，通过其作品、遗作、文献资料等，还是可以得到各种各样的相遇。

我最初知道钱瘦铁的名字，是在京都大学学部当学生的时候，那是在战前三省堂出版的《书苑》杂志上看到的。昭和12年（1937年）3月1日发行的第一卷第一号上，作为"顾问及客座研究员"，聚集了国分青崖、市村瓒次郎、河井荃庐、武内义雄、青木正儿、石田干之助、神田喜一郎、西川宁等，代表当时日本著名的东洋史家、汉诗人、书学者、书画家，其中仅能看到一个名叫钱瘦铁的中国人，感到非常不可思议。恐怕作为这个杂志客座研究员的钱瘦铁，其工作主要就是向日本介绍中国书法的新资料。还有他在第一卷第一号上写了"中华民国的习字法"一文，并从第一卷第三号到第七号，连载了他写的以甲骨文、散氏盘等为基础的篆刻印章知识。

我最初看到钱瘦铁的书法真迹是在白沙村庄。昭和47年（1972年）4月，关雪收藏的中国拓本在村庄内的画廊中展出时，我依靠桥本先生，在他用以解说的册子里读到钱先生写的《有关北朝的书法》一文。那年的8月16日的傍晚，我受到桥本先生的款待，出席了在白沙村庄召开的大文字烧观赏会。在悬挂着查士标大字篇幅"存古楼"的大画室里，已经准备好了宴席，首先是作为主人的桥本夫妇，其次是各界知名人士、与村庄关系密切的朋友数十人,一边享用美食一边等待着"大"字被点火的时刻。

那时,坐在我旁边的是长尾雨山的令郎长尾正和先生。正和先生是我大学的学长,并且擅长家传的汉诗写作及书法,我时常去他在泉屋博古馆南边的府邸,请教有关雨山先生的相关事情,听到很多有趣的事。这时候也是把大文字烧的事情扔在一边,光顾聊雨山先生和雨山先生交的朋友了,话题自然地聊到钱瘦铁及其相关的事情上。桥本先生正好走到近边来,听到谈论瘦铁的话题,立刻吩咐旁边的人去抱出一卷作品来展示给我们看,打开后一看,是瘦铁先生的篆书的匾额。根据桥本先生的说明,这些是昭和20年(1945年)关雪过世之后,关雪的令郎也就是归一先生的令尊节哉先生继承关雪的遗志,为支持钱瘦铁来日,于昭和22年(1947年)8月在京都召开其作品发布会时的作品。书体完全是篆书,字数大致也就两三个字,平稳的书风,稍稍有些单调,大概是因为发布会短时间写下的缘由吧。存古楼的东侧,面对池塘,廊子边上悬挂的楹联,是钱瘦铁书写的字,那时候我刚刚知道。

顺便说一下,看到整理好的关雪遗爱的瘦铁刻印约六十枚,那是直到平成2年(1990年),瘦铁的侄子钱大礼先生访问白沙村庄,我也被叫去同席间的事情。那个时候,还看到了昭和4年(1939年)刊行出版的《瘦铁印存》。吴昌硕的题字、秋帅道人写的汉文跋,还添加了长尾雨山的题诗。按长尾正和的话说,瘦铁也为雨山刻了同样印章数。

雨山从明治35年(1902年)到大正3年(1914年),12年滞留在上海,在商务印书馆编译所工作。那期间与吴昌硕、罗振玉等著名文人、学者结下了深厚的友谊,也被吸收为西泠印社的社员。另一方面,瘦铁在宣统3年(1911年)14岁时,离开了出生地无锡,到苏州的碑帖铺汉贞阁当学徒佣工。在这里得到了吴昌硕的赏识,不久便移居上海。雨山什么时候认识的瘦铁以及相识的经过都不甚明了,恐怕是雨山归国后才发生的事情,是通过吴昌硕,或者关雪、河井荃庐介绍的也不得而知。

其次,写一点缅怀瘦铁与秋帅道人、会津八一交往的往事。昭和50年(1975年)11月,我编辑的《书论》杂志,刊载会津八一的特辑,其间也刊载了我写的题为《关于秋帅道人的人与书法》文章。通读《会津八一全集》共10卷,时时可以看到有关钱瘦铁的记事。还有吉池进著《会津八一传》中,也涉及道人与瘦铁的交往。当时我为了进行这本特集的取材,由摄影家陪伴,在京都、大阪、东京、新泻、神户等地方东奔西走。大阪的大桥泰山先生的宅邸中，瘦铁的遗墨、遗印之外，还可以看到在西泠印社的汉三老石室前面，新婚的瘦铁与夫人韩秀，站在吴昌硕及令郎吴藏堪左右两边的照片。泰山先生的叔父北川蝠亭与秋帅道人亲近，因这样的缘分泰山先生也得到了钱瘦铁的赏识。

再次，访问京都清水坂的绫村坦园先生的宅邸时，秋帅道人给我看了瘦铁汉文书简的照片。因为道人的汉文书简非常珍贵，询问原本的收藏者，才知道是伏见的造酒屋增田德兵卫先生的收藏。内容是因为道人在昭和20年东京处于战乱时，把满屋的图书器玩和先前从瘦铁那里得到的诸印全部给了朋友，所以希望再得到两三枚新印，书简落款的日期是12月31日，从内容看，可以推算是昭和20年（1945年）的东西。

应该是给瘦铁的道人的书简，为什么会在增田氏的手里，我不知道这是什么原因。或许战争刚结束时，邮政情形不佳，返回给瘦铁一时不便，而增田氏恰是受托送还书简的人？也或许给瘦铁的书简别处另有，这个只是副本？各种推测都无法确定。顺便说一下，当我把会津八一的"书论"集上呈给我的恩师，从事中国文学研究的吉川幸次郎先生时，立刻就收到了他的感谢函，信函中记述了先生看了这一书简后的感慨："道人的汉文真是相当厉害"。

接下来再写一件事的话，那就是昭和55年（1970年）的8月31日，我在现在大阪市立美术馆副馆长野上史郎的陪同下，拜访大阪有名的砚台研究者井上研山先生府邸的事情了。因看到很多的砚台，又取下砚铭拓本很高兴，之后我来到走廊，什么也没想就看到走廊尽头的地上，装饰房屋的白瓷青花花瓶映入眼帘，上面描画着山水，有着瘦铁的署名。恐怕是用日本窑烧出来的吧。井上先生听闻后告知，这是从瘦铁那里得到的赠品。

我与瘦铁的侄子钱大礼先生在白沙庄会晤一事已经写过了。去年10月，为了纪念西泠印社建社90周年，出席杭州召开的学术讨论会上再次与其会晤，得以重叙旧谊。

日本和中国之间有着悠久的文化交流历史，且不说远古时代的事情，仅就明治以后的日中关系史来看，国家与国家，或者说政府与政府之间被展开的外交问题，更直接地说日军向中国的侵略、战争等，火药味或者说血腥味的研究，是中国和日本双方都非常注重的研究，如此丑陋、悲惨的史实，引起教训当然是非常必要的。

但是，与涉及国家利益、抗争的政治、世俗立场的日中关系史不同，以学者、艺术家们个人程度、民间程度的温和的灵魂间的交流，真正意味的文化交流的往来是绝不应该忘记的。而且正是这种交往的资料，与其说在中国不如说在日本民间，有许多的留存。我以为今后应该挖掘并整理与这方面相关的资料，并通过这些资料频繁交流构筑热血的日中文化交流史。

还有，就是仅仅说个人程度、民间程度的文化交流，也因国家的政策、外交上的摩擦，甚至更为极端的时候发生战争，杰出的文化人受到不当的误解、迫害的事例也并不少见。瘦铁正好就是这样一个最不幸的被害者。关雪和瘦铁、秋帅道人和瘦铁的交往完全没有利害关系和私下打算，艺术家同志间的信赖与友爱支撑着他们。但是当时日本和中国的关系已经陷入很险恶的局势，瘦铁也在昭和12年（1937年）被检举触犯了《治安维持法》，一直到昭和16年（1941年）5月，过了近四年艰辛的牢狱生活。

瘦铁从日本监狱给上海的妻子、兄弟写了三十余封书信，一直在上海的钱明直先生手里保存着，最近根据卫藤红雨女士的调查知道了此情况，承蒙钱先生的厚意，这些书信在这次二人的展览上初次被公开。前几日，我有幸拿到了这些书信的原物，有了亲眼目睹阅读的宝贵机会。在抓紧阅读这些书信过程中可以看到，虽然瘦铁从日本官宪处受到屈辱是笔墨言辞难以尽述的，但他作为艺术家，仍然坚持一个中国人希望和平的节操，勤奋地日夜读书、习字，生机勃勃地过着每一天，不由得感到眼睛一热。更为感人的是，这期间桥本关雪、池田古日、土屋计左右这些有心的日本文化人，为了申诉瘦铁无罪、要求释放瘦铁而尽力活动，至少给予我们很大的安慰。

这次的"桥本关雪、钱瘦铁交流回顾展"可以看到，在日本和中国的关系逐渐走向恶化的时代，两个罕见的艺术家之间不变的交流、友情及相互信赖的足迹，实在是个难得的机会，应该说这一历史的意义是极其重大的。

友谊的见证[1]

钱明直

Witness of Friendship

Qian Mingzhi

  72年前先父钱瘦铁应日本著名画家桥本关雪先生的邀请来到贵国从事艺术创作。由桥本先生的介绍，他的书画篆刻备受贵方人士的赞赏和推崇。他和桥本前辈的友谊大大地激励了先父的勇猛精进，在艺术上有了很大的提高。先父还与长尾雨山、会津八一、谷崎润一郎、川村骏山、河井仙郎等大师交往密切，他的创作活动加深了中日两国的文化交流和人民的友好情谊。在先父因助郭沫若先生秘密归国入狱后，也幸由桥本关雪先生、土屋先生和池田醇一先生等前辈的奔走，才获提前释放归国，对此先父是常怀感激之情。今天承蒙桥本归一先生慨允，由当铭藤子女士承办的"桥本关雪、钱瘦铁交流回顾展"在白沙村庄举行，我想是实现了我

---

[1] 此文为1994年"桥本关雪、钱瘦铁交流回顾展"开幕式上的发言，刊于《桥本关雪、钱瘦铁交流回顾展画册》。

父亲最大的遗愿。在此我谨代表钱家全体向桥本归一先生和当铭藤子女士及其他同道好友表示由衷的感激！让我们共同来缅怀二位先人的亲密友情和光辉一生。

先父清贫农家出身，14岁入苏州碑帖店为学徒，曾师从郑文焯先生（大鹤山人）、俞语霜先生学画，篆刻受教于吴昌硕先生。在他们悉心指导下艺事大进。他20岁自苏至沪鬻艺。他的篆刻当时极为人们称誉，有人把他和吴昌硕（苦铁）、王大炘（冰铁）并称为"江南三铁"。他参加了吴昌硕先生主持的海上题襟馆金石书画会。26岁返沪，被聘为上海美术专科学校国画系主任，又先后与孙雪泥、郑午昌先生等组织"蜜蜂画社""中国画会"等美术团体并主编了《美术生活画报》以推动书画篆刻艺术的发展。旅日期间，他与桥本关雪先生等著名书画家共同组织"解衣社"书画会。作为顾问在《书苑》杂志的选题和编辑等方面也出力甚多。1942年，他自日本归国后以书画篆刻自给。1956年上海中国画院筹建后，任画师与海上名家论道谈艺、饱览名山大川。他胸襟既高、眼光精审，自然落笔不凡、佳作迭出。

先父为人耿直，指陈得先丝毫无隐，以故或为人所忌，"文革"期间备受折磨，终于1967年12月含恨逝去。先父毕生酷爱艺术，从事创作不计得失、超然于功利之外，以其极深厚的传统功力，于古法中熔铸出一种质朴自然的风格。他将自己的一切情感抒发于艺术之中，坎坷、窘穷、潦倒、失意皆不足以移其志，从而在他的作品中显现出一种伟大的人格力量和民族精神。

今天我们以他的作品告慰他在天之灵。我深信它能促进中日两国的文化交流和人民友谊，愿它们世世代代继续下去。

曾熙与钱瘦铁的艺术交游

王高升[1]

Friendship between Zeng Xi and Qian Shoutie
Wang Gaosheng

  曾熙（1861—1930），生于湖南衡阳，名熙，字子缉，号嗣元（也作士元、俟园）、农髯、农冉，清末民初著名书法家、画家，碑帖融合书风代表人物之一。曾熙在当时的上海书坛门人众多，影响颇大，与吴昌硕、沈曾植等海派名宿相抗手，同时与李瑞清交好，人称"南曾北李"。笔者认为，曾熙之所以风靡上海书坛，除了其艺术禀赋，还有两个外在因素：一是好友李瑞清的鼎力支持，曾熙到上海鬻书为生在很大程度上取决于李瑞清的力劝，二人共同设账授徒，具有一定的"合力"效应；二是曾熙喜好鉴藏，周围聚集了大批书画挚友和门人晚辈，张大千、张善孖、马宗霍、朱大可等俊彦均列其门墙，形成了庞大的"朋友圈"，对其声名远播具有推波助澜的作用。在曾

---

[1] 王高升，中国国家博物馆馆员、中国人民大学美学博士。

熙的"朋友圈"里,钱瘦铁是来往较为频繁、关系也较为特殊的一位。

一、曾熙与钱瘦铁的关系

1915年曾熙开始移居上海,也是在这一年结识了钱瘦铁的老师郑文焯,二人因境遇相似而互生怜惜。对此曾熙在题赵养矫藏《郑叔问先生尺牍》中有记载:

> 大鹤山人名满海内,向侍湘绮几杖,湘绮曰:"当世词家惟郑文焯耳。"乙卯予来沪上鬻书,适山人亦以卖文鬻书画居沪。每过从,置酒论文,未尝不歔欷太息,曰:"天乎!乃厄吾辈至此。"既而曰:"非天也,乃吾求此,将至死不恤也。所谓厄之,固有道也。"山人闻予言,亦据几嘿然。

次年,钱瘦铁也到上海鬻艺为生。至于曾熙与钱瘦铁相识的具体时间,目前尚缺乏有力的文献资料。《钱瘦铁年谱》记载,1916年钱瘦铁到上海后就加入了吴昌硕主持的海上题襟馆金石书画会,该会活动非常频繁,黄宾虹、王一亭、曾熙等都是其中会员,二人很有可能此时就已认识。但由于当时曾熙方值壮年,而钱瘦铁才20岁,属于初出茅庐的晚辈,二人联系不多也属正常。从《曾熙年谱长编》中的记载来看,他们的交往基本都在1925年以后,且逐渐频繁,这时曾熙的绘画也已经在上海声名大噪,经常和钱瘦铁的山水一起出展。钱瘦铁比曾熙小二十多岁,论年龄属于弟子辈,但并未见其公开列农髯先生门墙的记载,如果有的话,以二人当时在上海的名气,是肯定要见报的。1924年10月7日,西泠印社拟发行《瘦铁印存》,曾熙为之撰序曰:"钱君瘦铁,大鹤山人弟子也。凡画佛、刻印,多出瘦铁手"。从序言的语气可见,至少这时曾熙还并未将钱瘦铁视为门下弟子,否则不会仅言"大鹤山人弟子也"。之后的几年直到曾熙辞世,二人交往日渐频繁紧密,逐渐发展为师生关系。1927年5月24日,钱瘦铁与韩秀结婚典礼在上海静安寺路(今南京西路)海军总会举办,据《时报》报道当时来宾多为上海文艺、美术界名人,由曾农髯担任证婚人,可见钱瘦铁已将曾农髯视为德高望重的师辈。曾熙辞世后,曾、李门人自发组织以弘扬先师艺术的"曾李同门会",钱瘦铁亦在内。1931年3月24日,曾熙去世后的第一个春天,"曾李同门会"在汉口路陶乐春菜馆举行春祭活动,《金刚钻报》报道,朱大可、蒋国榜、江万平、钱瘦铁等二十多位门人参加。

另据钱瘦铁次子钱明直先生口述,以前经常听父亲提起曾先生,并表示曾随曾先生学书,进一步证实了二人的师徒关系。曾熙之所以没有公开纳钱瘦铁为弟子,笔者揣测可能有两个原因:一是与张大千等早期执弟子礼的一批门人不同,曾熙与钱瘦铁密切交往时,钱氏的绘画已经在上海颇有名气,且又列郑文焯、吴昌硕等人门墙,纳为弟子恐有失礼之嫌;二是曾熙虽然教授钱瘦铁书法,但也经常请其治印,情在师友之间,似乎也大可不必拘于拜师之礼。

二、曾熙与钱瘦铁的艺术往来

20世纪20年代,钱瘦铁以书画印开始在上海艺坛声名鹊起,尤其是山水人物与篆刻颇受好评。这一时期,曾熙也开始由主攻书法转向书画双栖,每逢展览、募捐等重大书画圈内活动,常可见曾农髯之名。他还与好友一道筹办学校国画专业,如1925年夏曾熙与吴昌硕、王一亭等商议开办城东女学国画专修科,7月9日《时报》以《城东女学最近设施》为题进行宣传,7月10日《申报》专门刊登广告介绍上海城东女学国画专修科,其中赞助人有吴昌硕、曾农髯、杨东山、符铁年、唐吉生、王一亭、钱瘦铁等多人。

1923年曾熙开始在上海刊登鬻画润例,正式进军画坛。这一时期,上海的书画活动非常兴盛,展览鳞次栉比,既有赈灾募捐性质或展销性质的中小型展览,也有官方主办的大型展览,如1929年"教育部全国第一次美术展览会",曾熙专门应邀题写展标匾额并以《山水》《古松》两件画作参展,此外还有"中日现代绘画展览"这样的国际联展。在20世纪20年代后期的上海画坛,时常可见曾农髯的大名。他与钱瘦铁的艺术交游也常与画事相关,一方面是一道参加画展与社团活动,另一方面主要是书画鉴藏交易上的往来。曾熙与钱瘦铁共同加入的上海社团,影响较大的有"海上书画联合会""解衣社"等。其中"解衣社"是一个由10位中日画家结成的社团,除了曾熙、钱瘦铁外,还有王一亭、刘海粟、唐吉生和日本画家小杉未醒、桥本关雪、小川芋钱、森田恒友、石井林响。1926年5月在东京、大阪举办了第一次画展,征集了三十多件古画参展,中方的征集人为钱瘦铁和唐吉生。除了共同参加活动外,钱瘦铁还和曾熙有一些书画鉴藏上的来往。曾熙在绘画方面颇好"四僧",尤其偏爱石涛和石溪,这对张大千等门人产生了深远影响,以至于张大千广泛搜罗石涛、八大画作，模仿石涛更是达到接近乱真的地步。钱瘦铁同样深受曾熙影响，他的早期绘画很多是以石涛和石溪为风格取向的。另据熟悉上海艺坛旧事的学者透露，当时钱瘦铁和唐吉生寓居一处，因此，曾、钱之间的书画鉴藏与往来交易，也往往和唐吉生相关。这也从曾熙给唐吉生的信札中得到佐证。

> 尔翁云：石田卷子已还阁下。日来苦无新画可读，乞惠假三日何如？（能否就瘦铁之便，更感！更感！）吉翁。髯顿首。上巳后一日。
>
> 前日因目疾，承枉顾，失迓为歉。钱君瘦铁亦未晤谈。明日十二钟……熙顿首。
>
> 腊四。养病，百事皆可不问。乃尚忆及小款，为之不安。前日得复书，知足已渐瘥。昨晤瘦铁，云：数日前见弟较前又稍得力，近当更得力矣。此询吉翁瘥吉。熙顿首。
>
> 四月七日。

从曾熙致唐吉生的三帧信札且结合有关史料可以推测，当时唐吉生和钱瘦铁关系密切，唐氏收藏的古画也会请钱瘦铁过眼。第一封信就透露了这样的信息，曾熙从唐吉生处借石田卷子赏读，还后又欲借来，恰在钱瘦铁手中，于是才有"能否就瘦铁之便"的请求。民初上海大量书画碑帖流入市场，鉴藏之风盛行。一方面，朋友间收藏的相互借阅非常普遍，通过这种鉴真与辨伪的亲身实践，眼力自然大幅提升，因此民国时期的很多书画家又是鉴藏家，今人无法比拟；另一方面，在藏品交易前按惯例一般会借来品赏数日，朋友间的收藏流转在时间上就更为宽裕了。我们在曾熙的信札中能看到大批与购入或出让书画藏品有关的内容，如下面这件致唐吉生的信札。

> 今日少不适，不得诣送行旌，歉歉，惟蕲我弟顺风快意为颂。再检送上拙画一轴，恰足四古四我也。前单既不符，检上乞补收条。即颂行安。瘦弟。髯顿首。十八。吉翁均此。

曾熙与钱瘦铁在书法篆刻方面也有非常密切的交往。曾氏书法在20世纪20年代名倾海上，而钱瘦铁相对而言更擅长绘画和篆刻，二人在艺术上有一定的互补

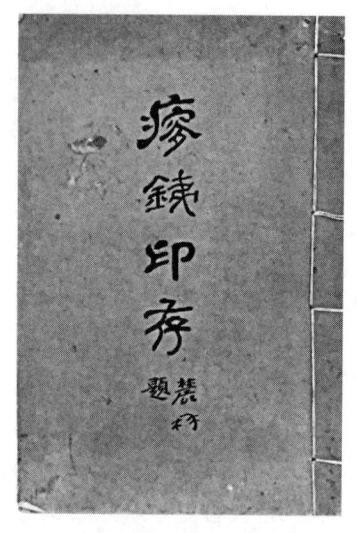

曾熙题"瘦铁印存"

性，因此互有请索。

其一，作为钱瘦铁的书法老师，曾熙的崇古溯源、书画参通的书学理念对钱氏产生了一定影响。曾熙晚年作画将篆隶笔法糅入，他曾言"但知以书家笔墨写之，其双勾取宋元法，而以篆分行之，则髯法也"，而钱瘦铁有一方常用印章，内容为"以古籀草隶作画"，与曾熙"作篆如作画"的理念非常契合，可见受其影响之深。除了学习书法外，钱瘦铁还时常请老师鉴赏自己所藏书画碑帖，并索请题跋，如曾熙曾题钱瘦铁藏《曹景完碑》曰："《曹景完碑》，精气内敛而神采外溢，后来学之者，但一味粗犷耳。此拓最旧而径口尤丝毫未损，愿瘦铁弟重宝之"。

其二，曾熙对钱瘦铁的篆刻推崇备至，多次题跋褒赞，并请其治印多枚。1924年《钱瘦铁印谱》出版，曾熙专门题签"瘦铁印存"，并题跋：

> 钱君瘦铁，大鹤山人弟子也。凡画佛刻印，多出瘦铁手。吴缶叟见瘦铁所刻，称为两汉遗矩。瘦铁不尝接几席。近日刻者高言两汉三代，然如瘦铁之骨韵道隽，盖鲜矣。因书其耑。

在钱瘦铁为曾熙创作的多方印章中，曾熙使用频率最高的是"农髯"和"曾熙私印"两枚小印。

"农髯"与"曾熙私印"

钱瘦铁最后为曾熙治印是1930年5月15日，他去老师寓所探望，现场奏刀创作了三方印，分别为"髯翁年七十以后所作""曾熙之印""髯翁画记"。曾熙非常满意，随即题跋记之："庚午四月十七日，瘦铁刻于心太平庵，腕法刀法直到汉人"。遗憾的是，三个多月后曾熙就去世了，我们至今尚未发现这几枚印章的使用情况，这三枚宝爱的印章可能还未来得及启用。

三、结　语

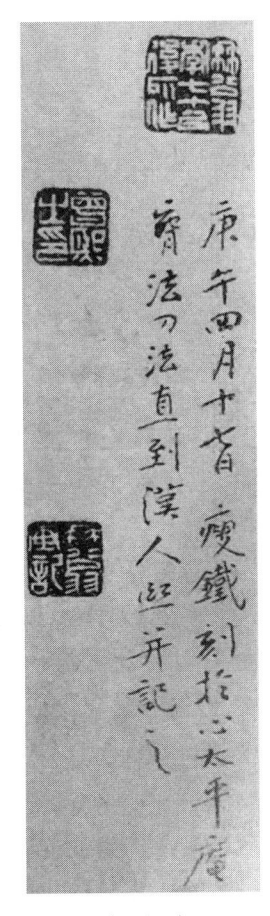

笔者认为,曾熙之所以能在强手如云的海上书坛迅速扬名、门墙壮大,一个重要的原因是他有着开放包容的书法教育观念,不仅和友人李瑞清共同授徒,使学生通过转益多师汲取多元的学书经验,同时不遗余力提携后学。除了张大千、张善孖、马宗霍等正式拜门的学生外,曾熙身边还聚集了不少虽未拜门却有师生之实的书坛新秀,钱瘦铁、王个簃、方介堪等名家均属此列。另外,曾熙"崇古溯源""求篆必于金,求分必于石"等学书理念,影响深远,至今在海内外仍不乏亲身实践的薪火传承者,这个现象值得深入研究。

曾熙题跋

钱氏艺术交往的二三事[①]

钱 晟

Anecdotes of Qian's Artistic Interaction
Qian Sheng

  竹刻的笔筒、臂搁经常被用作文人间友谊交往的纪念或见证。钱瘦铁画并刻梅花砚台盖，题款为"丙戌（1946）年秋日将至扶桑螺川诗屋主人（周炼霞）设宴送行即以留别。瘦铁"。祖父笔下的梅树老干奇崛遒曲，瘦枝劲挺，枝梢幽然多姿，疏影横斜。他用隶书圈梅，正反俯侧，各具形态，新蕾点点，清雅绝俗，灵秀俏逸。作品用深浅相兼的阴刻技法而成。运刀顿挫疾缓，富有节奏，枝干的刚健与花瓣的柔媚相得益彰。

  此梅花砚台盖是为纪念1946年秋，钱瘦铁作为联合国占领军中国驻日代表团文化秘书去日本前，"螺川诗屋"主人周炼霞特地设宴践行的回礼。之前，因在日本

[①] 原载于程十发艺术馆2017年举办展览的配套画册《钱瘦铁、钱明直作品集》。

吃官司,日本政府严禁钱瘦铁再次踏上日本土地。此次,代表国家赴日实为扬眉吐气。

周炼霞,号螺川,书斋名"螺川诗屋",在诗词书画上都有着极深的造诣,被时人称作金闺国士和诗书画三绝的女郑虔。了庐评周炼霞为"貌胜群芳,才压须眉,画如其人,乃国朝画史第一人"。她曾填过《西江月·寒夜》一阕云:"几度声低语软,道是寒轻夜犹浅;早些归去早些眠,梦里和君相见。丁宁后约毋忘,星华滟滟生光;但使两心相照,无灯无月何妨。"婉约流转,真切感人。有人称赞这首词"堪称经典"。尤其是最后两句,广为传诵。不意"文化大革命"中红卫兵揪

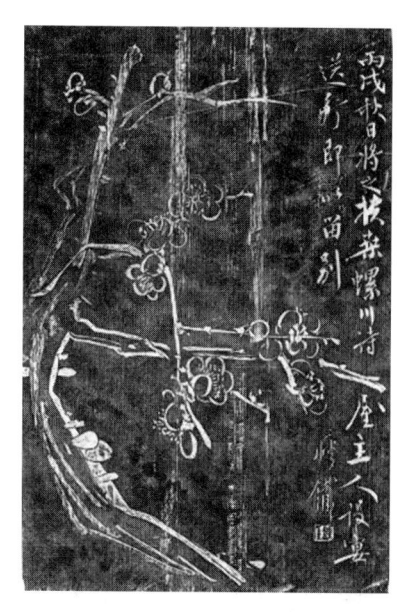

钱瘦铁为周炼霞所刻砚台盖

从右到左:钱瘦铁、叶大密、摄影者、顾青瑶、李秋君、张大千、李祖韩、周炼霞、叶世琴、陈肃亮。
摄于1946年李秋君家。

住这两句不放,说她"喜欢黑暗,不要光明",竟将她的一只眼睛打瞎了。但她毫不畏惧,不以为憾,请著名书画家来楚生为她篆刻一印,印文为"一目了然";请著名书画家高络园篆刻一印,印文为"眇眇予怀";又引爱国诗人屈原《九歌·湘夫人》"目眇眇兮愁余"之句篆刻一印。如此气度高旷,洒脱自如,令人叹服。或许就是这种气度,使她在"文革"中大难不死。

我父亲钱明直师从徐孝穆先生学习刻竹,曾和周炼霞女士合作过一个竹子臂搁。周炼霞描绘的是美丽的扶桑花,又名龙爪花,有大红、浅红、黄三色,大者开泛如芍药,朝开暮落,落已复开,自三月至十月不绝。她的画风和诗风气息相通,在

周炼霞画扶桑花臂搁,钱明直刻

"文革"中饱受磨难仍不以为然,如这扶桑常开不败。我父亲用薄地阳文、深刻、浅刻三种刻法来刻此臂搁。先以薄地阳文刻叶,铲竹面而使微高最先着刀,枝叶有上有下,远近俯仰层次分明;后以深刻法作花的轮廓和花瓣处理;最后浅刻提诗。扶桑花枝干生硬有力,叶脉清晰可见,花朵圆润娇艳,着实生动美丽。

唐云先生是祖父在画院里最好的朋友,他和父亲也是一对忘年交。唐先生生性豁达,重友情,爱喝酒,同样爱喝的父亲常常提起与药翁在一起咪咪小老酒,过过豆干花生米的日子。那时虽然物资匮乏,但是这对忘年交把酒清谈,还是很开心的。友情和酒一样,都是唐先生生命中不可或缺的,催发着他的诗性,滋润着他的画意,在笔墨之间焕发出灿烂的光彩。

唐先生和父亲的竹刻先生徐孝穆先生也很要好,合作过很多作品。他也为父亲画过笔筒、多件臂搁,是艺术上的良师益友。此幅臂搁出自毛泽东的诗词《满江红·和郭沫若同志》"四海翻腾云水怒,五洲震荡风雷激",是当年毛泽东领导中国人民开展反对美帝国主义封锁侵略的诗句。熟悉唐云先生的人都知道,要讨他的

书法作品可比讨画难得多,因为他对自己的字要求极高。唐先生早中期以灵秀、飘逸为主,晚年后臻浑厚、古拙,能于生动中透出一股诗情。此幅作品貌若颓然自放,实则字字精敛神完,奇趣横溢。而父亲对此书法镂刻深浅得中,运刀爽利,字底洁净,一气呵成,融书工与刀法为一体。

唐云先生认为:中国绘画的传统宗旨是"兴教化,助人伦"。关于唐先生的行事为人,郑重先生曾在他撰写的《唐云传》中写道:"唐云爱朋友,重友情。他对朋友无贵贱之分,无老幼之别,只要和他接近而他认为情趣相投的,都结之为友。"

在一次中国画院为他办的展览上,我听到一组有趣的对话。一位大叔在问说:"大家讲讲

唐云书毛泽东诗词臂搁,钱明直刻

1950年摄于香港。左起:若瓢、钱瘦铁、王韵梅、唐云、陈方、蒋佩瑶、张炎夫、余伟

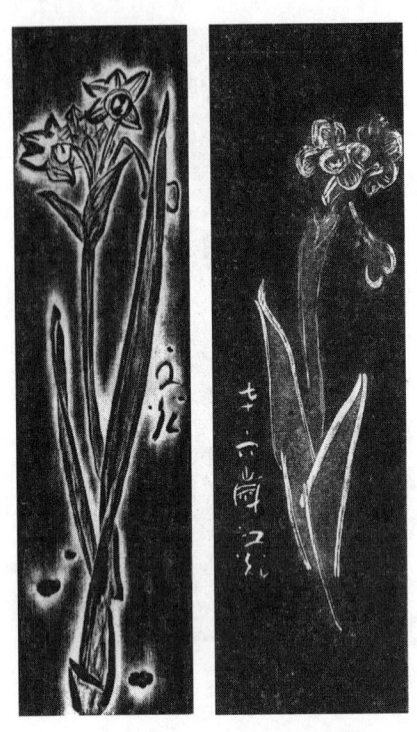

谢之光画水仙臂搁二枚，钱明直刻

看，到底啥是文人气呀？！很多人问我这个问题，真的很难回答哎。"在唐先生的画展听到这个问题，我不禁暗暗发笑。唐先生小品中所透出的那种幽默、飘逸、豁达、趣味、潇洒、淡淡的惆怅与忧郁……不就是最好的注解吗？此时无声胜有声。

　　爷爷还有一个特别的粉丝，谢之光先生。谢先生早年从事月份牌创作，年轻时崇尚任颐画风，后对青藤、八大、石涛、吴昌硕、齐白石、钱瘦铁的艺术技法神韵广学兼纳，并形成自己独特的风格。他的画室名为"栩栩斋"，意为一生追求画画要"栩栩如生"之意。谢老在众多画家中，对爷爷钱瘦铁尤为推崇。他珍爱的那方"老谢"之章，即是爷爷为之篆刻的，每每一有佳作，必加盖此章。也许爱屋及乌，谢老对父亲也十分亲近和喜爱。前后为钱明直画各种笔筒臂搁，基本每次去只要他在，都是立等可取的。这也是谢老与钱家两代的缘分。两幅水仙便为谢老画，钱明直刻的臂搁。

　　如今，爷爷那辈海派大师们虽已不在，但他们的作品、精神、温情依然鼓舞激励着我们……

4

追忆篇

Recollections about Qian Shoutie

我所知道的钱瘦铁[①]

郑逸梅

Qian Shoutie of My Knowledge
Zheng Yimei

  一代艺术家钱瘦铁,生于1897年,江苏无锡人,名厓,字叔厓,瘦铁是他的号。早年在苏州护龙街某刻碑店当学徒。那时,金石家郑大鹤经常到某刻碑店裱碑帖及其他拓片,裱好了,瘦铁送到大鹤家,大鹤喜欢他诚朴好学,也就循循加以指导。又介绍他和吴昌硕、俞语霜相识,因即拜三人为师,这时瘦铁年仅19岁。后来的成就,于郑大鹤得其雅,于吴昌硕得其古,于俞语霜得其苍,终而成为瘦铁自己的面目。在篆刻、书画、金石考据几方面都有了成就。他到上海鬻艺后,所作饶有特殊风格。他以画会友,参加了海上题襟馆金石书画会,认识了陆廉夫、王一亭、赵叔孺、丁辅之、黄宾虹、任堇叔、吴待秋等许多画家,得切磋之益。1922年,主持"红叶书画社",后又

[①] 原载于《艺海一勺》,天津古籍出版社1994年版。

创办"中国画会",其他如"素月画社""停云书画社""古欢今雨社""蜜蜂画社""上海美术协会"等多种组织,他都是其中的中坚分子。

有一年,我国画家应日本文化事务局的邀请,赴日参与"中日美术展览会"。画家们回国时,和日本西京名画家桥本关雪一同来沪,"解衣社"同仁宴请桥本关雪于武昌路春晖里徐小圃医寓的庭园中,瘦铁这天参与其盛,和关雪一见如故,关雪看到瘦铁的画幅,称许他为"东亚奇才"。一经誉扬,在沪日人,都很仰慕,一再为他开书画展,如鹿叟的"六三园",饭岛政男的"翰墨林",都陈列了瘦铁的山水和花卉,博得很高的评价。关雪在日本,又为瘦铁宣传,造成他东渡的有利条件。所以他每次前往,总是满载而归。一次,他的老师俞语霜把所作的书画和收藏的文物,托他带去,求善价以沽,这事守着秘密,并俞氏家人也没有知道。继而瘦铁不负所托,把所带去的尽行卖掉,归沪报命,岂知语霜已遽尔逝世,瘦铁大为痛悼,谓俞师身死而画未死,就把这笔钱为师用珂罗版印成《春水草堂遗墨》一大册,如《红杏山庄图》《峰青馆图》《钟阜谈龙图》《寒江独钓图》《可斋读画图》《祭诗图》《横琴侍月》《女萝秋思》都是语霜的精品。

当"八一三"事变前,瘦铁流寓日本东京,这时日本军阀,野心勃勃,蓄意侵华。瘦铁和郭沫若友善,同在彼邦,郭老义愤填膺,联络留日学生,起而反抗,日警窥伺多时,正拟拘捕,不料被瘦铁先行探知,连夜密告郭老。一方面和金祖同相商,买了船票,备好衣履,约定时间,请郭老在门口等候。郭老穿着浴衣,拖着拖鞋,立在门口作闲眺状,瘦铁雇了一辆小汽车,开到门口,乘没有人发觉,汽车载着郭老辗转到了神户,再乘加拿大邮船回国,之后将浴衣拖鞋丢掉,换上西装革履,化名杨伯勉,居然金蝉脱壳,脱离危险。于是日本警察,就怀疑到瘦铁,正想对付他,恰巧某处举行文艺会,瘦铁前往列席,他竟在大庭广众间发表言论,对于日本的阴谋诡计,直接痛快加以辛辣的讽刺,结果当场被警察抓了去。隔天受审法警要他跪下,他抗不服从,说文明国家绝没有逼人下跪的野蛮举动,法警厉声呼咤,且捉肘硬拉,非屈辱他下跪不可。瘦铁这时怒不可遏,就抓了案上的铜墨盒,向法警头部掷去。这么一来,秩序大乱,审判官认为他大闹法庭,罪上加罪,判徒刑五年。瘦铁虽身入囹圄,态度仍很强硬,铁窗风味,苦不堪言,瘦铁凛然不为所动。幸而桥本关雪暗地里为他疏通关节,在监禁中得有特殊照顾。囚室也较大,有一桌子,可以作画。且该案在报上揭载,瘦铁的画名,反而引起一般日本人爱好中国画的崇仰心,纷纷请他作画,不论山水花卉，大幅小帧，都视为瑰宝，甚至法官也有请他作画的。他又擅刻印，运刀似笔，苍劲入古，和吴昌硕别署苦铁、王冠山别署冰铁，素有"江南三铁"之号，求刻的也纷至沓来，所以润资收入，出于意外，狱中生活不算太苦。由于关雪的疏通关系，只三年半，就提早释放。他出狱即返国，上海许多书画家设宴欢迎他，摄有照片，以留纪念。有一天，他接到一封日本人寄给他的信，信中附有一当票，这人说明爱好他的画，可是囊中无钱，向质铺当了衣服才买到一幅，作为珍藏，这当票无非表示敬慕和爱好。瘦铁大为感动，认为唯一知音，特地精心绘了一两帧送给对方，作为朋好缟纻之赠。

小说家徐卓呆，曾赴日本研究园艺，和瘦铁同为彼邦寓公，往还很密。瘦铁入狱，其时卓呆已先返国，瘦铁还时常和卓呆通信。卓呆知道笔者素喜搜罗时人手札，便把瘦铁的狱中书数通见赠，大约狱中条件较差，信用钢笔写，且字迹也很草率，信上地址"日本东京市丰岛区西巢鸭三二七七"，即监狱所在地。信中有云："狱中听蝉，心烦头晕，想必沪地更热，炎天苦人，饮食珍摄，宜多休养，少用脑力为是。"又一信云："来示忻悉，承关注，心感无已，弟自入狱以来，安心修养，读书静坐，颇有益于身心。近得裁判所通知，定于本月二十七日九时开第三次公庭，罪名为违反《治安维持法》。"又一信云："本月十日，乃开辩护庭，请岛野武律师出庭辩护，或得缓刑出狱，亦未可知。弟近情请速致江新，或能有助吾家用，则感德吾哥不浅矣。"署名钱厓，信中提到的江新，即美术家江小鹣。

金祖同和瘦铁设法护助郭老归国，祖同暗自韬晦，没有被日警注意，不久就扬帆来沪，署名殷尘，撰《郭沫若归国实录》，由言行出版社刊行。用小说体裁撰写，很是生动。瘦铁就是小说中的主要人物，惜这书印数不多，早已绝版，看到的人寥寥无几。

1949年后，瘦铁应聘入上海中国画院任画师，这时他画兴很高，泼墨作巨幅，苍古胜昔。逢到星期天，常到襄阳公园，与笔者时常共叙，狱中经历，都是他自己讲给笔者听的。他最擅长为梅花写照。当时家藏王元章画梅而自题其斋为"梅王阁"的高野侯，喜画梅，刻有一印，"画到梅花不让人"。有一次集会，画家各抒彩笔，争奇斗胜，野侯画了一幅梅花，瘦铁在旁瞧到了，挥毫也画梅花。有人开着玩笑说："画到梅花不让人的梅王在此，您好大胆啊！"瘦铁边挥毫边回答道："我是画到梅花不怕人的。"大家为之哄堂大笑。瘦铁因笔者署名有一"梅"字，便把他最得意的一帧有桥本关雪题跋的梅轴送给笔者，借以留念。岂知十年浩劫，付诸荡然，而瘦铁本人也由于四凶的迫害，含冤而死，时为1967年。

歌者蓄满了声音
——缅怀钱瘦铁先生

冯 宁

A Singer Filled with Voices:
Reminiscing Mr. Qian Shoutie

Feng Ning

钱瘦铁的又一个展览开幕了,这个展览恢宏厚重,融入了向卓越城市目标迈进的人文情怀和记忆,表达了大家对这位中国近现代海派杰出人物的怀念。

"精研古法、博采新知,保存国粹,尤显风雅。"钱瘦铁"书、画、印"等方面的成就在其青年时期就远播海内外。1927年,钱瘦铁应日本文化部门的邀请,赴日参与"中日美术展事",后多次在彼邦友士邀请下举办个人"书、画、篆刻展"。一时技惊日本,京都人士争得以钱瘦铁一字一画一印为荣。在他的作品中既有传统文人画的审美特色,又有新世纪时代精神,在那个"全盘西化"甚嚣尘上的时代,他对文人画价值的认识和阐发,显得极为清醒而可贵,其美术史地位亦由此而奠定。

钱瘦铁是中国现代美术史上一位为数不多,精"山水、花鸟、书法、篆刻"的全能型大家。中华人民共和国成立不久就被邀请到中国上海画院任画师，其间他热情歌颂祖国，同画院谢之光、唐云等一大批画家一起创作出大量赞美浦江两岸日新月异变化的作品：《外滩新貌》《我国自造第一艘海轮》等。

钱瘦铁山水画出自古法，参入黄山画派，宗法石涛，形成"笔墨雄姿、气魄恢宏"的景象。

钱瘦铁在花卉、蔬果绘画上也出手不凡。他取法于青藤、金农、李方膺、李鳝，旁采石田、恽南田、石涛，他几乎都有所亲近。《紫藤》"好于诗人对"；《鹰击长空》"云披雾裂虹霓断""蓝天是鹰的梦"；《荷塘月色》"田田家家夜来香"；《芍药》"红艳艳排千朵，问春有何事？"都卓有逸趣。我更喜欢他的梅花，水墨写干，铁线篆圈；古隶写枝，十指点垛，风骨峭然，逸气击人。

钱瘦铁生活的时代，中国的艺术乃至文化正经历着剧烈的变动。有着文化人气质的先生在书法艺术上更趋儒雅到豪迈。他善摩崖榜书中的遒劲、古拙，又合金文古隶，合六朝碑文，因此表现力更为挥洒自由，纵横如意。1967年书毛泽东诗词《十六字令三首》特别精彩，作品溶进了大草、木简、诗意化的处理"粗细、虚实、蛇惊、虎蹲、龙腾、兔脱"。我最喜欢的是"手札、信笺、题跋和题画"中的文字，他把中国字写得温润、诗意，文化人的清朗、清风、明月、性情、悲情、荣辱和鸟迹都"如泣如歌"。于是，"方圆、浓淡、雄浑、玲珑"成了性情的文和字，也合了"花枝春满，天心月圆"。

钱瘦铁的山水画、花鸟画、书法均有如此高的成就，如仅仅以影响力而论，当推篆刻更为翘楚。诗曰："高河泻长空，势落九州外。"这是欧阳修的两句诗，用来评赏钱瘦铁的印象是十分合意的。钱瘦铁篆刻风格独特，自成家貌，从石鼓入手，笔意体方而势圆，在布局上奇崛开张，由然印面见刀见笔，雄浑天趣。

钱瘦铁在青少年时期，曾得益于郑大鹤、俞语霜及吴昌硕，于金石、书画、音韵、古诗词方面打下坚实的基础，几番游艺，存魂去形，蹉数十年，修成后爽练老辣，外拙内美，以至直入典范堂奥。继而形成近代篆刻界独树"奇峭、鲜灵、凝重、自由天趣的内美外扬"，意境诠释得淋漓尽致。一时篆刻旋风而起，他引领海上一代篆刻能人乘风破浪，回顾此景，似在昨日。

他的艺术成就已融入了都市，他的画、书和篆刻已在当今文化环境中。钱瘦铁以中国文化为本的艺术实践与人文思想，对文人画固有价值的阐发与弘扬，对于面临新一轮城市文化发展与机遇的上海,尤其有深刻的现实意义。

　　钱瘦铁是中国现代美术史的一代大家,也是我们依然缅怀的海派杰出先行者。可以深信,钱瘦铁先生的作品,会酿成千盅百盏的美酒。薪尽火传,芳泽延衍,海派文化精神将会醉红浦江。

百炼玄金，镕为真液
——纪念恩师钱瘦铁[1]
汪大文

Tempered and Melted:
In Honour of My Mentor Qian Shoutie
Wang Dawen

恩师钱瘦铁诞辰120周年，提笔却有一种说不出的沉重。

1967年12月17日，我在上海中国画院见到他最后一面的情景，总是出现在脑海中。今年是他老人家120岁诞辰，明直师兄也已80高龄，身体健壮。程十发艺术馆举办他们父子作品联展，值得庆祝。我感恩我的第一位恩师，他的出现也引导改变了我的艺术生涯。

老师是位画坛奇人，从人格上可称为义士。这在画坛艺术家中颇为少见，他的性格决定了他的命运，他的人格决定了他的画风，正如他所书于谦《填河铁犀铭》中所言："百炼玄金镕为真液，变幻灵犀雄威赫变……"看他的作品、为人，就是如此。

---

[1] 原载于程十发艺术馆2017年举办展览的配套画册《钱瘦铁、钱明直作品集》。

老师生性耿直，爱国，乐于助人。山水、书法、金石俱佳，是个极了不起的人。卢沟桥事件后他在日本典衣当物，亲自秘密将郭沫若从东京送到神户登轮回国。事后钱先生被捕，在法庭上要他下跪时，先生断然拒绝，拎起要他画押的铜墨盒向法官头上砸去，结果被判四年徒刑，后被驱逐出境，往后永不能踏上日本国土。回国后生活一直清苦。

一次偶然，撮合了我和钱老师的师生缘。我父亲是个豪爽之人，好客重情义，家中常高朋满座，钱老师常来家中，但我不认识。

1956年，我坐在客厅一角很认真地临了一张吴镜汀的山水画，一个老人走过来用吴语口音说了一句："画得倒蛮好。"我父亲极高兴，即问铁老："能收这个学生吗？"又对我说："这是位大画家呀！有福啦！"接下来很快地在上海"洪长兴"饭店请了一桌酒菜，那时是十元一桌。记得客人有董天野、张雪父、谢稚柳等画家，我跪下向钱瘦铁老师磕头，老师总是笑眯眯的，很慈祥。我从此成了钱老师的入室弟子，那年老师60岁，我14岁。

小时候我身体很差，算命的说很难养大，缺水，又缺火，给取了个名汪大汶，可还是不断生病。直到15岁那年，钱老师为我刻章，他说汪字有水，汶字有水，水太多了，取名汪大文吧。说也奇怪，自这以后好像病少了些。开始学画后，每周日在静安寺坐有轨电车，叮叮当当穿过外白渡桥后即下车，他住在黄浦路73号3楼，那时候去人家家中常常从厨房进去。他坐在一个似阳台搭建的画室作画，师母非常美，秀气贤惠，客气地对待我这个小朋友。他家的墙上挂了一张似元人画的大幅山水画，桌上一角堆了很多石章，我有时看他作画，有时看他刻章，反正他像我的爷爷。他嘱我画大画，培养我大胆落笔的性格，嘱我写汉碑，落笔稳重用笔中锋，似极他的为人。

1957年，老师去了西安、三峡。这段时间他创作了很多作品，但下半年他不知说了什么话被划为"右派"，我还太小，只记得那段时间他上午要去画院工作，下午到我家，我妈妈总为他在我父亲书房的小床上冲个热水袋让他休息，大约到下午4时左右，老师起身在我阳台的书桌上点燃一支烟慢慢地铺纸作画，黄昏时我父亲回来二人一起抽烟喝茶，有时唐云先生来了就喝酒，那就更热闹了。

唐老师和钱老师相互比喻为八大山人和石涛。因为二人有共同点：仗义，相互欣赏和尊重。这在当时文人相轻的文化圈中不多见的。唐先生，一生潇洒，有侠尘之名；钱老师，一生耿直，心有傲骨。

有一天，钱老师对我说："你学了山水，再去向老唐学画花鸟，他的画，花卉中没骨用色法，我有时会用在我的山水中。"这在传统师门观念中是不简单的事。又是在我家中，钱老师亲自向唐先生提议我向他学画拜师。我记得唐先生哈哈大笑，他说的是一口杭州话，声音很响，说："拜师吧！拜师吧！"第二天，父亲叫我拿一坛用泥封住口的老酒，和我一起坐了三轮车送到江苏路中一村5号唐先生家。有一天，他们两人一位手夹半截雪茄，一位含着一个烟斗，心胸坦荡，在我家谈判钱老师画鹰。唐先生笑对钱老师："瘦铁啊！你画的鹰，翅膀结构不对。"又对我说："大文，下楼抓只鸡来看一看。"我马上到花园去，那时我哥哥养了很多鸡，抓来后唐先生眯眯笑，把鸡翅膀分开给钱老师看……钱老师靠着椅子呼了口雪茄也眯眯笑地说："老唐，鹰击长空，一飞冲天！顾不了结构，只画出气势。"1963年，老师为我家客厅画了一幅待飞的苍鹰。

钱老师年轻时的往事，我也是从明直师兄处和年谱中得知，关于救郭沫若先生之事最初还是唐云先生告诉我的。唐先生曾对我说："你老师（指钱老师）本来可以做到文化部副部长！唉！脾气太犟！脾气太犟！"我当时很惊讶！因为老师对我总是那么慈祥、耐心。他教我如何用笔画松、石、苔，看他作画如写篆，笔力扛鼎、力透纸背；看他刻章刀转石转，如龙腾虎踞，他再三嘱咐："女孩子，要大气！"

老师很疼爱我这个学生，有次北京许麟庐先生来沪，当时他是北京和平画店老板。老师取了一块石章篆了两个字，记得是"朴素"两字，老师嘱刻一下，我刻得弯弯斜斜，打印出来老师却非常高兴。他带我去旅馆见许先生，对他说这是大文刻的。

一晃六十多年，2000年我在北京拜访了许先生，他已是九十开外的人，但精神极佳，他说："大文，你那时还是小姑娘呢。"还和老太太一起送我们到花园大门，在一块大石下拍了照片留念，见到他，我仿佛又见到钱老师那样亲切。

中国画坛千年，出现无数画家，传承一代又一代，从前没有摄影，没有电脑，历史以文化艺术传承，艺术家有的留下盛名，有的只留下作品。

近日，见唐云先生为钱老师的作品《东方红》所题长跋，"用笔沉着似范中立，设色古艳如李思训，纵横之气则瘦铁本来面目矣……"

老师们谈笑在天堂，留下了很多的回忆，旭日照长松，大地东风里……钱老师对我说："我的画将来会进入博物馆。"

铁笔书就铁骨情[①]
——追忆钱瘦铁风雨人生

钱大礼　朱小雨

Fortitude from Forceful Strokes:
Recalls the Rain and Shine of Qian Shoutie's Life

Qian Dali, Zhu Xiaoyu

　　叔父钱瘦铁先生究竟是不是西泠印社社员？就此，林乾良先生曾与我有过专门讨论。若说是，西泠印社中实缺乏与瘦铁相关的档案资料；若说不是，叔父的艺术成就及他与首任社长吴昌硕的师徒关系似又让人不敢肯定。一次偶然机会，我将此疑惑向沙孟海老先生请教。沙老笑答："瘦铁先生当然是西泠社员，他入社时间早于王个簃，当时用的是本名——钱厓。"于是，我心中释然。今日所忆，虽为叔父个人，却也是印社人物史上不可缺少的一笔。

一、幸遇贤师终成器

　　1897年，叔父出生在无锡农家，因为家境清贫，从小就在苏州护龙街汉贞阁碑

[①] 原载于《西泠艺丛》2015年第2期。

钱大礼先生2015年新春在家中
朱小雨 / 摄

西泠印社社员钱大礼先生与钱瘦铁先生是叔侄关系，幼年时曾由其抚养。听闻我们要办一期"钱瘦铁研究专辑"，年近九十的大礼先生颇为支持，几次相约，为我们讲述瘦铁先生帮助鼎堂、被囚日本和中华人民共和国成立后的种种传奇经历。谈话间，一位爱国重友的艺术家形象从历史记忆深处缓缓走出。

帖店当学徒。由此，他认识了当时著名的金石家大鹤山人郑文焯。郑先生是光绪元年举人，天资卓越，造诣极深。因叔父诚朴好学，受到郑文焯的赏识，并循循指导，后又经其介绍与一代宗师吴昌硕先生和俞语霜先生相识，并拜三人为师——郑教其金石、吴教其篆刻、俞教其画画。民初，叔父（瘦铁）就与吴昌硕（苦铁）、王大炘（冰铁）被誉为"江南三铁"，事实上他是吴昌硕先生的学生辈。

20世纪30年代，叔父开始活跃于上海，任过上海美术专科学校的教授、国画系主任。当时，他的两个孩子夭折，我的父亲也不幸过世，于是他将我姐弟二人接到上海共同生活。叔父经济条件虽不是很好，但在上海已有一定名气，与海上名家贺天健、郑午昌、孙雪泥、陈定山等组织倡办"中国画会"，又先后参加和主持"海上题襟馆""红叶书画社""停云书画社""蜜蜂画社"等书画篆刻组织。据朱孔阳老先生告诉我，叔父还参加过"萍花诗社"，很早就和高邕之、张子祥等前辈请益艺事，在社团中作为主要倡导者发挥了很大的作用。在出版方面，他主编的《美术生活》画报影响后学匪浅。

1923年，叔父在吴昌硕、潘琅圃、桥本关雪先生的推荐下东渡日本进行文化交流，在京都明石举办个人书画展，声誉鹊起。翌年组织中日书画民间团队"解衣社"，其身影常常活跃于东京的文化界。当时他还担任过日本最大杂志《书苑》的顾问编辑，发表过不少书画篆刻的评论文章。他与日本著名书画家桥本关雪、小杉未醒、会津八一、长尾甲、河井仙郎、谷崎润一郎、中村不折、工藤庄平等往还密切，留下大批印作与书画,使他成为中日近代篆刻书画交流史上的一代中坚。

二、胸藏忠魂显大义

叔父与郭沫若先生的友谊被传为佳话。他于抗日期间曾秘密力助郭沫若先生从日本脱险归国。当时,日本人正赶来抓捕郭沫若,叔父安排他化名为"杨伯勉",并穿上叔父的衣服坐火车避走神户,然后改乘船回到上海。郭沫若先生成功回国投身抗日,叔父却被定罪,理由是违反治安维持罪、力助郭氏出走及散放越轨言论和从事间谍活动。

受讯时,日本警察迫使叔父下跪,叔父坚持民族气节不肯就范,怒斥道:"这不是侮辱我个人,而是侮辱我整个中国人。"随取身旁铜墨匣痛砸日警,正义凛然,轰动中外。后又以杀人未遂被关押日本监狱达三年半之久。叔父归国后,我看到他额头上方有个疤痕印记,猜测为当时狱中遭殴打所致。回忆起这段经历,叔母也是感慨万千。当时,她正有孕在身,一个人带着两个孩子乘坐火车,半夜三点忽然临盆。眼看就要生产的她却在一个小镇被赶下火车,所幸找到一辆人力车,急忙赶到小镇医

1945年8月15日,日本宣布无条件投降,9月1日,郭沫若先生秘书出版《郭沫若归国秘记》一书,回忆郭沫若先生回国始末(从左至右:封面、书名页)

《郭沫若归国秘记》一书中,对钱瘦铁帮助郭沫若先生回国有详细记叙

院,生下了她和瘦铁先生的次子钱明直。

1941年,叔父刑满释放。两个宪警直接将他送至轮船上,并宣称他被驱逐出境,往后永远不能踏上日本国土。当时前去送行的日本友人很多,但均不准接近交谈。抗战胜利后,叔父作为联合国占领军中国驻

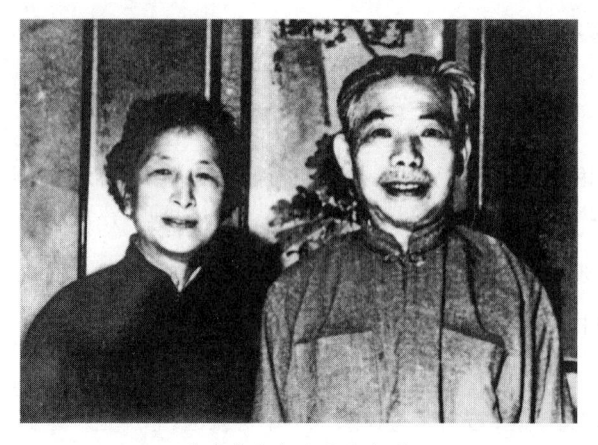

钱瘦铁与夫人张珊合影

日代表团文化秘书,再次赴日,并利用他的身份把上海的进步木刻带去日本进行展览介绍,可说是大大地扬眉吐气了。

1949年上海解放后,他即于翌年搭"美琪"轮离日返国。当时上海吴淞口因美国第七舰队封锁,叔父不得已转道香港,被耽搁一两年后才返回上海。他曾和我说:我是个中国人,所以要回自己的祖国,在日本条件虽好,但我不愿做"白华"。由此可见其胸怀。遍观民国以来的书画篆刻家,像他这样有如此历险经历的恐无二人。

三、历经劫波情未了

叔父回国后任上海中国画院画师,专心于艺事。1942年,"上海画人节"举办,现场海派名家云集,商笙伯、贺天健、黄宾虹、刘海粟等均有出席,叔父亦在其中。他又曾入四川,过三峡,上青城,游都江堰,再越秦岭而抵西安,胸次为之宏阔,作书画更见老辣,作篆刻也更具奇崛之气。

惜乎运动不断,像他这样的耿直敢言之士备受折磨。当时,叔父经由唐云先生介绍认识了一位德国医生,二人联名在《上海文艺》杂志上发表了一篇文章,认为"画家大多在画一毛钱的扇子,生活现状太苦,呼吁多予关注"。这一言论在当时的社会背景下,显得不合时宜,他因此在1957年被定性为"右派"。在这段低谷时期,郭沫若先生曾以重金相赠,帮助叔父渡过困难,以回报叔父当年相助之谊。所幸叔父被划为"右派"时间不长,1961年,在地下党出身的上海中国画院党委书记邵洛羊先生等的帮助下,他被"摘了帽子"。

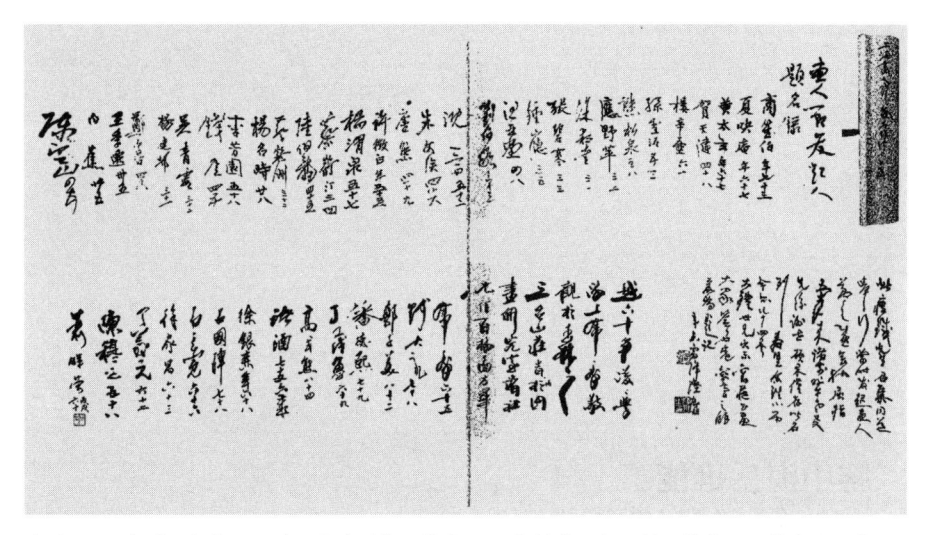

此为1942年《"上海画人节"签名录》，其中不乏商笙伯、贺天健、蔡鹤汀、黄宾虹、唐云、刘海粟等近现代海派名家，钱瘦铁位列其中，时年四十五岁

被"摘了帽子"后，叔父非常高兴，去往北京会友，由邓拓先生接待，邓为其题诗"老来盛誉满京城，书画兼长篆刻精。更有一心为人民，舞蹈泼墨见平生"。叔父为邓拓先生刻过很多印，其中一枚"三家村"的印章在"文革"中被搜了出来。"三家村"原是中共北京市委机关刊物《前线》杂志在1961年9月开辟的一个专栏，由当时的北京市委书记处副书记邓拓、副市长吴晗、统战部部长廖沫沙三人合写，谈古论今，针砭时弊。1966年，该专栏被定性为"反党反社会主义"，邓拓的文章成了"大毒草"，为他刻印的叔父最终也没能逃脱被批判的命运，含冤逝世。

故事本应就此结束。不想，1997年的一天，故事有了续言。当日，我因筹办画展与林乾良乘坐火车由杭州去往上海。正当林乾良谈论钱瘦铁先生轶事之时，一位路过的美丽女士停下脚步倾听我们交谈，后竟发现，她是邓拓先生的女儿——邓小虹！原以为叔父为邓拓先生所刻印章在"文革"中尽毁，却又就此寻得一枚"燕山夜话"。林乾良先生猜测，或许是篆体的"夜话"二字比较难辨认，所以这方印有幸在"文革"中得以留存。思及叔父晚年境遇及与邓拓先生友谊，此"燕山夜话"印更显弥足珍贵。

燕山夜话

胸中海岳谁能了
——追忆父亲钱瘦铁

钱明直①　顾村言

Recollections of Qian Mingzhi to His Father Qian Shoutie
Qian Mingzhi, Gu Cunyan

我父亲是江苏无锡人，名厓，字叔厓，瘦铁是他的号，幼时家贫而读书甚少，十几岁就到苏州护龙街汉贞阁碑帖店里学艺，并拜金石大家、江南词人郑大鹤为师。后从吴昌硕学治印，从俞语霜学丹青，郑大鹤授诗文。通过师长的提携、自身的奋携，短短数年春秋，即以刻印鸣世，并以后辈的身份与乃师缶庐（苦铁）、老辈王大炘（冰铁）并称为"江南三铁"。父亲先生旅居日本时期，极受日本金石书画界推崇，并曾协助郭沫若顺利从日本返国并被日本警察逮捕，后因不愿受辱以器物击警，在日被判刑4年。返国后继续深研笔墨，1956年上海筹建上海中国画院，受聘为画师。1957年秋，被错划为右派，至1961年摘帽。晚年患有肺气肿，运动时受辱，病情益

---

① 钱明直为钱瘦铁次子，排行第三。

剧,终至辞世。

我1937年出生于日本,当时父亲钱瘦铁因协助郭沫若返国,刚刚入狱。我随母亲回国先后在嘉兴、上海就读,后考入哈尔滨工业大学电机系,1961年毕业时,由于身患肝炎,回上海休养。1975年,在郭沫若夫人的协助下,我在华丰无线电厂从事设计,直到1993年退休。我年少时并不了解父亲,直到大学毕业后,因为与父亲朝夕相处,也喜欢上了篆刻,后跟随父亲好友徐孝穆学习竹刻。这些年一直从事父亲钱瘦铁资料的整理,并指导女儿钱晟从事钱瘦铁资料的整理与研究。

顾村言: 我们先谈谈您印象里的父亲吧。您父亲那时候有没有跟您讲,他那时候生活的经历,比如在日本,包括他早期的生活经历。

钱明直: 我父亲那时候在家喜欢一个人在书房,不喜欢讲他自己的事,他比较内向。

顾村言: 那你们父子沟通不是太多?

钱明直: 不多的。

顾村言: 他那时有没有与你讲一些什么书画篆刻?

钱明直: 根本不讲的,我给他的印象就是对书画没有什么兴趣,他叫我学写字,我写了一下就不想写了。后来他到北京去,他说你还是写写篆书吧,我有一次写了一张字寄给他,他拿给别人看,很得意的。他其实建议我写过一些字帖,我当时也没能静下来写。但挺奇怪的,"文化大革命"开始以后,徐孝穆先生教我刻竹,我倒是刻了很多。

顾村言: 你跟徐孝穆学刻竹有多久?

钱明直: 学了五六年,这些竹子上的画是画家直接画在竹子上的,然后我刻,因此价值很高。我没刻过我父亲画的东西。因为学刻竹的时候,我父亲已经不在了,那是1970年左右。

顾村言: 你学刻竹是别人动员你的还是你自己想学的?

钱明直: 我和谢之光先生、唐云先生比较熟,他们讲起在上海博物馆工作的竹刻大师徐孝穆先生,我想反正没事干,就学学吧,也算个手艺。

顾村言: 你自己刻印章是什么时候开始?

钱明直: 应该是我大学毕业回家养病的时候,20世纪60年代初。那时候我父

《废画三千》 钱瘦铁先生篆刻

《寄居景山北海之间》 钱瘦铁先生篆刻

《唯观神采》 钱明直篆刻

《游于艺》 钱明直篆刻

亲刻毛主席诗词的大图章，当时买不起好石头，我看他刻的石头很粗而且很硬，那时父亲的身体已经很差了，刻起来非常费力、辛苦，我就帮他做一些打下手的工作，朱文的印，等他先写好字，我帮他把空的地方（也就是"地"）先挖掉，粗加工好，让他省点力气。后来，我给上海博物馆的沈剑知老先生刻过图章和手杖（沈先生是研究董其昌的专家和大藏家，写一手很漂亮的董体），他说你这个孩子很好啊。得了沈先生的鼓励，我就把父亲的印谱翻来覆去地看，又临又描。郭博先生（郭沫若与安娜夫人的儿子）有很多日本朋友，回日本时经常要准备送朋友的礼物，他拿来好多石头叫我刻，为了不让他失望，我硬着头皮真的这么对付过来的。描着描着，有点像我父亲的样子了，但也只是样子像。

顾村言：你父亲的篆刻、书画与他的人格都是相通的，元气淋漓，性情而畅神，与秦汉相通。他当时刻印行情还好吧。

钱明直：我们现在的生活，跟我父亲那时候不能比，我父亲那时候生活很艰苦的，1949年的时候因为书画界都很穷的，父亲因为刻图章有收入，还能勉强维持。1949年以后，开始的时候很困难。进了上海中国画院以后生活稳定了，画院有补贴，后来因为右派，每月60元还是80元记不清了，主要还是靠卖以前收藏的东西，还有帮人家刻图章勉强维持着,因为我们兄弟姐妹有七个,当时生活还是很艰苦的。他对艺术是非常钻研刻苦的,在家里的时候,他基本就是坐在画桌前,不是写字就是画画。他小时候没有机会好好念书,不过他一直喜欢读书,读古籍。他性情很耿直,民国的时候出过风头,有时讲话不经推敲就这么直率地说了,有时就得罪人。"文革"开始以后,他肯定就受到影响,因为他以前的经历较复杂,接触的各方面太多了。

顾村言:当时他在书画界影响大,各个组织都要把他拉过去,其实也未必有什么密切的关系。

钱明直:就是啊,他在日本因为救郭沫若得罪法官,被判了四年徒刑,经过朋友奔波,最后提早半年放出来。

顾村言:他在日本法庭上拿那个铜墨盒摔法官,这也可以看出你父亲的耿直与性情。

钱明直:日本人对他的火气很大的,判他入狱四年,驱逐出境的时候不准他再回日本。就是因为这一点,抗战胜利后联合国占领军中国驻日本代表团,姓朱的团长很欣赏我父亲,请他做代表团的文化秘书,还给了他一个少将军衔,其实家里从没有看到过他的什么军装。所以,因为这个,后来有人说他是国民党的特务,太复杂了。

顾村言:所以,后来右派就少不了他了,他是在画院被打成右派的吧?

钱明直:他和朱屺瞻一起到西北写生的时候,画院一个电话把他召回来,莫名其妙回来后就戴上"右派"帽子了,据说当时是为了凑个数。

顾村言:他被打成右派的时候,您多大了?

钱明直:我1956年到哈尔滨工业大学念书去了,我觉得他花那么多精力在艺术上生活还是那么辛苦,所以我就去学理工类了。对从事艺术,我怕得要命,都不敢多接触。

顾村言:小时候他写字画画对你没有耳濡目染吗?

钱明直:他不管我们的,我初中就到嘉兴去念书,高中回到上海复兴中学念书。

顾村言:那你小的时候,你家里是什么样的情况?

钱明直:他也忙不过来,家里的事情他不管的,家事全由我母亲操持,把我们7个子女带大。我高中毕业以后,就考到哈尔滨工业大学去了,假如留在上海,我肯定也要戴帽子的。到了东北后,我跟他也不是说划清界限,就没什么信件的交往。我们那时候提倡做"驯服工具"。在学校里面,我倒没有受到什么影响,我们班级没有"右派",结果从隔壁班里借来一个"右派"来斗。我觉得我父亲做人实在太冤枉了,吃了太多的苦,假如他不回上海来,就算在香港应该也还可以的。他在香港组织过美术家协会,是有点地位的,但他"不愿像白俄那样生活,不愿在他乡做白华"。就是要回内地,于是就回到上海来了。

顾村言:据您所知,他后来有没有拜访过郭老?

钱明直:1962年,摘掉"右派"帽子后,他有了点钱,就到北京去跟郭沫若见面了,还给郭刻了几方图章。其实他那时候为党做过不少事,但这些东西档案里面都没有,所以一点功劳都没有。

顾村言:他也不计较这些吧。

钱明直:当然!他觉得他为党做工作是应当的。在抗战的时候,他动员我舅舅张瑚(后改名为史晋)参加新四军,(舅舅年少时一直跟着姐姐姐夫也就是我父亲母亲生活,父亲是很看重我舅舅的)。舅舅参军到了厦门以后,就留在厦门做厦门大学的党委办公室主任。结果运动一起来,被学生造反派活活打死,当时听说是因为我父亲的关系,但这个事情我后来没有具体了解。1950年,我的大哥钱明政和大姐钱明芝一起参了军,两人都念了"华东军政大学",之后都做过通讯兵然后转业的。父亲当然爱国,但是我觉得他是个悲剧性的人物,他爱国而不懂政治,也不明哲保身,每次运动都被轮上,可以说是"运动员"。我母亲非常不容易,基本没有过几年安稳太平的日子,一直很辛苦辛劳。

顾村言:那个时候你从学校回来怎么样?

钱明直:毕业以后我得了肝炎就回来在家里了。因为始终对艺术工作提不起兴趣,回来就是混日子,后来做做临时工什么的。当时家里很困难,我大姐钱明芝相比之下条件好一些,她就资助我每月25元的生活费,让我度过了大学的那几年,我很感激。

顾村言:那时候与你父亲接触就比较多了吧?

钱明直:那是比较多了。

顾村言:那一段时间对你父亲的印象是什么样的?那时候他笔墨已经非常成熟了。

钱明直：我1961年回来的，他正好"右派"帽子摘掉了，心情好多了，后来到北京去，在许麟庐先生家里待了一段时间以后，受影响很大。许麟庐先生开的和平画店是1949年后的第一家私人画廊，许先生是齐白石的学生，在北京很有人脉。父亲在许先生家里住的半年中接触了不少北方画家，开阔了眼界。后来，他回到上海写意花鸟画得更多了，大概是受到齐白石画风的影响。

顾村言：他那时候状态是什么样的？还是每天就在自己的书房里忙个不停？

钱明直：是很兴奋的。他的一幅《北国风光》，不用颜色，纯是水墨，就是看到别的画家画得不服气，有意挑战。

顾村言：当时整个的创作状态也是比较好的。后来的运动刚开始，对他有没有冲击？

钱明直：那时候他身体不好，病假只能休息半天，但每天早上还要去画院报到学习改造。他病重，气喘、高血压，早上天还是黑的，就要出门去挤公交车，从外滩坐42路到文化广场后要一路走到汾阳路画院去劳动改造，那段路健康的人走15分钟左右也就到了，但是他边走边喘，经常走几步就扶着墙歇好一会儿，要走很久。1967年，他过世那天，我去画院报丧，早上5点钟，从黄浦路三楼摸下来，漆黑漆黑的，摸到楼底下的大门，一打开我的眼泪就再也止不住，觉得他天天这样真是太苦太苦了。我到画院刚好看到唐云先生还有谁在搬凳子，唐先生的脸就是菜青色的。

顾村言：当时在去世之前有没有受过一些冲击？包括你家里。

钱明直：去世前，那是1967年12月，"文革"还是比较早期的，没怎么抄家，后来我父亲过世后就被连着抄了两趟家，把所有的印章都拿去了。

顾村言：这些东西后来有没有返回给你家？

钱明直：返回没几样，好东西都没了。有的散失掉了，还有的被偷了，那时乱得很。

顾村言：后来您做什么工作？

钱明直：后来也没有工作，在家里养病，结果就变成社会青年了。再后来，郭沫若的日本太太安娜夫人知道了，她住在上海大厦，就在我们家旁边，叫我去。我讲了一下情况，安娜夫人向市里反映，安排我到华丰无线电厂去工作。开始当厂校老师，后来去了设计科做半导体的设计工作，一直到退休。

顾村言：退休后这几年在整理你父亲的东西吧？

钱明直：整理了一些，后来主要是我女儿钱晟在整理。

顾村言：您对您父亲的艺术成就之前不是太了解，但这么多年您个人有没有什么变化？包括对他的为人，对他的书画成就、篆刻成就等的认识，有没有一些变化？应当与你上大学的时候的印象肯定不一样嘛。

钱明直：他的艺术成就肯定是很大的，否则他年纪那么轻，日本人那时就把他作为中国文化的使者。所以我觉得就像有人讲，以后我父亲真正的成就会有人认识的，我觉得也应当这样。否则的话他真的白做了，一生一世辛辛苦苦的。

顾村言：不会白做的！您什么时候有这样的认识？比如您上大学的时候几乎要跟他划清界限，那个时候认识肯定不会像现在这样？

钱明直：我父亲生前穷得要命，家里放了几个藤箱，都是他的画稿画作，有的是没完成的，比较成品的作品后来我们卖了一些，这让我们生活得还可以。否则的话，日子就很难过了。就像我很长一段时间没有好工作，一个妹妹到芜湖去做护士，还有小弟和小妹，都很不容易，现在大家都能够活得还可以，就是靠他当时的画作与辛苦劳动。我的堂兄讲过，我父亲的一些作品能够都整理起来，我是有功劳的。我认识我父亲的意义确实经历了一个过程，现在我认为父亲的价值慢慢是会被社会认识的。

顾村言：你父亲的作品被卖了一部分，那你们自己也留了多少？

钱明直：其实后来就分家，七个子女分嘛。尺幅比较大的，比如像《千里冰封》《黄山》《江南》等大一点的画作都是七个子女共同拥有的。

顾村言：你有没有大概一个统计，您父亲大概书画作品有多少件在世上？两三千件有吗？

钱明直：应该有的。

顾村言：那时候卖你父亲的画，第一次卖是什么时候？从实用上感受他的价值。

钱明直：第一次是20世纪80年代初，卖给上海美协，好像是20元一尺，反正卖掉作品后的钱我们全家就均分了。

顾村言：未完成的作品有没有卖？

钱明直：未完成的，有很多觉得好的都送给我堂兄钱大礼了。自己留了没几张，我觉得留着没什么意思，很多都给他了——因为他画画，我说给你作为范本。

顾村言：您对您父亲的书画、篆刻，现在怎么认识？

钱明直： 他们那一辈上海的书画家里面，前十名应该有他。

顾村言： 那肯定的，其实在我个人心目中可能是前三名，尤其他笔墨中见出侠气与生命状态，在当时他那一辈的画家里是非常突出的，唐云就非常敬重你父亲，他也影响了石鲁、谢之光。他的篆刻，善于造势而极有雄强豪情。

钱明直： 他的人物画相对一般，别的画好的很多。

顾村言： 人物画得好的也有，比如中华艺术宫收藏的那幅《无量寿佛》，线条钢筋铁骨一般！不过他人物画画得少，我觉得你父亲的艺术价值和成就，随着时间的推移，应该还会不断地被重新认识，因为中国画如果谈起回归文人画一脉，你父亲就是文人正脉的，笔墨见人，见出性情与写意精神，也见出元气。当然，他的作品好的非常好，一般的应酬之作也有。

钱明直： 希望这个社会能认识他，所以现在，凡是提到他的文章与资料，我都尽量进行搜集整理。

人瘦梅清，化铁为金[①]
——陆康兄弟眼中的钱瘦铁

吴南瑶

Qian Shoutie in the Eyes of Lu Kang Brothers:
Lofty and Unyielding, Firm and Talented

Wu Nanyao

海上篆刻家、书法家陆康与胞弟画家陆大同，少时经祖父南社大文人陆澹安引荐，曾登门问教瘦铁先生。隔着五十多年的时光，陆氏兄弟细细观看了中华艺术宫展出的全部89幅作品。

"对于铁老，唯以用'人瘦梅清，化铁为金'来聊表敬意。"陆康先生道。

一、暮鹰当空，壮心不已

黄浦路73号。自抗战胜利后，钱瘦铁就带着子女迁居于此。他的画室正面对着黄浦江与吴淞江汇合处，一支画笔，一把刻刀伴日升日落，自命之为"剪淞

[①] 原载于《新民晚报（国家艺术杂志）》，2018年10月30日第811期。

阁""临江观日楼"。如今,钱宅原址为一家五星级酒店,但在展览现场的照片墙上,陆氏兄弟一眼认出了那栋英式的红砖洋房。

1964年的钱瘦铁身体状况已经很差了,饱受肺气肿的折磨,每次陆氏兄弟上门,他总要花好多时间从里屋起身,等哮喘稍稍平复后再慢慢挪到外面的工作室。料想那时铁老的经济状况依然是很糟糕的,窗子破了,竟然用一张老鹰的画贴在上面用以挡风。兄弟俩忍不住凑近了上上下下仔仔

陆康、陆大同兄弟在中华艺术宫展览的钱瘦铁画作前合影留念

细细地打量,画在一张皮纸上,双目炯炯,翅爪有力,"恨不得撕下来带回家去"。

钱瘦铁孙女钱晟说:"爷爷最喜画老鹰,鹰和英(雄)谐音,有志存高远,勇敢坚定之气。"与一般两耳不闻窗外事的文人不同,瘦铁一生侠胆雄心,关心国事,还曾协助募款支持东北义勇军。1937年,侨居日本的钱瘦铁因冒死助郭沫若归国,被日方警察怀疑而被捕入狱。气血方刚的一介书生随手抓过让他写供词的铜墨匣,掷向日警。在饱受劳役之苦三年多后,钱瘦铁才在日本友人的营救下提前出狱。回到上海后的铁老以书画篆刻自给,清苦度日,虽经历过大坎坷性情不变,继续进行着抗日地下工作。"他的鹰前后期的变化很大",钱晟说。前期多松柏苍鹰,多较为传统的图式,后期则尤喜画拍打着双翼从上空向地面作俯冲姿态的造型,尤显桀骜不驯,不畏命运的浩然正气。"有时,我们还会看见地上被揉作一团的画纸,捡起展开又是一幅精彩的老鹰图,其实那几年已是铁老人生最后的岁月,可见他一生以鹰自喻的心境。"陆大同回忆道。

苍鹰之外,钱瘦铁也画鲲鹏、画各种小飞禽。但就算是栖息于梅枝上的两只黑喜鹊,也毫无传统花鸟画里讨喜的表情。乖张的双目,夸张的眼白,直追八大的苍凉荒寂,亦营造出一种雄健简朴的蓬勃之气。所谓笔墨造境,确乎是铁老本人孤愤心境和坚毅个性的写照。

二、笔笔如刀，寻丈之势

有似齐白石雕木出身，家境清贫的钱瘦铁少时曾拜苏州唐伯谦为师学习刻碑，这便打下了铁老一生雄健有力的美学倾向。又得良师郑文焯、俞语霜指点，19岁的钱瘦铁就与亦师亦友的缶庐吴昌硕（苦铁）、老辈王大炘（冰铁）并称为"江南三铁"。

才情过人，书画皆擅，钱瘦铁曾自评"书第一，印为次，画为末"。在这次展览现场，最多两方尺大小的两幅小画被放大制作成数米高的顶天立地的复制品，酣畅恣肆的壮伟气格丝毫不散，不禁让人感叹，尺素小品，也有寻丈之势。

有人认为钱瘦铁的部分作品刚健有余而严谨不足，在细微处过于放松。对于这种看法，陆大同笑言，铁老之作，虽确非张张精品，但得益于在篆刻和书法中打下的笔底功夫，其下笔之大胆泼辣，甚至能比肩黄宾虹。与那些中规中矩，或以画谋生的人不同，对于钱瘦铁而言，绘画就是一种兴之所至的游戏，观者能直接地感受到他在此中情绪的发泄。他并不在乎所谓的"笔笔有来路"，但他的线条刚健遒劲，每一笔都"立得住"，常常一笔就是一个形象，灵气十足。陆大同说："看每一个局部，都有独立的美学价值。这或许不是铁老自觉的，但他的作品具有一种现代性。"

1922年，26岁的钱瘦铁就获刘海粟之聘，任上海美术专科学校教授，当时，后来扬名海上的谢之光、朱屺瞻都还只是美专的普通学生。至1956年上海中国画院成立，钱瘦铁受聘为画师后，拜服于铁老才华的谢、朱二人常伺机与铁老探讨学习创新。老先生间的情谊常令人动容，陆康先生回忆："谢之光甚至想拜铁老为师，铁老坚辞。谢之光经常请铁老题签，画上钤印常用最多的'老谢''栩栩斋'就是出自铁老之手。"

欣赏铁老的题签、落款，陆康先生回味许久："他不是讲功力在写字，而是在抒情。在铁老，书法是画图，画图是书法，字如画，画如字。"寥寥数语，是对钱瘦铁书画最精辟的解读。

三、萧散天真，永不服输

说起海派，人们喜用"雅俗共赏"，近代以吴湖帆为代表的精细工整一路，如今更是几乎成为"海派"的代名词。然而，在钱瘦铁的笔端，让人们强烈地感受到了海派绘画中,不应被遗忘的另一种美学特征:萧散。

"萧散从本质上而言,它轻视觉,而重于写生命哲学,这也是虚谷、吴昌硕以降的文人画的主要品质。"陆大同先生表示。

由于水墨本身的介质特性,清雅虚淡的审美一直是自宋元以来文人画的主导方向。直到清末,吴昌硕的老师赵之谦继承了明清两代陈淳、徐渭、石涛、八大以及"扬州八家"的笔墨风格,有意识地在绘画中加入更多的书法意味,扩大了传统绘画的语言结构,宽博淳厚,形神飞扬而直抒胸臆。显然,钱瘦铁继承了这一路的海派遗风,又出于其个性和经历,他更是将笔下的每棵树、每只鹰都当作了一种道具,不为描摹造型,只为遣情造义。他的书画毫无功利之心,甚至超乎个人之上,不拘点画而重意趣,沉着萧散,而又天趣横生。

珍藏有铁老《毛主席诗词十首篆刻》原打印谱,陆康先生回忆,铁老常以前人的思想勉励自己,自刻的常用印中就有"天真烂漫是吾师"(苏东坡句)、"可贵者胆所要者魂"(李可染)、"笔墨当随时代"(石涛)等。当时住在黄浦路的铁老总是坐15路到画院去上班或开会,坐到淮海路口下车。吴青霞、谢之光等常常从后面超行,到画院后坐待良久,才始见铁老艰难缓慢步入。

一生意气,唐云曾经劝他:"瘦铁,你是好人,但是你的性格决定了你的命运。常常是十有九输,有时输得连路数都没有。"留着一撮像鲁迅那样的胡子,身体是那么糟糕,但凭着一股永远不服输的精神气,没人敢轻视这位瘦弱的老人。众名家中,陈巨来也唯独对钱瘦铁服气,在《安持精舍》中记下:"余谓渠一生,畸人也,无锡人而无一点刁气味,尤为难得。"

能经得起时光沉淀的优秀作品,一定是蕴含了一个时代的精神意蕴。追古开新,钱瘦铁的作品既是他的人生,也是他所处时代的见证。

性格决定命运[1]

郑　重

Character is Destiny
Zheng Zhong

一

岁月无情，常常会使人把一些事情忘却，即使是自己经历过的事情。岁月又是那样有意，即使听来的故事，使人也不会淡化，而是像印家的刻刀一样，把故事刻在石头上。我从唐云那里听来的钱瘦铁的故事就是这样。

还是在二十多年前，药翁唐云给我讲了一个三十多年前的故事。那是一个春节，钱瘦铁提着一篮水果来给唐云拜年。恰巧唐云也忙着给别人拜年，不在家。钱瘦铁就坐在唐云的画案前画了一幅画：一位老人，提着篮水果，水果篮上还画有红纸一条，上面写着"新春之喜"。水果放在桌子上，老人扶杖而坐，惆怅地望着那篮

---

[1] 原载于程十发艺术馆2017年举办展览的配套画册《钱瘦铁、钱明直作品集》。

水果……

钱瘦铁逝世已经58年了，23年前唐云也撒手远行，但是这张画及这张画背后的故事一直留在我的脑子里。想到唐云的洒脱风流，想到钱瘦铁的侠义心肠，想到他们之间的友谊，更想到钱瘦铁的生活道路及他的艺术，那位提着水果篮子老人的形象越来越鲜明。

钱瘦铁是江苏无锡人，名厓，字叔厓，瘦铁是他的号，幼时家贫而读书甚少，十几岁就到苏州护龙街汉贞阁碑帖店里学手艺。徐树铭在碑帖店的隔壁开了一家竹石山房古玩店。徐树铭是海派山水画家徐子鹤的父亲。徐树铭爱才，发现钱瘦铁有着书画艺术的天赋，就把苏州金石大家郑大鹤介绍给他为师，学刻印。那时郑大鹤经常到汉贞阁徐树铭的碑帖店里看古玩，装裱碑帖和金石拓片，装裱好的拓片，就由钱瘦铁专程给他送到家中。对钱瘦铁的诚朴好学，郑大鹤也极为高兴，对他循循指导。为了使钱瘦铁得以深造，郑大鹤又把他介绍给吴昌硕和俞语霜。这样，钱瘦铁就拜吴昌硕、俞语霜、郑大鹤三人为师，从吴昌硕学治印，俞语霜是海上画家俞子才的叔父，善六法，郑大鹤是江南词人，授钱瘦铁以诗文。这样，钱瘦铁在苏州，以刻印鸣世，郑大鹤为署斋名"瘦铁宦"，因号瘦铁。民国初年，钱瘦铁与吴昌硕（苦铁）、王大炘（冰铁）、邓散木（钝铁）被誉为"江南四铁"。吴昌硕是长者，是其他"三铁"的老师辈人物。

后来，钱瘦铁告别了汉贞阁，到上海在陶尔斐斯路住了下来，并办了一个中国画会。钱瘦铁是一位易于激动的性情中人，有着侠义心肠，人们称之为"画坛侠客"，他以画为媒，以酒会友，广交四方朋友。经常到中国画会来活动的有山水画家贺天健、花鸟画家孙雪泥、书法家黄太源、画家陈小蝶。钱瘦铁夫人韩氏，为人宽和善良，她的妹妹嫁给孙雪泥，这样钱瘦铁和孙雪泥就成为连襟之亲。钱瘦铁知恩必报，他没有忘记徐树铭对自己的提携，他在上海声名大振时，就把徐树铭之子徐子鹤带来上海，吃住都在钱家，有客人就做些冲茶倒水的接待工作，没有事就跟着钱瘦铁学画、刻印。

钱瘦铁很爱护徐子鹤，出去画事活动，总把徐子鹤带在身边。当时画家聚会的地方，一是淮海中路的中社，这里可以吃茶，也可以吃饭；二是南京路上的新雅，这里只吃茶不吃饭。经常来这里活动的除贺天健、孙雪泥、黄太源等人外，还有摄影家郎静山，画家张善子、张大千兄弟，画家谢玉岑、谢月眉兄妹，以及画金鱼的汪亚尘，更有名噪海上的陆廉夫、王一亭、赵叔儒、丁辅之、黄宾虹、任堇叔、吴待秋，钱瘦铁带着徐子鹤参加画事活动，意在扩大他的见识，提高绘画素养。

此时，钱瘦铁在上海开展览会很多，画也卖得很快，有时忙不过来，就由徐子鹤代笔。钱瘦铁的绘画脱胎于石溪，兼及石涛的浑厚，徐子鹤要当好代笔的角色，当然也要在石溪、石涛上深下功夫。后来，蒋介石的高参褚民谊在上海办了一所蒙藏学院，褚任校长，请钱瘦铁任班主任。蒙藏学院的学生都是从各大学抽来的学生，专门学蒙藏文化，经训练后派到少数民族地区工作。校址设在龙华寺的隔壁。钱瘦铁对此事很认真，也很起劲，还专门买了一辆汽车，以利来去之方便。钱瘦铁也把徐子鹤带去办蒙藏学院，帮助抄抄写写，但没报酬，吃住仍在钱家。蒙藏学院的经费来源于募捐，钱瘦铁就带着徐子鹤，像老和尚化缘一样，到施主那里去讨钱。杜月笙是校董，也报名捐款，但他迟迟不把捐款拿出来，钱瘦铁带着徐子鹤上门去讨募捐款。

唐云从杭州转道宁波，到了上海之后，虽然还没有和钱瘦铁相识，但对他的篆刻书画艺术，惊叹不已，他曾对笔者回忆说钱瘦铁之"于郑大鹤得其雅，于吴昌硕得其古，于俞语霜得其苍，天赋之高，世人莫及。"在以后风云激荡的岁月里，他们真是不离不散，成为莫逆之交。

钱瘦铁篆刻《壮志不随华发改》　　钱瘦铁篆刻《无限风光在险峰》

二

1923年，钱瘦铁在武昌路春辉里海上名医徐小圃诊所认识了日本画家桥本关雪。桥氏对钱瘦铁的篆刻书画甚为赞赏，邀请他去日本进行书画展览交流。这样，钱瘦铁首次赴日，住在桥本关雪家中。除了举办个人书画展览，还组织了中日书画民间团体"解衣社"，在日常社事活动中，钱瘦铁和日本名画家小杉未醒、会津八一、长尾甲等结为朋友，为他们留下一批印作及书画。1933年，这时钱瘦铁已和续娶夫人张珊结婚。张珊为浙江海宁硖石人,是徐志摩的远亲。1935年,钱瘦铁携全家又东渡到了日本,侨居东京本乡林町27号。以刻印卖画为生。一切安定之后,钱瘦铁给徐子鹤写信,要他也去日本,并在信中关照,桥本关雪喜欢青铜器及老鹰,要徐子鹤想法带去。徐子鹤回到苏州,从父亲的竹石山房中捞了两件青铜古董,到花鸟市场买了一只老鹰,带去日本。到日本后,钱瘦铁带着徐子鹤,把古董和老鹰送到桥本关雪家中。

在日本所住的地方,除了钱瘦铁一家,还住着三个女孩子,徐朗西的女儿徐启华在学图案,徐竹安的女儿徐孝扬在学滑翔机,蔡声白的女儿蔡吟芳也在学校读书。张珊很欢喜徐子鹤。有一天,她对徐子鹤说:"子鹤,有这么多女孩子,你看中哪个好,可以谈恋爱了。"20岁的徐子鹤情商还未萌发,听了师母的话,不但没有高兴起来,反而害怕了,对三个女孩子也就疏远了。为了避免陷入情网,徐子鹤对老师说:"为了集中精神学画,我要搬到外面去住。"钱瘦铁同意了。徐子鹤在外面找了一间房子,是幢花园洋房,很清静,房主是一位大学教授。徐子鹤平时在这里画画,吃饭还是回到钱家。

钱瘦铁到了日本,即与被国民党通缉而流亡日本的郭沫若相识,彼此引为知己。1937年卢沟桥事变爆发,日本军国主义开始全面侵略中国。郭沫若参加了中国留日学生的抗日活动,受到日本当局的监控,经郭沫若的朋友金祖同把这一消息告诉钱瘦铁,他们经过一番策划,郭沫若先到东京,然后由钱瘦铁安排乘特快列车至神户,再乘船回国。钱瘦铁为郭沫若筹措回国经费,连自己的大衣都当了,买了车票、船票。后来,日方警察发现在他们监控下的郭沫若失踪,认为钱瘦铁有重大嫌疑,对他进行传讯,并于1937年8月10日逮捕。在法庭上,法官要他跪下听审,钱瘦铁怒不可遏,斥之这不仅是侮辱我,而是侮辱我们中华民族!画押时,钱瘦铁顺手拿铜墨盒向法官头上砸去,结果以扰乱治安罪及杀人未遂罪,被判有期徒刑四年。由于钱瘦铁的篆刻书画造诣在日本很有影响,经友人的交涉,得以在狱中独处一室,还可作画刻印,钱瘦铁自署"一席吾庐"及"煮墨盒"。

在钱瘦铁的生命中没有弯腰屈服这样的字眼。他在狱中,频频给夫人张珊、亲戚、朋友写信,以平静轻松的心情描述狱中生活。他写狱中清静、空气良佳,室明窗净,以听蝉鸣来解除内心的寂寞。钱瘦铁青年时代虽读书不多,但他在狱中还是读了《黄庭经》《道德经》,包括《史记》《汉书》《三国志》在内的《十八史》以及《韩非子》《逍遥游》及古代诗词。钱瘦铁在给夫人的信中写道："吾之书画有进步,自作自赏,聊可自慰。"从钱瘦铁的演习书画的历史来看,他还是从明清入手,在学习八大、石涛、石溪的艺术上用了很多功夫。令人惊奇的是,在狱中画山水追求董北苑笔法,对董画的妙处皆有"悟得",他的书法也由汉隶兼习索靖的《出师表》及王右军的《十七帖》。篆刻也发轫于缶翁吴昌硕转而向秦汉古印玺深入。在给夫人的信中,他写道:"余经此锻炼,身心益健,瘦骨傲得冰霜,转祸为福,重新努力美术文化,而今静修准备亦佳也。"

由于日本友人的营救,钱瘦铁于1941年6月提前出狱。

在狱中的书信中,钱瘦铁虽然表现平静潇洒超脱,而其实他无法咽下在日本受侮的这口气,一直郁结于心。1945年,他以联合国占领军中国驻日本代表团文化秘书之职赴日本,举行木刻展览,并组织中华俱乐部,任会长,赞助日本人民战线活动,以此扬眉吐气。

三

钱瘦铁从日本回到上海,书画朋友设宴欢迎他和夫人张珊。参加宴会的有许多老朋友,也有新朋友。此时,唐云与钱瘦铁相识,两人畅叙投契,如久别重逢的故人。

安定以后,钱瘦铁第一件事是解决吃饭问题。唐云便与郎静山在东亚饭店请钱瘦铁,商量为他举办画展的事。有了唐云和郎静山的倡导,钱瘦铁的画展很快地筹备就绪。因为画展的时间紧迫,钱瘦铁一下子拿不出那样多的画来,唐云就为钱瘦铁代笔画了几幅。为钱瘦铁代笔最多的当然还是徐子鹤。唐云和徐子鹤的代笔,经过钱瘦铁加以润饰,并亲笔署上自己的名款,别人就很难辨识了。

钱瘦铁画展开幕,唐云忙得不可开交,他要拉那些有钱的朋友来买画,每次又少不了陆南山。陆南山是祖传中医眼科医生,爱好收藏,本身也会几笔丹青。此时正在拜唐云为师学画。经唐云的推荐,陆南山第一次就以四两黄金买了一幅钱瘦铁的山水,这是画展中最高价钱了。画展结束,钱瘦铁有了很不错的收入。生活稳定了,就以不薄的租金租下了黄浦路73号的一幢楼房,他的书房正面对着黄浦江吴淞江的交汇处,凭窗远眺,迷茫的江上飘动着来来往往的帆船。因为这幢楼房的房间较多,钱瘦铁一家用不完,画家张聿光、诗人邵洵美的女友也住在这里。

冒广生是明代诗人冒辟疆的后代，本名鹤亭，广生为号，光绪二十年甲午举人，是清朝遗老而又有着名士风度。经钱瘦铁介绍，唐云也成了冒广生的朋友。每逢星期天，钱瘦铁、唐云和几位画家相约，到冒广生家谈诗论画。有一次，钱瘦铁、唐云和女画家周炼霞去看冒广生，冒广生是见过赛金花的人，看到美女画家周炼霞，就讲起赛金花的故事。谈到兴致的时候，大家就会画画。钱瘦铁和唐云合作画了一只香炉，一方砚台，香炉上还点有一炷香。画好后，要题写句子。题诗本来应该由有诗才的周炼霞来承担，但恰巧周炼霞抽身离去，作诗的任务就落到唐云头上了。

冒广生看着唐云急得满头大汗，知道一时作不出句子，就解围地说："先吃饭吧。"从动杯，唐云就一直喝闷酒。席间突然他高兴起来，说有了。冒广生立刻来到画案，为唐云拿笔润墨，唐云写下了：

诗思乱堕蕉叶贝

香光浓时海棠红

钱瘦铁高兴地拍手称快，说："这样好的句子，你是如何想得出来的！"

四

1949年之后的最初几年，上海画家生活陷入极度困难，画卖不出去，只好靠画檀香扇为生。钱瘦铁刻印已为用者、藏者所欣赏，虽为雕虫小技，卖得尚好，生活还算能过得去，并没有参加画檀香扇的行列。

钱瘦铁也有一些收藏，其中最为显著者为南宋李嵩的《花篮图》。书画界常前往观赏。徐邦达看这张名作时说三道四，惹得钱瘦铁发火，抡手掌扇了徐邦达一个耳光。当时还是画坛新秀的陈佩秋看了此图，不只是景仰不已，并借到家中摹写一帧。陈佩秋在其摹

北京故宫博物院藏南宋·李嵩《花篮图》

品题跋曰：

"李嵩《花篮图》有款识，旧藏钱瘦铁先生家，1952年间借来敝寓观赏，为时十日，摹来此本，为资借鉴。时癸酉岁高花阁健碧记于海上。"

癸酉为1993年，此为陈佩秋补题。

1956年6月，根据毛泽东的提议，周恩来在最高国务会议上提出在北京、上海两地成立中国画院，此说得到会议通过。北京中国画院由叶恭绰任院长，上海中国画院由于对院长人选存在争议，迟迟没有宣布。钱瘦铁被聘为画师。整风鸣放会上，性情率直的钱瘦铁就鸣放出许多为画家鸣不平的言论，而且指明像陆俨少这样的画家画檀香扇是糟蹋人才。

一吐为快，钱瘦铁心情舒畅，即和朱屺瞻赴四川、陕西作万里壮游。由上海赴重庆，钱瘦铁沿途于明信片上作江景速写，邮寄《文汇报·笔会》发表。到达西安，和长安画派的石鲁、赵望云、方济众相见，畅谈中国画界新事，石鲁欲拜钱瘦铁为师。正当他们兴致方酣时，上海中国画院一封电报召钱瘦铁、朱屺瞻速回。回到上海，钱瘦铁即被划为右派，其中主要理由就是为画家画檀香扇鸣不平。当时，上海还有几位画家因檀香扇事也被划为右派，在上海的美术史上，称之为"檀香扇事件"。其实，钱瘦铁被打成右派，除了"檀香扇事件"，还有历史原因：一是他在抗战胜利后为扬眉吐气再去日本，被认为代表国民党政府而去；二是他以高昂的代价住进黄浦路73号，那是日本南满铁路俱乐部，又以汉奸罪论之。这样新账老账一起算，以右派论处把他列入另册。

虽然如此，钱瘦铁仍为朱屺瞻刻了一方印，边款跋云："丁酉暮春，与屺老从武汉经三峡，过秦岭至长安。万里壮游中谈论中外艺术，自石涛、八大、冬心、谷柯、塞尚、马蒂斯至缶老、白石，以我二人所见相同，屺老娓娓不懈，因刻斯印赠之。叔厓。"

艺术家身处逆境，心中的艺术火种是不会熄灭的。历史上的中外艺术都有这样的境界，在这一点上，钱瘦铁和唐云也有共同的地方，因为在他们身上存在同一种文化现象。1959年冬日，钱瘦铁应北京和平画店的老板许麟庐之邀有苏州之行，见到梁松（托山）的《奔牛图》，回到上海"背临"一幅。画面上呈现出石坡江岸，杂树两株，一位头戴箬笠、身披蓑衣的牧者持牛缰在追赶一头奔牛。十多年之后的"文革"期间，在劫难逃的唐云于1973年有苏州之游，也见到梁松的这幅《奔牛图》，回到上海也背临了一幅,并题曰:"梁托山奔牛图卷,游吴门时见之,其中用笔萧散,有村野之趣,卷尾元人提者甚多,为其罕见之品。"他们二人除了为梁托山精妙的笔墨所打动,而同处逆境之中,有着共同的"萧散"的心情,共享"村野之趣"。

经历劫波情未了。1961年,钱瘦铁的右派帽子被摘去以后,又活跃在上海、北京艺术圈内,作画、刻印、讲学。本来在钱瘦铁受难时未敢出手援救的郭沫若,也把钱瘦铁请至家中做客,钱瘦铁书郭沫若词并为之刻"鼎堂""郭沫若"印。钱瘦铁又与邓拓相识。此时邓拓写《三家村札记》《燕山夜话》而为读者所称道,钱瘦铁刻了"三家村""燕山夜话""邓拓古物"诸印相赠。邓拓亦为他题诗:"老来盛誉满京城,书画兼长篆刻精。更有一心为人民,舞蹈泼墨见平生。"邓拓还在钱瘦铁画的《鲁迅故乡揽胜图卷》上题了一首颂扬鲁迅的诗并跋,跋语云:"钱瘦铁画师作鲁迅故乡揽胜图长卷,携来北京,一再披览,忆及前年绍兴之行,得者见鲁乡景物,历久不忘,爰题七律一首。一九六二年仲夏。"这本是以诗画会友的风雅之事,但"文革"风起,却成了罪状,他们在受迫害时,以不同方式,使各自的生命走到了尽头。

钱瘦铁在画坛上以侠义闻名,对人对事都肝胆相照。但他那惯于激动而刚烈的性子,常常使他的侠义慷慨付诸东流;他经常要为别人打抱不平,差不多每次又都以输作了结。唐云总是对他说:"瘦铁,你是好人,但是你的性格决定了你的命运,常常十有九输,有时输得连路数都没有。"

回忆唐云的这番话,对钱瘦铁的为人,我们知之甚少;今日画坛对钱瘦铁寂然寡闻,我们对他的艺术理解得太少。每想到这里,我总觉得时代愧对这位全才的画家。

附录

Appendix

钱瘦铁遗文辑存导读

钱 晟

Briefing of Qian Shoutie's Manuscripts
Qian Sheng

爷爷钱瘦铁从年轻时就积极参加各种社会活动，26岁就出任上海美专国画系主任，按理说学识不凡，然而因其留存下来的文字资料非常有限，我们后人对他的认识只是管中窥豹。适逢这次整理文集的机缘，从一些民国杂志、珂罗版画册及家书中，找到他的一些文章，梳理如下：

《语霜遗墨并言》是任伯年之子任堇叔为《语霜遗墨》写的序言，记录了钱瘦铁受人所托忠人之事。时年他27岁（1923年）。

作为责任编辑，他在民国最美杂志《美术生活》"发刊词"里号召大家在抗日救亡国难当头之时，"要以救亡图存为己任。要以启发民族文化，促进生产建设，改善社会生活三者为当务之急。"并指出创刊目的为"表彰我国固有之灿烂文物，使国人知所眷顾；介绍世界之新兴艺术，使人有所借镜；影写现今之社会生活，使人知所警惕与勉励。"即通过艺术来救国！在"告读者书"中他更是提到用美术来挽救科学的偏弊,美术是最仁道、最和平、最能导人走向博爱的途径。时年他38岁(1934年)。

狱中家书抵万金,从中可以一探他在日本监狱里的生活。他因民族大义而身陷囹圄斗室,并没有颓废不振,依旧保持积极乐观的态度,让妻子一再寄书,不断读书、画画、写字、刻印,日子过得充实而刻苦,纵是"火坑"也生出青莲来。信中谈到了他读书和书画的心得体会。同时,对于家人亲友,殷殷嘱托跃然纸上。时年他41—45岁(1937—1941年)。

"知孙子莫吾等"。从他为孙雪泥画册作的序,可知两人为至交,同畅游于古今之艺,彼此相敬相惜。时年他45岁(1941年)。

中日绘画,如出一辙。他在日本的观画记,对吉村忠夫、小野竹乔、横山大观、藤田嗣治等当红画家的参展作品点评一语见地,而又生动传神。时年47岁(1943年)。

铁汉亦有柔情处。在他从香港写给妻子的一封家书中,他写到他为国出力,妻子替他照顾家里,一个为国一个为家,各尽所能,是模范家庭。在中华人民共和国成立后更要努力。真是心怀天下,舍小家(家庭),爱大家(国家人民),同时又爱小家(妻儿)的中华好男儿!时年他53岁(1949年)。

"因人废言的事实"是一封为画院同事鸣不平的公开信。其中写道:"那些够得上全国水准的二十几位国画家,为了生活,不得不画三角五分钱一把的檀香扇面,这样,他们提高思想和技术的工作就受到了很大的阻碍。"即为美术史上有名的"檀香扇事件"。这直接导致了他后来在画院被划为"右派",极大地影响了他的人生轨迹。时年他60岁(1956年)。

虽然资料十分有限,但见字如面,从中仍可看出他的性格、学养与为人,让我对这位从未谋面的爷爷多了几分敬意。

因人废言的事实[1]
钱瘦铁

Fact of Rejecting an Opinion on Account of the Speaker
Qian Shoutie

  我是一个国画工作者，为了国画发扬光大，更好地为人民服务，所以我在这里写出我要说的话。

  我先从年画、连环画说起。为了贯彻为工农兵服务的方针，我曾经尝试画"抗美援朝的进军""向军属拜年"的年画，当然这不过是尝试而已，技巧上不够纯熟的。那时候，我们同道中人都热心执笔画年画。不过，我记得1952年上海美术工作者协会举行过一次年画座谈会，在会上，为了国画家三人合作的一幅题名《庙会》的年画已经入选，却没有出版，推说是出版者不肯出版，却没有说出不出版的理由来。我当时就说："这幅画既事先在评选委员会入选，组织上就应当加以帮助，向出

---

[1] 原载于《文艺》杂志，1956年8月。

版推荐,不应让它退回,这对于国画家在年画创作的情绪上是不太好的。在中央提倡民族风格上着想,这21张年画中属于国画形式的只有6张,而这6张里面又有1张没有能够得到和广大人民见面的机会,一方面使年画的品种减少了,一方面也打击了国画家的创作热情。这是不很妥当的。"我坦率地说了这些话,并没有什么别的意图,只不过想替国画家说出一点他们想说而不敢说的话而已。可是结果怎样呢？谁都没有考虑我的话。问题仍旧没有得到解决。因此,自从那年以后,国画同道于年画创作的情绪就冷下来了。

最近在国画创作草稿观摩会上,一位连环画《牛虻》画得出名的作家——也就是年画《庙会》的作者之一(《庙会》1952年入选,至今还没有出版),他讲了以下一段事情给我听。他说:"美术出版社要我进去工作了。"我就对他说:"这是一件喜事,应当祝贺你了。"他说:"别着急,还有下文呢：社里要我写'自传',指明在解放后对领导的看法要写得明白些。等到这'自传'写好送进去了一星期后,社里对我说,因为你有气喘病,我们社里很抱歉,不能录用你了。"那位画家又对我说:"这件事如果碰到意志薄弱些的同道,经不起打击的话,就非自杀不可了,因为患有气喘病就没有工作做,再联想下去,那就是没有饭吃哩！不跳黄浦还有什么办法呢？"我再三安慰他,有技术有才能不画连环画,画年画也照样有稿费呀（他进社原是搞连环画的）。他说:"你真是太健忘了！在文艺整风的时候,我同你在美协第四组,有一次出版社社长来参加我们这组,他说:'上海的国画家,动不动就写信给毛主席,他很不服气。'"这位画家当时承认是连环画研究班53位同学联名写的,是他起的稿。这位社长听到了以后,当时就很不愉快。

再说,在中国美术家协会上海分会改名时的一次理事会上,我和钱君匋同志推荐5位作家申请入会,其中也有上述作家的名字,过了几个月后,钱君匋同志告诉我说：他已经在常务理事会上被通过了。可是他到现在也还没有得到许可入会的通知。

再说国画方面的一些问题：当第二次全国美术展览会展品评委委员会评选的时候,我也很直爽很忠实地做了这些评选工作。为了一幅谢稚柳的"绿竹小禽",还有幅谢之光的"齐白石老人像",我在评选会上说这两幅画是艺术性很高的,应当入选,不必重复表决,于是引起了争论,结果,创作主任委员一定要重复表决。当然,主任委员的主张,哪个敢争呢？这两幅画自然被否决了。可是值得我们注意的是：

这些画寄到北京以后却都入选了(谢之光的一幅是今年寄去的)。这就说明,创作委员会主任对于国画的看法既不和我们相同,并且和北京方面也是不一致的。

在过去,我也屡次提出:希望多开几次国画座谈会。但始终没有得到满足,这又说明创作委员会在帮助我们国画家方面是做得非常不够的。有一次,在理事会上我也提出了对帮助国画家方面没有尽力,把国画弄到自流状态。我当时很激动,粗暴地说创委会主任不懂国画。这是我应该检讨的,不过,我没有丝毫私心,只是说出一点公道的话而已。老实说,国画的确不易懂,这也难怪他。但是会里有着二十多位国画家,他应该虚心地让国画同道负起责任来搞呀!此外,对于一般国画家的生活来说,也是照顾得很不够的。譬如说那些够得上全国水准的二十几位国画家,为了生活,不得不画三角五分钱一把的檀香扇面,这样,他们提高思想和技术的工作就受到了很大的阻碍。有一次在理事会上,有一位身穿军服的杨涵同志第一个发言说:"协会成立以来,对于会员毫无帮助。在思想领导、学术上,都没有做工作,只搞些事务。"杨同志的话是人们积郁在心里想说而不敢说的话。再有全国各地对于国画改革的工作都热烈地写文章,提意见,在《美术》杂志上也发表了不少文章,但是上海国画家和我们会里却一点没有表示。论起来,上海国画也有相当地位,也有许多杰出的人才,他们缄默无声的原因何在呢?也许就因为为国画的事仗义执言的人遭遇冷待,倒了霉,所以不敢说话了。譬如说艾青同志《谈中国画》这篇文章,有许多同道只好私下里谈出一些不满的看法,但是不敢公开辩驳。现在《文艺报》上有"发展国画艺术"的园地,关于艾青同志的《谈中国画》已有于非闇、俞剑华、丘石冥、任伯驹、秦仲文、刘相良等鸣了起来。上海《文艺月报》也为我们开辟园地了。为着国画的发展,为着建设无限美好的社会主义社会,我们国画家要当仁不让地起来"争",起来"鸣"才好!

以上所举的两件小事情,都是因人废言的事实,也许有人看了会觉得头疼,但是我希望既不要因人废言,也不"因言废人"。因为除了一小撮反革命分子以外,只要是我们中华人民共和国的公民,只要在神圣的人民宪法上所赋予自由发言权的,都可以"鸣"其一得之见,施其一技之长吧!

香港书家信一封

A Family Letter Written in Hong Kong

中秋无月可赏,在寓所画了二张画。昨日到柳先生公司,知道该款已经送至了。我到月底就再可寄些款子给你,请安心,望你身体保重。我到此地以来,身体尚粗健,幸勿挂念。

个展作品已一半画成了,大约月初可开展览会,结果无把握。我是一个画家,当然努力在作品上,多少总可得到一点钱吧,成功和失败我不计也。俭我向来很俭的,现在我很勤,我想克勤克俭做人糊口总不会成问题。明正说齐白石画老农夫,我也有拿手本领可画农产品,芋头、茄子、老葡、青菜。你也知道的刻印解放区会是用得着吧。我前天看到上海出版的《新闻日报》甜心的刻印润格每字人民券一千元的广告。我回到上海也卖一千元一字,一日刻两三方印,八口之家定能活得落吧。

我对家庭幸福,可说为了爱国而牺牲,不过你为我领了一群儿女,你真苦恼,我很抱歉，请你原谅。你是一个坚强而有毅力的女性，我放心为国出力，你可以为家出力，我们俩为国为家，各尽所能。我们更尊敬你的弟弟，有勇气，有牺牲精神。他在苏北鲁南奋斗，为人民为民主而出力。

而今国民党政权已到没落时候，我们应当更要努力把他打倒，彻底地打倒他。我在香港和梅汝璈① 在做反美帝的宣停工作，故而一时不能返申，必须待广州解放了。我们预定计划，要到广州去见见叶剑英将军，之后再定行止。好在广州不日可以解放了。今天晚报上说人民解放军已到英德县境。离广州一百二十里路。在一两日内广州可见五星红旗国旗高悬。

我们相见日子也很快了。我们是模范家庭，你是良妻贤母。我们是无产阶级，今无产阶级大翻身了，我们更加要努力，为人民尽心竭力的斗争。我是不屈不挠的向前做去，对日问题也是我很有兴趣的事业，你应当支持我。今度归国后，再赴日时一定同你一同去。请你再忍耐一时吧。

我的最尊敬、最亲爱的珊珊鉴。

你的瘦铁手上
（一九四九年）十月八日灯下

---

① 梅汝璈：东京审判的大法官。

《美术生活》①杂志发刊词

Foreword of *Arts & Life* Periodicals

---

① 《美术生活》杂志,是金有成创办的三一印刷公司在1934年4月1日主办的月刊,全年12期,1937年8月1日出版第41期后停刊,八开本彩色印刷。因其出版的形态独具一格,印刷精美,内容丰富,一度被誉为"中国最精美的杂志"。它开启了中国近代美术传播的别样形式,是20世纪30年代上海知名的画报类期刊,具有专业期刊与大众画报之双重特性,宗旨是使生活艺术化,使艺术生活化。钱瘦铁为责任编辑。

慨自东北沦陷，强邻对我文化、政治、经济之侵略日甚一日。兼以内患频仍，经济破坏，工业不振，民生凋敝，是诚危急存亡之秋也。我人际此时艰，自当以救亡图存为己任，斯亦举国人士之所共喻者也。夫救亡图存之道亦多矣！而要以启发民族文化，促进生产建设，改善社会生活三者为当务之急。吾国有四千余年之历史，为东亚第一古邦，在昔本有灿烂之民族文化，精良之工艺制作，健全之社会生活，而竟演成今日腐穷颓败之现象者，盖历来陈承相因，徒事保守，不谋改进而使然也。今也时移势易，环视强邻，靡不飞跃而猛进。回顾我国，则仍淹滞而不前，讵不岌岌乎危哉！敝社同人有鉴于此爱，创斯刊，其目的在表彰我国固有之灿烂文物，使国人知所眷顾，一也；介绍世界之新兴艺术，使国人有所借镜，二也；影写现今之社会生活，使国人知所警惕与勉励，三也。盖艺术之感人也深，其力足以廓清萎靡之颓风，振作强旺之元气。自来谋社会之精神，改造者莫不恃此为利器，唯是我国过去之艺术悉供特殊阶级之娱乐赏玩，为少数人所垄断，与民众相隔绝，以故其真正之效用不显也。同人等切欲力救斯弊，期使艺术克尽其职能，庶有裨于救亡图存之目的。故敝刊内容以艺术与工艺为经，政治经济社会诸生活为纬，穷搜博采，取材力求其富，而选拣力求其精。言简意赅，以期耗时少而获益多，取价低廉，以期购置易而传播广。简言之，敝刊期由艺术之大众化，以达到救亡图存观念之普遍化。此即同人等区区之愿望也。兹者创刊伊始，同人等力薄心长，简漏之处在所不免。尚望邦人君子，当代贤达，力予匡裘，不吝指导，则匪特敝刊幸甚，我民族前途实利赖之。

《美术生活》杂志创始告读者书

"To Readers" in the First Issue of *Arts & Life* Periodicals

在本刊创始的时候作者有如下几点敬告读者：

第一，用美术来挽救科学的偏弊。科学主旨本为人类谋福利，而今科学愈昌明人类愈不幸、愈恐怖，还确成了人类生涯中最大问题。作者认为这种科学的过度伸张是由于死光、毒瓦斯、病菌等杀人利器的发明。这个偏弊要免除，只有提倡美术，因为美术是最仁道、最和平、最能导人走向博爱的途径。

第二，用实用美术来挽救玄想美术的空谈。美术固然是人类的救星，生活的慰藉者，但近今从事美术的人却把美术的身价过于抬高。愈抬高愈使美术与人类生活离开，乃至隔绝。这却是美术家的自杀政策，美术界里的厄运。要来挽救这种厄运，只有把美术应用到实用上去，只有唯一把实用美术推尊起来。

第三，采取实际生活、平民生活的题材来挽救雅人名士的作风。我是个爱涂抹国画、好弄金石的人，提起笔来自觉满身都是名士才子的气味，落笔下去就有藏之名山传之千秋的空想。要知道没有饭吃衣穿，名士才子还要饿死、冻死的。我们总得把这种自命风雅渺无生机的空想转变过来。我们要在实际的美意中过生活，我们要把平民的生活拿来做我们作画的资料，我们要把实际的生活拿来做我们美的生活的题材。

末了，希望读者们常常伴着我们这本小小杂志，在实在的广博的生活里，寻求美意，在实用的平民的美术里讨生活。

妇女国货年①二月五日　瘦铁

---

① 妇女国货年为1934年。从1933年年底上海各国货团体开始组织运动，到1934年年初学生国货年兴起，妇女国货运动会提出"学生国货年的第一年，即是妇女国货年的第二年"为止，上海各国货团体、妇女各界、报刊舆论、知识分子，相继开展了元旦汽车游行、妇女国货年征文大赛、沪东国货展销会、妇女节国货联欢大会、沪西国货临时商场展销、国耻日国货讲演、外地国货企业考察活动等多项活动，利用报纸、广播等舆论工具进行活动宣传，号召广大妇女爱国货、用国货，以国货为美，转变风气，国货救国。

《雪泥画集》序[①]

Preface to *Painting Album of Sun Xueni*

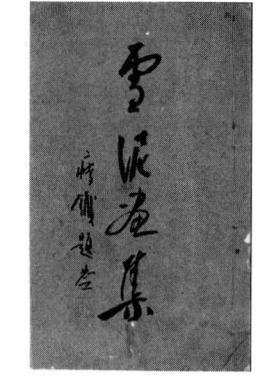

[①] 1941年7月，钱瘦铁为《雪泥画集》题封面并作序。

朋友之乐托至性情,于书画乐谭中,相游泳以道盖上也。当民国二十年间仆等与孙子雪泥①相聚于华龙别业,尽日夜谭讨上下古今之艺,以为幕天席地,惟吾数人耳。曾不十年而世事颇改,吾侪谭亦中止,共相赏于无言,则亦惟托兴与书画耳。足(是)以书画之道,达于穷通如日月之行天中,未尝以风雨晦明中辍也。而人或不之见,而一旦开霁,则山川云物,花草鱼虫鸟兽之观,朗然悉展,吾前其功岂不伟哉!今孙子雪泥,出其杜门,用功之作,展于中国画苑,彼其功候之深,造亦岂一旦哉!知孙子莫吾等。故为之序云。贺天健,郑午昌,陈定山,钱瘦铁同序。

---

① 孙雪泥(1889.7—1965.7),又名鸿、杰生,字翠章,号枕流,别署枕流居士,上海松江人,美术家。1956年上海中国画院筹建时被聘为画师。生前为中国美术家协会会员,美协上海分会理事,上海中国书法篆刻研究会会员,上海文史馆馆员。

语霜遗墨并言[1]

Yushuang's Manuscripts and Discussion

---

[1] 钱瘦铁东渡日本卖画时，俞氏将画托钱氏挟去东瀛，不意画尽售出，俞氏却已逝世。钱氏获悉痛哭之余即将售画之金用珂罗版精印《语霜遗墨》。任堇叔为作序言，谓"语霜身死而画未死"。《语霜遗墨》有停云书画社和文明书局两种版本。

钱生瘦铁之东也,死友俞君语霜①出其所蓄古长物,及其自为画之几于古者,寓以俱东,而货之临崖。尔汝之言,出口入耳,他人弗与知也。既而语霜以出,忧之疾急,遽捐馆舍,凶问既东,则生所寓君古物,亦既尽货之且归矣!归乃报命,哭君于寝,而谋赍所归者,佥谓君孥方稚,恐弗任,而君绘事称大家,今齿未及而死,人争惜之,是其身死而画未死也!托诸古人不朽之义,锓其遗墨,抑亦后死者之责与!至君之为画,旁魄众有,涵儒群伦,盖能标举性灵,而一衷于至雅。先之以无所不宗,继之以无所宗,终之以卒无所宗,而仍丧所不宗,则且骎骎乎自为宗矣。余喜生之能以不昧处寓金,而以不朽报死友,且喜君之精灵,赖是光羽以传也!故乐而序之。如上述。

阏逢困敦陬月,山阴任堇堇叔并书于须曼那室。

---

① 俞语霜(1874—1923),名宗原,字宜长,别号女床山民,浙江吴兴(湖州)人。擅山水及花鸟并精于金石碑版,与吴昌硕等创办海上题襟馆金石书画会。为人友善豪爽。钱瘦铁不仅跟其学水墨丹青,亦请教金石碑版之学,得益良多。

日本狱中家书三十纸
Thirty Pieces of Family Letters in Japanese Prison

从1938年11月8日起至1941年5月2日,钱瘦铁在狱中(日本东京市丰岛区巢鸭1–3277东京拘置所),写家书三十纸给妻子张珊。

1938年　民国二十七年　戊寅　四十二岁

珊珊贤妻如面：

余七月十日转拘于此，此间清静，空气良佳，明窗净，正好读书修养。身体康健，幸勿悬念，入秋天凉，愿尔珍重，儿女小心养育。余欲读之书如下：唐诗，民智书局出版，注有平仄声者；宋王安石文集，商务出版；学生字典，同上。先购此三种速速寄来。回信寄日本东京市巢鸭东京拘置所内。

钱厓　九月四日

二哥、二嫂前请安

（邮局印　日期 1938.10.20）

珊珊贤妻如面：

予入秋以来身体尚好，近日稍有伤风而已，别无所苦。此间颇清洁，读书修养良佳，幸勿悬念为是。太平、润子、新生等小儿女注意饮食卫生为要。

盼望你的回信。

钱厓手启[①]

回信：日本东京市丰岛区巢鸭1-3277东京拘置所内。

（邮局印　日期 1938.11.8）

[①] 太平即长子明政，润子即长女明芝，新生即次子明直。

珊珊如面：

寄来书籍及寒衣均已收到，读书消夏，书、诗中别有天地。坐对儿女写真，忘却身为囚徒矣。贱体顽健，可勿为念。愿你安心，自为珍摄，入冬小儿等宜饮牛乳，少吃杂食。古谚祸从口出，病从口入，注意注意。

瘦铁手白
十一月十四日。

（邮局印　日期 1938.11.28）

珊珊如面：

入冬以来，吾体健康，勿念。近日习练草书，每日写字读书，今欲读《黄帝内经》，可向中国书店购买，可说明吾买者有折扣便宜。草此　并祝大嫂二哥二嫂冬安。

瘦铁
十二月二十日。

（邮局印　日期 1938.12.28）

1939年　民国二十八年　己卯　四十三岁

二哥如面：

遥颂新年百事如意为颂，弟身体安好，幸勿悬念，唯愿小心照顾子侄等。兹者乡间大嫂安否念念，得便回吾一信，再者痢疾药趁今寒天多预备些，代弟制百斤许，吾有大用也，草草上言。

弟厓顿首

（邮局印　日期 1939.1.18）

珊珊妆次：

　　前上书信谅已均入手，渴望你的回信，你自己也能写，何故不写回信？接到此信，回信简单写一张明信片于我。吾每天看书习字，你呢照看小囡，要小心饮食，要注意卫生，多晒太阳顶好，第一身体健康，顶要注意。

瘦铁字

（邮局印　日期 1939.2.8）

珊妹妆次：

　　前上一信谅早入览。今日是阴历己卯年正月六日，写信祝你们新年康健。近日读家庭卫生法，知道许多卫生的学问。太平、润子、新生、平雷、平洋、宗德、桂金等，你教育他们呼吸要用鼻子，不可张口呼吸。吃东西前手要洗得洁净。注意注意。①身体健康的方法第一不可吃生冷东西。吾近来好，你可不必悬念。你们自己保重为要。二哥二嫂大嫂前问好。

厓字

（邮局印　日期 1939.3.1）

① 平雷即大哥钱养和之长子钱大礼，弟平洋、姐桂金，宗德即二哥之子钱忠德。

瑚弟鉴：

　　日前接你姐来信，始悉弟与母亲同在姑母处，平安无事，甚为欣喜。余深盼望吾弟努力学问，欲造就一人才，勉力自修勿荒怠为要。对身体健康亦要注意，书法每晨须临帖四五张，古人言曰：字为心画，有表现人的内心的，故而历来文献传之千秋。愿勿轻视，至嘱至嘱。现暂居峡石自修，待余归来再作入学之计，英文亦望补习，将来或进惠灵中学之预备。①

　　钱厓拜祝岳母、姑母大人新年健康！徐府问好并上书。接到后即复吾一信为盼。

（邮局印　日期 1939.3.11）

瑚弟如面：

　　先日复你的信，定当入目矣。吾弟健康第一要注意。佛说自强守正行健者得度世。易曰："天行健，君子以自强不息。"所谓有一分精神做一分事业。愿你接到余信速向你姐取一元买一本老子《道德经》，熟读。待余归来再行详讲，使吾弟明了道德之要点，道德之为人为己均有益也，幸勉之勉之。

兄厓手启

（邮局印　日期 1939.4.21）

---

① 张瑚即内弟史晋，1921年生，1931年至姐夫钱瘦铁家生活，1942年南洋中学高中毕业进入复旦大学，次年转华东联大经济系。1945年7月经商东山（林夫）介绍随方智远等到苏北解放区参加新四军。1947年10月加入共产党。1948年8月提前转正。1949年1月—1951年5月在29军85师254团任宣教股长；1958年1月到厦门大学；1958年6月—1959年7月任厦门大学党委办公室秘书；1959年7月任党委办公室副主任；1961年3月任党委委员。"文化大革命"中受迫害致死。张瑚参军后改名史晋，1952年在福州与潘韵华结婚，有长女史岩、长子史宏、次女史平。

珊珊：

　　来信得悉吾之衣服在池田家中，画件等在今井家中，一一均知。徐先生留在桥本家之物，容吾归国当带归也。①瑚弟附言择业之事同意与吾，吾颇喜。可交三数元付其向书局购书读，并嘱写字必须平正不可歪斜，此乃至要，言为心声，字焉心画也。吾近日读书甚有进益，尔等幸勿悬念为是。

　　草草复言。

厓字

瑚弟鉴：

　　附言得悉同情与吾，甚为欣喜，望你每日可至商务书馆，申报图书馆，在大陆商场等看书，所取之书须于将来事业之用。吾深望你努力于学问。

厓启

（邮局印　日期 1939.5.2）

珊珊：

　　前日写给你的信谅必入手了，吾在狱中无时不想念尔等，此次遭难苦了你了。吾对于你抱歉不安，幸而有二哥和朋友等照应，好得现在十云姐和小蝶②已归上海，有事尽可与他们直说，毕竟可以相援。日前吾有信写徐卓呆兄亦托其照应，卓呆兄道德甚可敬佩的，有事你也可同他直说，小曼当然照应你的，惟恐他们自

---

① 池田即日本友人池田醇一，桥本即日本画家桥本关雪。
② 小蝶即画家陈小蝶。

顾不暇,吾岂不明白哉?瑚弟在左右亦可助你,吾自接到你说要避居乡间,吾心十分郁闷,有无法可分你的忧,只得写信让小蝶和卓兄援助或可使你少少安心。

草次,祝你康健。日本东京丰岛区西巢鸭1-3277

钱厓

五月二十二日

（邮局印　日期 1939.5.24）

珊珊如面：

先日之函云二十五日审判终了,今裁判长定六月十号由岛野武律师出庭代为辩护,或可缓刑出狱亦未可知。吾安好,幸勿念,愿你保重身体好好照爱小孩们,峡石若太平或可居住,吾已托小蝶兄代决定,可与其商议。草草上言。顺颂二哥大嫂二嫂康健。

厓字

五月三十一日

瑚弟鉴：兄愿你努力学问,可买一本《十八史》略一读,要看书,可向小蝶兄处借看,习字要用心写得平正,不可歪斜,至嘱至嘱。

兄厓顿首

（邮局印　日期 1939.6.6）

珊珊：

昨接来信知悉一切。吾居此,独处一室颇清洁,庭中雪松五株,杜鹃花数本,有时鸽雀飞集,大有诗意。案有秦汉以前书,商周金石文字之帖，囹圄独居疑是琅环福地，佛说一念为善，火坑中是有青莲，信然。夏衣多有，幸勿操心，愿尔自为珍摄。小蝶来书深赞尔贤德，吾心安矣。土屋兄为吾请律师辩护二十日再开庭，正义之论辩或能出狱亦未可知。瑚弟读英文国文望督课勉其努力为祷。国文有不明解说处可至小蝶处请益，幸勿忸怩却步。学须问遂有进步耳。

草草复言。

厓字十六日

（邮局印　日期 1939.6.19）

珊妹如晤：

一时接瑚弟来函并照片二张，甚为欣喜，你与小囡均健，吾安心矣。当今遍地灾黎苦人待救者甚众，望你讲与小囡听，各人不许用钱，省下来周济饥寒之人功德无量。点心买些原料自己家里做，省钱又卫生，如豆汤、粉衣，朝晨吃豆腐浆，切开西瓜水果，绝对不可吃，衣着宜用土衣布为是。吾夏衣不要。你好好照顾子侄等，吾经此患难，苦了你，诸友人来信称赞贤惠，诗文传赞千秋美名，愿你更积德行善为祷。

草草上复。

厓字

（邮局印　日期 1939.7.14）

瑚弟如晤：

前接来书，听悉一切，余身处囹圄幸顽健，忽忽三度闻蝉鸣矣。唯念吾弟学业之事无法相助为憾，愿弟自勉为盼。《十八史》略读了可读班固《汉书》，陈寿《三国志》。后再读《史记》《韩非子》，此书可向小蝶先生处借读，并求其指教、讲解。吾弟不必急急觅工作赚钱养家，尔母亲即吾之母亲，供养温情吾当尽力。幸勿虑，尔姐亦贤德有孝心，当能尽子之道可不担心。唯专心学问，古人成功者皆苦出身，囊萤映雪，悬梁刺股，良鉴可法。

兄厓顿首

（邮局印　日期 1939.7.18）

珊珊如面：

天气炎热诸事珍摄，余近读《史记》以消暑，虽处身囹圄，游心于书中，贱躯颇健，可勿念。余嘱瑚弟拜小蝶为师，未识已往受教否，念念！英文亦嘱其努力，时时督课勉励勉励。瑚弟有天资可成名。俟余归后再进学校或留学日本亦可。

草草上言。

厓字

（邮局印　日期 1939.7.29）

所接来信，忻悉太平。今秋入学，甚为欢喜，可更学名曰"平正"。小囡等湿疮可请小圃先生诊视之，或吃六神丸五粒至七粒，亦能清血治毒也。六珠出阁送礼券十元，倘手头紧，可买花篮一只送之亦可。好在雪泥哥明白吾之情况，当不见怪耳。炎于诸儿保重为要。

草草复言。兄厓顿首。二哥等均此不笺。①

（邮局印　日期 1939.8.11）

前瑚弟来书知悉，小囡患湿疮未识今愈否，太平小小年纪能上学住读吾甚喜欢，此孩颇有忠厚有志气，惟恐离妹弟独居校中寂寞耳。小囡等病湿疮同往小圃先生处，可请其诊看，当可无虑。炎天沪地空气不佳，诸事保重为祷！此间颇凉爽有秋天样子了，一无所苦，幸勿念为是。草草上书，并祝康健。二哥、大嫂、二嫂均请问安。

厓字

（邮局印　日期 1939.8.18）

如面：忻悉瑚弟已得免费入学，甚喜，可贺，平正今秋入学，舅甥二人均祈勉励，督课。平澜、忠德亦时时勉励之为盼。吾甚望彼等努力课功，将来为有益国家之才。所有学费之用，吾尽力筹之，决不吝啬也。草草上言并祝二哥、大嫂、二嫂健康。

厓字

（邮局印　日期 1939.9.10）

十一日判决惩役三年，除去未决拘留之日二百八十日，二年

---

① 小圃即名中医徐小圃，雪泥即画家孙雪泥。

二个月多的惩役,日本的法律在惩役期中无过失,满三分之一服役即可保释,以此计算明年春末夏初即可恢复自由。接到此信,幸勿悲伤。余所受罪乃增人格的罪,为和平运动之罪。至今每日诵经宣佛,祈祷和平,早息兵戈化为玉帛。此吾之心地也。愿你保重身体,教导子女,不必念吾。草草上言。

再者吾要汗衫二件,请你寄来。吾在狱中身虽不自由,对于读书大有益。心地活泼泼,想到你们的时候,看看照相亦如见面一样。

再者至嘱你此次事件,日友如土屋、池田、桥本诸先生颇出力。道义可感!他们或到上海来慰问尔等,食物礼物可受,银钱幸勿受,则尔之贤名当传之海外也。

厓字

(邮局印　日期 1939.9.16)

日前寄上一函谅早入览。余经此次之锻炼,身心两方均为得益。今将每日起居动作告吾爱:起身用冷拭法使皮肤坚实,朝餐后即开始工作,午餐后运动,温习太极拳。四时许晚餐,工作至每晚有间可读书。余数十年闲散生活,今此规律生活习惯锻炼筋骨体肤,读书可得许新知识,诚良好之教训。唯苦了尔等,然则遭横逆,困穷乃显出人之贤不肖,岁寒然后知松柏后凋。先日得小蝶来信深称赞尔之贤德,吾非常喜欢,唯愿尔保重身体,善视小儿女,好好相助哥嫂等处理家事。幸勿以吾为虑。草草上言,瑚弟均此。

厓手启
十一月三日

(邮局印　日期 1939.11.19)

二哥手足如面：

　　弟自十月十日至此，贱躯粗健，请勿悬念。得瑚弟二信，悉一切良慰，弟亦二信与珊珊，未见有回信，何故？先日寄来之汗衫、洋袜均已收到，唯狱中不得穿着。弟今恳请狱中当局改为绘画工作，已于前月十七日起从事笔墨，重温旧业，静心修养，借此深究画学，阐明六法之奥，可谓祸中获福也。锻炼心身，习苦耐劳，养成良好习惯，他日恢复自由之时再到社会可为模范之。唯家累累及吾哥甚不安耳，草此上书。遥祝康健。三弟拜上。

　　瑚弟能勤学业，平正可铅笔字大可喜。唯望哥督励之是祈。并愿合家勤俭成风为叩。他日得为钱氏重兴之范，诸侄儿等勉于学业为盼。

　　三弟又及

十二月三日

（邮局印　日期 1939.12.13）

1940年　民国二十九年　庚辰　四十四岁

珊珊如面：

　　接得九月二十二日瑚弟一书，七月二日尔之问，忻悉家中均好甚慰甚慰。吾入夏以来身体无恙，幸勿念。近日画墨笔山水深得古人奥妙，每成一幅展之铁窗下自赏，聊当卧游，苦中作乐。前月曾刻印六方，刀法亦有进步。入狱以来读书颇多，增益知识修养身心，亦复不恶。唯时时念及尔等，幸有二哥照应，吾无虑矣。顷接士屋兄来书言同王廷珏兄访问尔，见润子、新生均好，吾更安心矣。

雪泥、小蝶、小曼谅皆康宁，得间代为问候。瑚弟暑假电祈时温习各课，勿懈。小儿女等卫生注意为要。狱中每月一、三，星期日为休息日，亦即写信之日也。平正读成级好否？草此以祝夏安，合家均吉。

厓字

日本东京市中野区新井町三三六　钱厓　十月四日

（邮局印　日期 1940.3.9）

珊珊妆次：

接读你一月二十日来信，知悉均安康为慰。吾近写画习字颇有兴味，贱体亦粗健。虽然以日为岁，唯天气渐暖，更本年二月十一日为日本建国二千六百年大赦改轻六个多月的恩典。再过二个月方可请求假出狱矣，或能释放也未可知。并有池田君时来探望慰藉，故而精神颇安适也。前瑚弟来信说，新正有照相寄来，吾甚企望。瑚弟书法古雅而有气魄，可愿其临帖，吾归国即当传授其刻印之技。平雷、忠德、平正各努习字可让瑚弟教他们，三人中谁勤，吾当有奖品赏他们，怠者不与也。王羲之《曹娥碑》前曾与瑚弟，可让其临写印格付与三人摹写。瑚弟多临《张迁碑》隶书，与刻印方面大益处也。草草复言。并颂二哥大嫂二嫂健康。瑚弟均此。

厓手启

（邮局印　日期 1940.3.15）

珊珊如面：

　　接得三月六日来书，忻悉小蝶、小爱均安，甚慰。吾之书画有进步，自作自赏，聊可自慰。近日所习王右军《十七帖》已得其遗意，而能速用其笔入之画中，写山水追董北苑法。《龙宿郊民图》《洞天山堂图》《溪山行旅图》此三图之妙处皆已悟得，他日得面小蝶小曼告之。所询出狱之确期前函已言及，今已可保释期矣，假释放缓刑若得桥本先生出面定可保释。吾也企望之。唯愿尔自珍摄，不必苦念吾，好好管教小儿女。好得尔吾家乡均已太平。瑚弟学业精进可喜，三月十六来函，书法颇遒劲有气魄，他日当为有为之才，重光张氏门庭可操左券。唯愿其注意健康第一，学问第二也。草草复言。二哥、大嫂、二嫂前请安。兹瑚弟均此，恕不另笺。狱中规定每月发信一次，望诸友之原掠。吾之满期来年五月十五日也。

厓字

（邮局印　日期 1940.5.16）

珊珊如面：

　　余顽健如昔，唯添白鬘数十而已。书法笔法亦苍老多矣。今狱中庭园黄菊满开。午前午后两次运动颇合卫生。望你善为教育子女，善事哥嫂，时篇勉励瑚弟学业。再过半年即可重叙家庭之乐。余经此锻炼身心益健，瘦骨傲得冰霜，转祸为福，重新努力美术文化，而今静修准备亦大佳也。沪地诸公代为问候，草此遥祝健康。

厓手启
十二月三日

（邮局印　日期 1940.11.10）

1941年　民国三十年　辛巳　四十五岁

顷接来书,得悉家中平安为慰。润子将入学,学名可取平子二字。七钱留池田家,杨廷康处可通知,俟予五月间出狱时奉还可也。予近日作画颇有佳兴,今日写达摩石壁图神气活现,题云:在狱作画自刻闲章二"石癖""慎独"。非石癖而石壁为忧苍生,而慎独不宜文字即心即佛。吾从西而来,期满当即归西。又有蔬果图题句曰:抱瓮灌溉机心全息,乃公亦是羲皇上人,不当家园风味,已四易春秋矣,昔之田圃恐为荆棘丛矣,欲抱瓮而灌安可得也。写此寄叹。

草此遥祝沪地诸公均吉。雪泥、蝶野二兄均此。二哥前问好,瑚弟学业进步,珊珊妆次。

厓字

春朝画梅题句:"春朝呵冻写寒梅,使转纵横信手来,铁窗前树尚含萼,尺幅之中已满开。"

狱庭中植有松梅数十枝,颇幽雅富有诗趣。

（邮局印　日期 1941.2.8）

珊珊妆次:

先日得二哥来函忻悉一切。读平正附书,谓已升级同平子同学。平正书法颇有力,纵横奇趣大有天才,勉之勉之。时时督励之为盼。予在狱中习草书,作画颇不寂寞,再过二月半即可恢复自由矣。当今铁窗外寒梅着花，松柏青青，大有诗趣。有矮松数十株错节盘根，大似黄山蒲团松，曾为写图题句曰：岁晚立冰雪，相慰南冠囚，支离错箭态，却免斧斤急。予题画诗有数十首，他日得蝶兄笔削或有可观处。昨写《雏鹏窥尾图》题句：莫心急，莫心急，时至鲲尾会自蜕，扶摇直上九万里，图南壮志终得遂。读庄子《逍遥游》，乘兴画雏身鱼尾，附首窥尾因缀数语题之。草此并祝沪上诸公春祺。

厓字

（邮局印　日期 1941.3.11）

珊珊如面：

　　前接来书忻悉家中多好，甚慰。出狱期近，精神益健。此间友人如桥本、土尾、池田诸公极重道义，深可感也。出狱后一时住池田君处，归国之期当不速也。近今学王羲之《十七帖》自觉颇有是处。盖罹患中之获益，所谓，塞翁失马焉知非福。予经此次之修养教训大有益也。

　　草此遥颂时祺，沪上诸好均此。

厓手启
四月十五日

（邮局印　日期 1941.5.2）

　　……了，瑚弟读书写字须时时习之，不可荒废，待我归来，共同做事。学问数学乃做事之工具也，亦做人之道具。嘱其注意为要,吾希望瑚弟甚大,请其努力,吾的家庭要做现代的模范家庭,及吾的弟、侄、子女等皆要克勤克俭守礼仪,重要重要。

厓宇。

(此前半页失落)

       (邮局印 日期)

观现代日本绘画展题记[①]

钱瘦铁

Notes on Modern Japanese Painting Exhibition
Qian Shoutie

　　中日两国，同种同文，绘画亦同一辙。此会由北平、南京，至沪已三展矣。虽仅六十六件，但出品极精美，乃近代数十年之结晶；故予两度细读，有百观不厌之慨，爰乐为之记。

　　入场处陈列五尺余整纸照片两张，一摄新药师寺十二神将之一，雕刻木像，仿唐杨惠之。手法雄壮异常，颇得其似。一摄中宫寺如意轮观音，庄严慈悲，传神甚佳。此二品足表现其科学艺术之长。而一则威武，一则慈祥，意义至深，非仅宗教之高深宏伟也。

---

① 本文原刊登于1943年的民国杂志《杂志》。杂志的编者按：在现代日本绘画展开幕后，本刊曾请钱瘦铁先生写一点对于日本绘画的意见，钱先生答应了。可是本刊的出版期远在七月十日，因此钱先生的文章便先交新《申报》刊出，并允本刊重载，兹谨表谢意。

第一室。吉村忠夫"征马",黑马武士,有昭陵石刻之风神。山口蓬春"瓶花"牡丹,国色天香,富丽堂皇,合圆山大和两派之美。小林古径"旭日碧涛",传以金碧二色,古雅壮丽,自佛教美术中得来。石琦光瑶"秋色",野葡萄小禽,秋色斑斓,见萧疏清洁之致,得动静之宜。望月春江"猫儿图",典雅可与左勘五郎雕刻睡猫并传。此种动物写生,中国画史上比较少见,可征其难。

第二室。小野竹乔"春夜杂唱",色调从波斯画脱胎,极配置之美。胜田哲"庆长妇女图",以新颖图案,敷以印度彩色,写古代美人,有格古意新之妙。川合玉堂"山村秋晴",老笔纷披,正合画境,所谓笔墨中带秋色也。荒木十亩"萱草双雀",栩栩欲活,小处见大,真有纳须弥于芥子之手段。菊池契月"菊",幽娴贞静,恰似贵妇风姿,独立蓬门,自具高雅之态。横山大观"黎明",墨笔富士山,斫轮老手,雄穆二字,当之无愧。安田靱彦"观世音像",线条美如唐人画壁,形神均超。堂本印象"小涧",秋意爽朗,村径归樵,设色颇得关雪翁神韵,用笔疏秀可赏。

第三室。镝木清方"表臣",忠心耿耿,传神阿堵,此人冲穆之情,足现治平怀抱。此东方古大臣伟岸之风,实为拨乱反正,保国安民之征像,令人流连感叹久之。松林桂月"清泉"。水墨渴笔,如古碑拓本,久对若有天籁冷然。题诗亦佳。不愧新南宗画家之巨擘。小室翠云"山珍海味",写来妙到毫厘,令人食指欲动。竹内栖凤"家兔与猴儿",技巧妙绝,设色似真。铁链锁颈,竹笆围兔,起予满腔牢愁,深为感叹。虽少诗的意味,无伤也。山内多门"日光山四季卷"。笔笔中锋,大似沈石田,蓝田叔,若更去习气,则尤妙矣。木岛樱谷"时雨",秋野鹿逛,生动之至。桥本关雪"黑猿",以淡彩写出,深山月下,似闻虎啸猿啼,仿佛读老杜秋兴之诗。二猿一动一静,刚柔并济,均为杰作,比之梁凯牧溪易元吉,可谓四美。四村五云"麦熟",小牛二头,设色用笔,均胜栖凤,冰寒于水,青出于蓝多矣,不幸夭折,伤哉!惜哉!田中咄哉州"七草",疏秀可爱。

第四室。奥村土牛"松鱼",用古法写生,拙而趣,生意盎然。西山翠璋"富士绝顶",古穆如高房山笔,在富山诸画境中,能另显神色。柳原紫峰"玉蜀黍松鼠",活泼如生。桥本关雪"水乡急雨",写吾家乡风光,笔飞墨舞,其高致在笔墨之外。即以笔墨言,亦空灵出众,吾无间言,然世有法眼,不必赘赞。小杉放庵"石榴",补以翠禽,顽石,古色古香,如三代铜器。非着意所得,于不着意而胜人着意,是为甚难,世尊所谓稀有也。竹内栖凤"秋食"。南瓜和野鼠,设色构图皆佳妙。藤田嗣治

"猫儿",此画线条脱出画的羁绊,别有胜境,允称逸品。金岛桂华"红蜀葵",富有装饰意味,古拙可喜。

第五室。柳原紫峰"白鹤荷花",木版画,颇似南宋院体。此中有味,宜细玩之。滔井三良"江村之夏",渔村有闲散之趣,极古拙静穆之致,可谓妙品。

附有松风会会员松井社中"描花",盆盆入画,增色不少。友邦花道,国人领解甚少,以此妙艺,殿此佳会,相得益彰,叹为观止矣。

钱瘦铁谈画录[1]

庄正　辑录

Records of Qian Shoutie's Talk on Paintings
Compiled by Zhuang Zheng

画要大家喜爱看,还要经得起看。

画面既要凝重,又要轻松。凝重则不乏味,轻松则不闷气。

整个画面是虚和实的构成。章法要有虚实,笔墨也要有虚实。

整个画面要调和,山头之间要有呼应,树木也要穿插有致。

画面要集中,要有积聚,不能一盘散沙,要如散钱归串。

船后画二条水线,有动的感觉。水线画得直,显得有力量。

松针头要尖,松枝要顶得住,不能软弱。画树干,可以从上而下,也可以从下而上。

---

[1] 原载于《朵云》,1987年12月。

要画出季节,画出早中晚时间,画出光线。

中国画的形式表现,主要在于笔墨。

用笔以中锋为主,但不能全用中锋。从笔尖到笔根都可以用,而且必须都要用到。

不论中锋、偏锋,要笔笔派用场,笔笔耐看。

用笔要有抑扬顿挫,如音乐之节奏感。要有轻重徐疾,不能平均使用力量。一味用重笔、慢笔则呆滞,一味用轻笔、速笔则浮滑。

用笔要浑厚,要滋润,要毛,要松,要秀。

古人论用笔如垂露,如悬针,如奔雷,如陨石,如印泥,如壁柝,如折钗股,如屋漏痕,如锥画沙,如惊蛇入草,作画用笔也是如此。

用笔如推车过桥,起笔要重,如车上桥,用重力推。中间较轻快,如车至桥面,便觉平舒轻快。收笔敛缓,如车下桥,要倒拉之,唯恐轻率抛开。

蘸一次墨,一笔用到底。由湿墨用到干墨,由浓墨用到枯墨。有湿、有干、有浓、有淡、有润、有枯,一笔墨,得到充分的综合运用效果。

大胆落墨,细心收拾。下笔时要大胆,然后一遍一遍加。佳笔留着不动,不足的地方增补,或加以适当的修改。虽是写意的笔法,也要十分细致。不放过任何细微末节,必须达到神完气足而后已。

画要厚,须一遍一遍地加。第一遍墨干后再加第二遍,愈加愈厚,谓之积墨,但不可腻。

有的画面要保持湿的感觉,第一次墨未干,即加第二次墨,谓之破墨。可以浓墨破淡墨,也可以淡墨破浓墨。

画山石,边勾勒,边披擦,边渲染都可。在于熟能生巧。

远山以淡墨勾勒或以枯墨皴擦成形,随以大笔淡墨水渲抹一遍。

极远山即用大笔以水蘸墨抹出来,水墨最好有浓有淡,既有气韵,还看得出笔意。

近树用浓墨写出枝干,由湿到干,显出轮廓。不能模糊。树叶有浓有淡,有湿有干,要有变化。

树干两侧用淡墨抹一笔,有立体感。树叶也可用淡墨渲染一遍,但墨不可深。

远树比近树用墨可淡一些,用笔可干一些。

极远树与山头点染结合起来表现。

色与墨要调和。色可以代墨,不可以掩墨。色既掩墨,要再加墨,谓之醒。

着色也要加二遍或三四遍才厚。

一幅画在墨笔画的基础上,可以全面设色,也可以嵌一些色彩进去。如果墨笔渲染后的气韵很好了,可以不必再设色。

一幅着色的画,在用笔用墨时,对于需要突出用色表现的地方,预先留出空白地位,不要用墨渲染。

着色,主要是起渲染作用,使画面更加明显、突出、滋厚。

染树叶,一般用花青色,然而花青日久要褪色,可用石青。山石着赭色,松针涂石青,可以经久不变。赭色要着得厚些,石头上抹赭色,有被阳光投射的感觉。

青绿山水中,用朱磦、胭脂点染红树,有强烈的色彩对照感,显得极为壮丽。

钱瘦铁年表
了 庐　钱明直　钱 晟

Chronicles of Qian Shoutie
Liao Lu, Qian Mingzhi, Qian Sheng

钱瘦铁，名厓，字叔厓，晚年自号"淞滨病叟"，是我国现代在书法、金石与绘画上有卓越成就的典型文人画家。生前为上海中国画院画师、中国民主促进会上海市委常委。无锡人。父名增荣，世居鸿山里，以务农为业，全家靠四五亩薄田以维持生计。母亲谢氏。钱瘦铁有兄弟三人，长兄名养和，先学银匠，后唱文明戏，育有二子一女，名大礼、平阳、桂金。次兄名文选，中药铺学徒，育有一子，名忠德。钱瘦铁排行第三。

1897年　　清光绪二十三年　丁酉　一岁
　　　　　　2月，钱瘦铁生于无锡荡口区马桥乡十村。

1910年　　清宣统二年　庚戌　十四岁
　　　　　　钱瘦铁因家境清贫，父亲无力供其就读，遂携其至苏州护龙街"汉贞阁"当学徒佣工。店主唐仁斋为苏州刻碑名手，钱瘦铁在刻碑之余，痴迷于书画篆刻。"汉贞阁"隔壁古董文物店"竹石山房"店主徐树铭（徐子鹤的父亲）见其天赋，把钱瘦铁介绍给郑文焯和俞语霜两人。是年，郑文焯54岁，俞语霜36岁。

郑文焯（1856—1918年），字小坡，号叔问，别署大鹤山人、冷缸词客、鹤道人。奉天铁岭人，客寓苏州。工诗词及古文辞，兼擅书画、篆刻，又精医道，其词为晚清大家之一。时钱瘦铁初习治印不久，然所作已楚楚可观，得郑氏赏识，便主动教钱瘦铁书法绘画。因此，钱瘦铁在离开"汉贞阁"以后，就正式拜郑文焯为师。郑文焯为钱瘦铁署斋名曰"瘦铁宧"，因号瘦铁。

俞语霜（1874—1922年），名宗原，字宜长，别号女床山民。浙江归安（今湖州）人。南社社友，擅画，工山水、人物、花卉，宗八大山人、石涛，其作品苍莽雄浑，水墨淋漓，意境极高。钱瘦铁对之极为倾倒，因从之请教画艺，得益颇多。钱瘦铁既得良师指点，艺遂大进。

当时吴昌硕寓居于苏州，与"汉贞阁"常有往来，唐伯谦还曾为吴昌硕的篆刻作品锲成石刻。钱瘦铁对吴昌硕是极为敬仰的，后经郑文焯的介绍，得以点拨。当时他刻的印章，就是模拟吴昌硕的风格。

1916年

民国五年　丙辰　二十岁

钱瘦铁到上海，以鬻书画兼刻印谋生，署斋名"契石堂"。郑文焯为其润例前作小引谓："金匮钱君瘦铁，持方寸铁，力追两汉摹印之神，游刃有余，骎骎不懈而及于古，他日当与苦铁、冰铁并传，鼎峙而三，亦江臬艺林一嘉话。"遂有"江南三铁"之称（苦铁即吴昌硕，冰铁即王大炘）。

是年，吴昌硕72岁，正在上海主持海上题襟馆金石书画会。钱瘦铁来沪后即成为题襟馆会员，又拜吴昌硕为师学习绘画篆刻。其时上海自开埠以来已成为书画家云集之地，以吴昌硕为首的题襟馆，常年陈列有会员的作品或所藏的画件，金石书画研究办得有声有色。会员们常在此论艺谈道,切磋书画,交流心得。会长吴昌硕几乎是每晚必到,偶或在这里挥毫书画。会中还收集有会员们的润例单,可对外承接画件,其手续费即充作题襟馆的活动经费。题襟馆的会址,初在闸北交通路,后迁至会员俞语霜的汕头路寓所中。其中有陆廉夫、黄宾虹、王一亭、赵叔孺、赵云壑、吴待秋、高野侯、丁辅之、贺天健、任堇叔、曾农髯、朱古薇、黄蔼农、哈少甫、高欣木等人,钱瘦铁亦常趋此地,其间亦有一些掮客及国外友人光顾,成为海上画坛的一大特色。

1919年

民国八年　己未　二十三岁

9月28日,由江新、丁悚、杨清磬、刘雅农、张辰伯、陈晓江等发起的美术组织"天马会"成立。钱瘦铁、汪亚尘、王济远、潘天寿、刘海粟、高剑父、王一亭、朱屺瞻、唐吉生等为主要成员。

前排左起:钱瘦铁　王个簃　吴藏龛　刘玉庵　关根　唐吉庄
中排左起:刘山农(左二)　王一亭(左三)　吴昌硕(左四)
　　　　　柴四六次(左六)　李福成(左七)
后排左起:夏金堂(左一)　潘天寿(左二)　诸闻韵(左三)
　　　　　吴东迈(左四)　吴志洪(左五)　骆亭公(左七)

1920年 民国九年　庚申　二十四岁

初冬，题襟馆发起书画赈灾，钱瘦铁踊跃参加，以画作义卖，支援直鲁豫晋湘陕闽浙各省水旱兵灾。

1921年 民国十年　辛酉　二十五岁

3月，钱瘦铁刻闲章"食金石力"自用，边款：苦老师篆，辛酉二月，瘦铁刻。

夏，钱瘦铁刻"醉亭无恙"印，边款：辛酉夏日，瘦铁。

9月14日，晨光美术会在一品香设宴欢送张聿光、朱应鹏赴日考察美术。钱瘦铁与唐吉生、谢之光等数十人到场欢送。

1922年 民国十一年　壬戌　二十六岁

钱瘦铁应刘海粟之聘，任上海美术专科学校教授，并主持"红叶书画社"。是年，钱瘦铁又署斋名为"梅花书屋"。

6月25—26日，中日美术协会假日本人俱乐部举办中日美术展览会，展品二百余件，参观者甚众，钱瘦铁作品尤受欢迎。

同年，我国画家应日本文化事务局的邀请，赴日参与"中日美术展览会"。画家们回国时，和日本西京名画家桥本关雪一同来沪，同仁宴请桥本关雪于武昌路春辉里徐小圃医寓的庭园中，钱瘦铁这天参与其盛宴。桥本关雪是日本近代画家竹内栖凤的弟子，在当时日本美术界声望极高，工诗、书、画，尤精草书，是美术展览会审查员。这次来沪就是打算邀请一位篆刻家访日交流。在沪期间，经邑庙书画善会画家潘琅圃的推荐，得以认识钱瘦铁，当桥本看到钱瘦铁所画红梅与达摩两画后极为欣赏，称许他为"东亚奇才"。当即要钱瘦铁刻"诗砚家风"一印。爱其才，并遂决定于次年邀请钱瘦铁访日。

10月，上海书画会出版《神州吉光集》，钱瘦铁篆刻作品入选。

同年，钱瘦铁刻"学两汉六朝人书法""语霜""壬戌年""马

上海美专美术组主任钱瘦铁

世纪20年代钱瘦铁朱复戡

骍私印""企周""陈白之印"等印。为日本友人桥本关雪刻"自检""关雪清赏"等印。

1923年

民国十二年　癸亥　二十七岁

　　钱瘦铁到日本后寓居京都银阁寺前白沙村庄桥本关雪家中。在桥本的帮助下,钱瘦铁先后在京都、明石两市举办个人书画篆刻展,颇得彼邦人士之赞赏,一时京都人士争以得钱瘦铁一印为荣。他以铁笔与日本著名书画家小杉未醒、桥本关雪、会津八一、中村不折、长尾甲、河井仙郎等交往。又出版了《瘦铁印存》四卷,日本书家长尾雨山题诗赞曰:"六书缪篆费经营,金薤琳琅布字精。腕底籀斯奔赴处,操刀戛戛自然成。"一时名声大振,求印索画者不绝于门。一经誉扬,在沪日人,都很仰慕,一再为他开书画展,如鹿叟的"六三园",饭岛政男的"翰墨林",都陈列了瘦铁的山水和花卉,博得很高的评价。钱瘦铁当时为桥本关雪所刻的印章,今均完好地保存在京都白沙村庄桥本关雪纪念馆中,近年来并曾多次作为专题展出。

　　是年,钱瘦铁的老师俞语霜自觉年迈将不久人世,便把所作书画和所藏的文物托他带去,求善价以沽。钱瘦铁守着秘密,连俞氏家人也不知道,最终不负所托,把所带去的尽行卖掉归沪报命。岂知俞语霜已遽尔逝世,钱瘦铁大为痛悼。谓俞师身死而画未死,就把这笔钱为师用珂罗版印成《春水草堂遗墨》一大册,如《红杏山庄图》《峰青馆图》《钟臬谈龙图》《寒江独钓图》《可斋读书图》《祭诗图》《横琴侍月图》《女萝秋思》等都是语霜的精品,于12月初版出版。

　　6月,刻印"自适"。

　　8月1日,《笑画》月刊第二号出版发行,钱瘦铁有作品入选。

　　10月13日,海上停云书画社在《申报》刊登启事云:本社社友书画篆刻作品及代撰酬应、庆吊文字,社友作品分门列下有钱瘦铁(刻印)。

11月，与桥本关雪合作山水，瘦铁画，关雪题字为"钱君画近来迫二石之流，而出二石之外。关雪。醉滥仍不失天真，磅礴与公同。"

与桥本关雪合作"松下高士"。关雪题字为"微风吹幽松，近听声愈好。"钱瘦铁题字为"尽日松下坐，有时池畔行。行立与坐卧，中怀澹无营。不觉流年过，亦任白发生。不为世所薄，安得遂闲情。香山居士咏怀叔厓画。"

1922年，桥本关雪来华游沪时从吴杏芬手中购入石涛的《杜甫诗意册》，携回日本。1923年钱瘦铁在关雪家中时，在《杜甫诗意册》上题签："石涛山水神品画册。桥氏白沙村庄珍藏，瘦铁钱厓题。"

1924年

民国十三年　甲子　二十八岁

钱瘦铁任上海美术专科学校国画系主任。

3月9日，江苏省第一届美术展览会在陆家浜职工教育馆隆重开幕，钱瘦铁有山水作品参展。

4月6日，中国艺术会在渭水坊举行成立大会，由吴幼潜、钱瘦铁发起筹备，到六十余人，由钱瘦铁主持并报道筹备经过。大会选举唐吉生为总干事，钱瘦铁等被推举为编辑股干事。

4月16日，钱瘦铁应日本画家桥本关雪之邀，乘"熊野丸"号轮船赴日，从神户后转东京。

12月，《瘦铁印存》由西泠印社出版发行，书名由曾熙题字，扉页由吴昌硕题字："瘦铁印存"。曾熙序言云：钱君瘦铁，大鹤山人弟子也，凡画佛刻印，皆出瘦铁手。吴缶叟见瘦铁所刻，称为两汉遗矩，瘦铁亦尝接几席。近日刻者高言两汉三代，然如瘦铁之骨韵遒隽，盖鲜矣！因书其耑。甲子重阳后一日，农髯熙。是书后附符铁年撰钱瘦铁润例。

是年，获得外狩素心庵的支持，在东京银座松屋初次举行个展。

1925年

是年，刻"瀛威将军章"印。

民国十四年　乙丑　二十九岁

2月25日，上海美专举行开学典礼，刘海粟致词，谢公展、王济远、汪亚尘、钱瘦铁等教授演说。

4月21—22日，钱瘦铁画展在文监师路日本人俱乐部举行，展品数十件。

5月26日，中华教育改进社美育组、江苏省教育会美术研究会假三洋泾桥安乐宫举办中国画名家近作展览会，钱瘦铁有山水人物作品参展。

6月20日，为援助五卅运动罢工工人，上海美专学生特恳请教授刘海粟、王陶民、许醉侯、钱瘦铁、潘天寿五人卖画一月，所得润资悉数捐助罢工工人。

7月13—19日，城东女学国画专修科举办名家精品展览会，钱瘦铁出作品参展。此前，钱瘦铁与吴昌硕、王一亭、唐吉生等被聘为城东女学国画专修科教授。

7月25日，上海美专毕业及在校同学假无锡公园池上草堂举行画展，分国画与洋画两部，钱瘦铁等二十余人出作品。

8月7日，《天马会第七届美术展览会出品目录》出版，出品者中国画部有钱瘦铁、刘海粟等。

9月25日，刘海粟于都益处宴请钱瘦铁，由李毅士、汪亚尘、王济远等陪同，讨论发展我国之艺术问题。

秋，素月画社创立于上海小南门俞家弄杨东山老宅，杨东山为社长。钱瘦铁、汪声远、熊松泉、吴东迈等三十余人为社员。抗日战争期间，一度中止活动。抗日战争胜利后，恢复活动，曾出版：《素月集锦》《素月画社扇集》《素月特刊》等。

是年，桥本关雪第二次访华时，再度邀请钱瘦铁去日本一游，并告知已为钱瘦铁专门开一画室，并按华人布置。钱瘦铁为之十分感动，便答应再次访日。

1926年

民国十五年　丙寅　三十岁

3月6日，江苏省特派考察日本艺术专员王济远、腾固等由日返沪。同船者另有钱瘦铁、张辰伯，杨清磬、薛珍。刘海粟等到埠迎接。

4月1日，为筹备将在美国费城举行的万国展览会，上海画家已定参展的有刘海粟、潘天寿、李毅士、杨雪玖、谢公展、钱瘦铁等。钱瘦铁参展作品为《与鱼同乐》。

冬，中日书画家民间团体"解衣社"（社名取自"解衣磅礴"之意）成立，并在日本举办了第一届书画展，参展的有王一亭、刘海粟、钱瘦铁、石井林响、小杉放庵、桥本关雪、森田恒友、小川芋钱七人。另外，吴昌硕、曾农髯亦有作品参展。古画有金农的《墨竹图》等。是年，钱瘦铁又更斋名为"磅礴轩"。

7月5日，桥本关雪著《石涛》，钱瘦铁为其题写隶书书名"石涛"二字，由日本中央美术社首次发行。

冬，钱瘦铁与丁辅之、高野侯于题襟馆停止活动后创办"古欢今雨书画社"，钱瘦铁任会长并吸收部分志同道合的新会员。社址在宁波路渭水坊上海西泠印社内。

是年，为山东省原省长沈铭昌六十大寿刻，"沈铭昌年六十以后画"印。

1927年

民国十六年　丁卯　三十一岁

1月5日，钱瘦铁参加邵洵美与盛佩玉在上海卡尔登饭店举行的结婚仪式，并与郁达夫、徐志摩、陆小曼、丁悚、刘海粟等合作创作册页，以画志喜。钱瘦铁铸一田黄印"邵洵美盛佩玉夫妇章"。

3月8日，上海美术专门学校举行春季始业式。校长刘海粟、总务长江新、教务长汪亚尘、教授滕若渠、李毅士、音乐系主任李恩科、国画系主任钱瘦铁分别演说及做报告。

3月24日，上海美专召开教职员联席会议。出席者有刘海

摄于1927年,由左至右:
钱瘦铁　吴藏龛　吴昌硕　韩秀(钱夫人)

、汪亚尘、江小鹣、钱瘦铁等。并讨论为该校前途扩充计,拟改组为上海美术大学案等。3月底召开数次联席会议,钱瘦铁均出席。

5月24日,钱瘦铁与松江韩秀(字步伊,工书画)女士结婚于静安寺路海军总会,媒人为孙雪泥、杨了公,由曾熙证婚。来宾大多为海上文艺、美术两界间人,或有中日海军要人,颇为热闹。(1927年5月26日《时报》)

后在杭州度蜜月时,钱瘦铁夫妇与吴昌硕、吴藏龛合影于西泠印社汉三老石室前。

12月11日,俞语霜遗墨展在停云社举行,由任堇叔、钱瘦铁作画展发言。

是年,钱瘦铁为"上海艺苑研究所"委员,作《山水册》十八开,(《吴昌硕、吴杏芬、王一亭、钱瘦铁四大画家墨宝》)。

1928年

民国十七年　戊辰　三十二岁

1月8日,钱瘦铁出任教育部第一次全国美术展览会总务委员。

1月11日,《吴昌硕专集》开始预约,由钱瘦铁、杨清磬编辑。称吴逝世后,海内文艺界咸深哀悼,同人等为纪念先生,收集国内外收藏之吴氏精品,按年编辑,精印千册。内容分为传略、肖像、诗稿、书札、篆刻、书法、画件,分装上、下两册。

4月21—26日,中国古今名家展览在戈登路(今江宁路)大华饭店举行,由许士骐发起组织,展出宋元明清历代杰作及海上名家黄宾虹、王一亭、谢公展、唐吉生、钱瘦铁等人共二百余件作品参展。

7月,莫干山疗肺院假大西洋酒楼宴请书画家和收藏家,征集书画古玩,以之为奖品,募集资金,扩建病院,钱瘦铁以书画捐助之,并推任为委员会常务干事。

8月23日,上海临时义赈会,共收到上海书画家及少数外地书画家五百余人书画作品数千件,钱瘦铁、王一亭、张善孖、马公愚、谢公展等都参与其中。

10月10日,艺苑绘画研究所在沪创立,钱瘦铁为其会员之一。

12月10日,钱瘦铁参与开发黄山建设的"黄社"第一次活动,归途中与孙雪泥等顺道拜访徐志摩、陆小曼乔迁的新居。

是年,钱瘦铁为吴幼潜作《山水轴》(《现代书画》第二集)。

1929年

民国十八年　己巳　三十三岁

1月9—14日,寒之友社第一届画展在宁波同乡会举行,展品五百件左右。钱瘦铁、韩步伊、曾熙等约四十余人参展。

1月11日,全国美术展览总务委员会议在沪举行,钱瘦铁参会。2月16日,全国美术展览总务委员会第六次会议在中央研究院举行,钱瘦铁等18人参会。3月16日,全国美术展览会进行检选工作,钱瘦铁作为检选委员参与。4月10日,教育部第一届全国美术展览会开幕,主席马叙伦,由熊式辉夫妇揭幕。4月13日,钱瘦铁等参加第十四次总务会议,讨论各部出品未及陈列者的陈列办法等。

1月19日,钱瘦铁参加褚明谊院长的宴请。并赴院商讨关于"中国美术年鉴"事宜及向中央研究院起草提议创办工艺美校。

1月22日,钱瘦铁为后藏教主班禅所筹划的"普陀蒙藏佛学院"治印。

3月3日,艺苑绘画研究所创办人江小鹣、王济远等为筹集书画,力邀文艺界名流,在该所举行春宴,征集书画三百余件,钱瘦铁与何香凝、王一亭、黄宾虹等五十余人与会,并与吴湖帆、徐志摩乘兴合作。

4月,国民政府教育部在上海举办了第一次全国美术展览会,并出版《美展特刊》古、今两册,由正艺社珂罗版出版。是书由蔡元培先生主持、作序，狄平子编辑。钱瘦铁画作《山水（九龙潭）》入选。

9月上旬，日本画家桥本关雪偕其夫人由大连来沪，海上书画家及上海美专同人在觉林设宴款待。钱瘦铁为主干接洽，夫人韩步伊招待女宾。王一亭致辞欢迎，关雪答谢。众人举觞相属，乘兴挥毫。

是年日本关东大地震，他参与了为赈灾而举办的"日中文化展览会"。

6月11—15日，上海美专国画系师生书画金石展览在宁波同乡会举行，其中有钱瘦铁、黄宾虹、张大千、郑午昌、马公愚等教授作品参展。

在日本出版《瘦铁印存》，吴昌硕题字，日本友人长尾甲、会津八一跋，初版本藏于会津八一纪念馆。并为会津八一刻印"会朔审定""秋草道人""会朔"等印，为日本友人刻"东池""瑾士"印。

受谷崎润一郎、桥本关雪的支持，钱瘦铁在东京、大阪的松阪屋举办书画展。

7月18日，钱瘦铁和胡适、周瘦鹃、徐志摩、王一亭、刘海粟、王济远、潘玉良、梁实秋等在范园吃饭，土屋先生让众人题名作为纪念。

8月30日，钱瘦铁乘长崎丸由日京都吉田山东洋花台归国。

冬，钱瘦铁在上海与贺天健、郑午昌、孙雪泥、陆丹林等发起成立"蜜蜂画社"（会址上海西藏路平乐里），并任《蜜蜂旬刊》《蜜蜂画集》《当代名人画海》编辑，积极参与书画活动。钱瘦铁作《黄山幽居图轴》（《蜜蜂画刊》第一辑）。后来为了联合更多的书画界同仁，钱瘦铁等"蜜蜂画社"同仁又发起组织了"中国画会"（会址初设于上海华龙路即今雁荡路，由钱瘦铁主持。后又移址于上海威海卫路改由贺天健等主持），于1931年成立，"蜜蜂画社"同时结束。其间，钱瘦铁又参与"汀月社"及"素月

钱瘦铁会见会津八一

社"等书画活动。钱瘦铁作《隐者图轴》(《现代书画》)及《黄山图册》(《当代名人书海》第125页)。

是年,清远艺社成立于上海,由王一亭等发起,钱瘦铁为会员之一。

1930年

民国十九年　庚午　三十四岁

1930年2月3日,日本画家横山大观赴罗马举行美术展览会,道出上海,由王一亭、狄楚青等在觉林设宴欢迎。钱瘦铁与赵叔孺、陈仁先、马孟容等一同欢宴。

7月20日,妻韩秀因肺病故于松江韩家,年仅24岁。留有二子,名钱浒、钱汤(于次年相继夭折)。

9月6日,在牯岭路崇德寺举行妻韩秀追悼会。

9月15日,俞语霜遗作展览在崇法寺举行,由钱瘦铁、商笙伯等发起,展品数十幅。是晚主僧备素餐宴客索画,钱瘦铁、贺天健绘《罗汉》,由任堇叔题诗其上。

11月5日,日本驻沪总领事重光葵,于私邸为上海三井银行总经理土屋计左右氏祖饯行,土屋对日中美术多所尽力,故邀中日艺术会同仁王一亭、吴昌硕、钱瘦铁等欢送之,并各作一画精裱成册以赠。

12月,《蜜蜂画集》(第一集)出版发行,内收钱瘦铁、王一亭、张善孖、谢公展、孙雪泥、郑午昌、贺夫健、杨雪玖等人作品。

是年,钱瘦铁为式园作《山水轴》(《式园时贤画集》),并题《步伊遗墨图页》(作品纵27厘米,横35.7厘米,上海博物馆藏),及为邓芬作《高柳鸣蝉图轴》(《当代名人书海》)。

1931年

民国二十年　辛未　三十五岁

4月17日,蜜蜂画社扇画展览在沪举行,展出张大千、郑午昌、孙雪泥、贺天健、钱瘦铁等人的作品。

4月25日,钱瘦铁再度赴日,参加了由王一亭任团长的中国艺术家访问团，参加4月28日在日本上野举行的中日第四次绘画展览会。钱瘦铁之《虞山访碑图》(即与桥本关雪访大痴墓)参展，并受到了日本天皇裕仁的接见。

4月，钱瘦铁与王一亭、贺天健、吴湖帆、张大千、徐悲鸿等作为特邀画家参加第二届"艺苑画展"。

5月14日，参加东京中日书画展览会的王一亭、钱瘦铁等一行二十余人，乘上海九轮返国。

5月28—30日，孙雪泥假宁波同乡会开名家书画团扇展鉴会。钱瘦铁的山水团扇参展。

大暑后二日，钱瘦铁作《松山行旅图轴》(作品纵131.1厘米，横36.4厘米，见苏富比拍卖行图录)。

9月上旬，蜜蜂画社同人于陶乐春设宴为郑午昌、钱瘦铁洗尘，兼商征集画件助赈。谢公展、贺天健、王师子、钱瘦铁、孙雪泥等各认捐20件，统限15日交件。

9月18日，日本侵犯我国东北。

12月，上海成立"上海文化界反帝抗日联盟"。同月，叶恭绰、钱瘦铁、郑午昌等人发起成立中国画会，为当时国内唯一政府立案批准的美术团体。不设会长，常委委员、监察委员和执行委员有孙雪泥、贺天健、王一亭、谢公展、郑午昌、钱瘦铁、马公愚等担任。

10月13—15日，现代名画展在宁波同乡会举行，由薛保伦集现代40名画家精品展出，尤以符铁年、郑午昌、钱瘦铁、陈小蝶等人作品最受欢迎。

12月6日，何香凝为抗日而发起筹备救济国难书画展览会，在华安饭店八楼举行第一次筹备会。推定何香凝、钱瘦铁等15人为常委。

12月12日，救济国难书画展览会征集部主任刘海粟、钱瘦铁邀请名画家开茶会。钱瘦铁与贺天健在现场征求中国画会会员。

是年，杨清磬、钱瘦铁编写的《吴昌硕先生遗作集》二册发行，宣纸珂罗版精印，辑录吴昌硕书画、治印、肖像等。

1932年

民国二十一年　壬申　三十六岁

1月6日，《上海画报》办"何香凝主办救济国难书画展特刊"，计有何香凝女士画竹竿，郑曼青先生补叶，刘海粟先生画松，诸闻韵先生画石，王一亭先生画雀，钱瘦铁先生插梅，叶誉虎先生题，"何香凝、王一亭、钱瘦铁、楼辛壶合作山水，叶誉虎题"等。

1月22—25日，岁寒合作画展在新世纪左厅举行，由张善孖、汪仲山、贺天健、商笙伯、郑午昌、熊松泉、王师子、钱瘦铁、马万里、孙雪泥等发起。展品二百余件。

5月，钱瘦铁与张珊结婚。张珊，1914年1月12日生于浙江海宁硖石镇西街，是徐志摩的远亲，张珊姑妈嫁给徐志摩的伯父徐榕初。

6月25日，中国画会在艺术欣赏社开成立大会，钱瘦铁被推举为临时主席。

6月30日，钱瘦铁与贺天健等三十余位画家给张泽祝寿（见《张大千年谱》）。

夏，钱瘦铁创办之大庆里欣赏社举办书画家合作扇面展览会，钱瘦铁有合作山水作品参展。

8月1日，中华学艺社新屋落成纪念美术展览在该社举行，钱瘦铁有作品参展。

9月上半月，吴一峰计划随黄宾虹由上海到成都讲学。行前与钱瘦铁告别，作《壮游图》（辛未卷）索题。

10月5—10日，钱瘦铁作品参加"新华艺专教授近作展"。

11月28日，全国艺术家捐助东北义勇军作品展览会开第一筹备会，钱瘦铁与胡祖舜、殷铸夫同被推为常务理事。

12月19日，钱瘦铁与王一亭、贺天健等发起之中国画会举

钱瘦铁肖像

珊二十三岁时在日本京旧舍留影

行成立典礼,筹商组织进行事宜,修改会章,钱瘦铁被选为执行委员。

12月24日,在江心灵鹤阁,钱瘦铁与商言志等同观吴大澂《海野堂图卷》(见《苏富比拍卖行图录》)。

12月,救济难民游艺会书画展览会在上海举行2次,展品百数十件,钱瘦铁都有作品参展。

是年,钱瘦铁追随朱庆澜将军,协助募款支持东北义勇军。朱庆澜(1874—1941),浙江绍兴人,生于山东长清,字子桥。辛亥革命前任清军17镇统制,武昌起义后,通电宣告四川独立,任四川省大汉军政府副都督。民国后任黑龙江省巡抚使。1916年任广东省长,支持孙中山护法运动,任新军司令。1922年任中东铁路护法军司令。1926年后从事慈善救济工作,后病逝西安。时年,朱庆澜59岁。

1933年

民国二十二年　癸酉　三十七岁

1月15日,海上画家与沈一斋合作展览会,钱瘦铁有作品参展。

1月,钱瘦铁任全国艺术家捐助东北义勇军作品展览会常务理事,向全国艺术家征集艺术作品。

1月,钱瘦铁被芝加哥博览会筹备委员会聘定为艺术组审查委员。

3月22日,参加芝加哥博览会征品审查委员会第一次会议,讨论审查办法。

同日,钱瘦铁作为中国画会会员代表之一致书柏林中国美术展览会筹备委员会,要求扩大征求作品范围,公开公平评选精品参展。

3月24日,友联无线电台举行救济东北难民播音会,钱瘦铁与孙雪泥合作的立轴作为捐款点戏的赠品。

4月1日,钱瘦铁作《板桥流水图轴》(见《中国现代名画汇刊》)。

5月10日，利利公司文艺部举行现代名家书画扇面展览会，钱瘦铁有作品展出。

5月16日起，钱瘦铁与孙雪泥、江小鹣、贺天健多次登报介绍名医汪星伯。

5月，钱瘦铁参观中华文物馆。

10月5日，钱瘦铁参加上海联欢社举行的中国画展。

12月17日，上海美术专科学校主办名家书画展览在大陆商场7楼举行，展品300件，钱瘦铁有作品参展。

1934年　民国二十三年　甲戌　三十八岁

1月起，徐雨荪多次登报赠送其诗集，内有钱瘦铁等名家题词。

1月18日，钱瘦铁与张珊之长子钱明政出生（钱明政育有二子，长子钱晓东，次子钱晓军）。

1月22日晚，钱瘦铁与唐隽、张德荣等代表《美术生活》杂志社邀请沪上文艺界聚餐，并于餐后发起美术生活展览会。

2月1日，上海中国画会在绸缎业银行五楼召开会员大会，并选举第二届委员，钱瘦铁被选为执行委员。

2月，钱瘦铁任新华艺专绘画研究所国画部教授。

3月初，《社会日报》（纪念刊）出版，刊有钱瘦铁山水画作品。

3月13日，艺乘书画会展览在三马路（今汉口路）云南路口会所举行，钱瘦铁有作品参展。

3月27日，参观苏州娑罗花馆在上海举行的古今书画展览会。

4月1日，《美术生活》创刊，钱瘦铁任责任编辑（见《张善孖年表》）。

5月1日起，中国画会在杭州展览十日，钱瘦铁与陈小蝶、李绮石等拟在西湖胜处建造画家公祠及国画研究院。

5月15日，南市国货商场举行盛大书画展览会，书画半价出售，得资移作宣传之用。钱瘦铁出山水作品助之。

5月31日，黄炎培与江小鹣宴邀地方协会，在座者有钱瘦铁、叶玉虎（恭绰）、王一亭、沈信卿、穆藕初、王济远和汪亚尘等。

8月25日，钱瘦铁参加蒙藏学院筹备会议。

11月18日，钱瘦铁作为蒙藏学院代表，参加上海市佛教会慈幼院新屋落成典礼。

12月10日，钱瘦铁于新雅粤菜馆参加黄社茶话会。

1935年

民国二十四年　乙亥　三十九岁

元旦，钱瘦铁参加上海社会教育社社员书画展，发售书画券，每券十元，收入作为改良连环画费用。

1月11日，钱瘦铁参加中国画会在威海卫路会所举行的第三届社员大会，并推选其为执行委员。

2月，钱瘦铁与于右任、经亨颐、王一亭、张聿光等为李绮石代订润例。

3月1日，钱瘦铁出席上海中国画会执监委会议，被聘定为讲师，并议定5月间开会员展览会。

3月2日，钱瘦铁参加上海市国术馆第七届征求会员大会。同日，被选为中国工商业救济协会理事。

3月8日，钱瘦铁参加无敌香皂厂开幕礼，发表演说并参观工厂。

3月15日，中国画会美术讲座在青年会举行，以阐扬中国固有艺术、以辅助复兴民族文化运动为宗旨。贺天健、黄宾虹、俞剑华、钱瘦铁等被聘为讲师。

3月21日，中国画会总干事李绮石邀请所聘各讲师在中社举行第二次茶话会，议决第二次讲座的讲师及内容，钱瘦铁选题定为《金石在艺术上之地位》。

3月22日，中国画会第二次美术讲座在八仙桥青年会举行。

钱瘦铁、陈小蝶、江小鹣为主讲,黄宾虹、贺天健、李绮石为陪讲。

3月31日,钱瘦铁参加社会教育社举办的艺术展览会。

4月8日,中国画会刊登启事,为《中国现代名画汇刊》征集广告,钱瘦铁为该书编辑。

是年,钱瘦铁携家眷又东渡去日本,侨居东京林町,从事中日书画艺术交流活动。

是年,第二版《瘦铁印存四集》(私家版)发行。

钱瘦铁与王道源等人设法援助左翼作家之生活。其间小说家徐卓呆曾赴日本研究园艺,与钱瘦铁同为彼邦寓公,交往甚密。

8月17日,与张珊之长女钱明芝出生,钱明芝育有一子一女,子王亚兵,女王亚岚。

11月10日,《国画月刊》创刊,钱瘦铁任执行委员(见《张善孖年表》)。

12月,《美术特辑》出版,是《新世纪》期刊的第二期特辑,刊有钱瘦铁等人作品。

1936年

民国二十五年　丙子　四十岁

两刻闲章"不鸣一艺",刻闲章"游于艺"。

3月30日,中国画会假座南京路冠生园改选执监委员,钱瘦铁连任执行委员。

5月16日晚,钱瘦铁参加中国画会在福州路贵宾楼举行的全体会员聚餐会。时中国画会改选第四届执、监委员,钱瘦铁连任执行委员。

10月23日,中国画会第六届书画展在大新公司四楼举行,钱瘦铁作品参展。

11月,日本著名的书法刊物《书苑》杂志创刊,钱瘦铁受聘为顾问,于出版、选题、编辑方面出力甚多。在第一期以《中华民国的习字法》一文介绍中华文化,后又将甲骨、帛布、诏版、汉刻石以至钟繇《荐季直表》和陆机《平复帖》等各种书体选字入印,刻了一组印章逐次介绍之。

钱瘦铁为丁念先和圣镛订婚纪念作《仙侣共舟图页》(见《念圣缔缘集》上册)。

时任上海私立蒙藏学校师资训练班主任。

1937年

民国二十六年　丁丑　四十一岁

2月,为朱屺瞻刻"朱屺瞻""朱屺瞻字起哉"等印。

2月28日下午,钱瘦铁自日本归来,与王一亭、叶恭绰、吴湖帆、夏映庵、陈小蝶、孙雪泥等九人到沪西曹家花园冒雨观梅。该村俱姓曹,皆以养花为生,终年不绝,村人均和蔼自然,仿佛世外桃源。

4月15日,钱瘦铁偕友人访吴湖帆,在"梅景书屋"晤汪亚尘。

4月16日,中国画会为推进会务及联络会员感情,在八仙桥三和楼举行第四次叙餐会,同时欢迎该会执委钱瘦铁回国,由汪亚尘主席、徐培基记录。

4月21日,钱瘦铁偕陈小蝶、徐卓呆访吴湖帆,在"梅景书屋"晤沈尹默、王季迁(己千)、刘定之。

4月30日—5月2日,钱瘦铁画展在爱多亚路浦东大厦六楼举行,展品百余件,免费参观。

6月7日,中国画会大会,报告改选执、监委员,赞助四川赈灾画展。钱瘦铁和汪亚尘、贺天健、郑午昌、孙雪泥等13人当选执行委员。

6月19日,默社第二届画展在大新公司4楼画厅举行,除展出全体会员作品外,又邀各地名家参展,钱瘦铁作品参展。

不久钱瘦铁又赴日。

7月7日,卢沟桥事变爆发,日本军国主义大肆侵略中国。

7月25日,其时因受国民党通缉而流亡日本的郭沫若极思归国以投身救亡运动，但郭沫若在日本的活动已受到日本当局的严密监视，经与郭的朋友金祖同联系，找到了钱瘦铁，金祖同和钱瘦铁设法护助郭沫若归国（后据《郭沫若回忆实录》，祖同暗自韬晦，署名殷尘），经过周密策划，钱瘦铁亲自秘密地将郭沫若自东京送至神户登轮。后据郭沫若回忆："五点半钟的光景到了东京，又改乘汽车赶到横滨友人家，在那儿借了套不甚合身的洋服和鞋袜改了装，九点半钟的时候，友人偕我到车站，同乘"燕号"特别快车赶到神户。这位朋友，我现在还不好写出他的姓名，车票、船票一切等等，都是他替我办的，我不知道应该怎样感谢他。"这位朋友就是钱瘦铁，钱瘦铁曾对人说，他为了筹措郭老归国的经费，典当了自己的大衣。后当日方警员发觉郭沫若失踪后，立即寻找线索，认为钱瘦铁有重大嫌疑，因而传讯钱瘦铁，于8月10日被捕。在法庭上，当要他下跪时，钱瘦铁断然拒绝并怒斥："这不是侮辱我，而是侮辱我整个中华民族。"画押时，血气方刚的钱瘦铁拎起铜墨匣向法官头上砸去，结果钱瘦铁以扰乱治安及杀人未遂罪被判四年徒刑。消息传出，桥本关雪等友人为钱瘦铁四处奔走，宣传他的书画造诣，后又与狱方交涉，得以在狱中独处一室作为书画刻印，于是钱瘦铁自署"一席吾庐"及"煮墨盦"。其声名在日本反因其传奇色彩不胫而走，来狱中求字画者亦络绎不绝。

8月13日，日本侵略上海，不久，上海军民发起"淞沪抗战"。

10月6日，次子钱明直出生。（钱明直育有一女钱晟。）

钱瘦铁被捕后，其夫人挈子女先行返国。

其间，钱瘦铁在狱中给友人郑逸梅先生信，信中有云："狱中听蝉，心烦头晕，想必沪地更热，炎天苦人，饮食珍摄，宜多休养，少用脑力为是。"另一信云："来示忻悉，承关注，心感无已，弟自入狱以来，安心休养，读书静坐，颇有益于身心。近得裁判所通知，定于本月二十七日九时第三次开庭，罪名为违反《治安维持法》。本月十日，乃开辩护庭，请岛野武律师出庭辩护，或得缓刑出狱，亦未可知。弟近情请速致江新，或能有助吾家用，则感德吾哥不浅矣。"署名钱厓。

1938年 　民国二十七年　戊寅　四十二岁

在狱中（日本东京市丰岛区巢鸭1-3277东京拘置所），家书三十纸给妻子张珊。

1939年 　民国二十八年　己卯　四十三岁

在狱中。

1940年 　民国二十九年　庚辰　四十四岁

在狱中。

1941年 　民国三十年　辛巳　四十五岁

在狱中。

春，钱瘦铁在狱中书《来禽樱桃诗文》（纵60厘米，横30厘米）及索靖《出师表》（纵87厘米，横35厘米）。

6月，由于日本友人的营救，钱瘦铁提前出狱。刑满释放时被两个宪警直接送至轮上，并宣称被驱逐出境，往后永远不能踏上日本国土。当时前去送行的日本友人许多，但不准接近交谈，旋即回上海。上海许多书画家设宴欢迎钱瘦铁。钱瘦铁暂住陶寿伯家。后又卜居辣斐德路（今复兴中路），时上海尚为日伪所据。钱瘦铁以书画篆刻自给，生活极为清苦，常以山芋充食，故名其室为"芋香宦"。并一面发起组织"画人节"；一面继续进行抗日地下工作。有一天，钱瘦铁接到一封日本人寄来给他的信，信中附有一当票，这人说明爱好他的画，可是囊中无钱，向质铺当了衣服才买到一幅，作为珍藏，这当票无非表示敬慕和爱好。钱瘦铁大为感动，认为唯一知音，特地精心绘了一两帧送给对方，作为朋好缟宁之赠。

不久,钱瘦铁作《仿温日观葡萄图页》。

小暑,钱瘦铁与孙鸿等在新雅酒楼合作《山水轴》《石图轴》《松下鸣琴图轴》(《新雅集》)。贺天健在新雅酒楼题钱厓等合作的《山水轴》(《新雅集》)。

7月,钱瘦铁为《雪泥画集》题封面并作序文。

7月28日—8月3日,钱瘦铁、孙雪泥、杨清磬画展在大新公司四楼画厅举行。

8月18—24日,第二届画家书画展在大新公司四楼画厅举行,钱瘦铁为发起人之一。

8月25—31日,陈蝶野(定山)画展在大新公司四楼画厅举行,中国画会主办。并由《艺术新闻》为辑特刊在会场赠送。徐邦达、钱瘦铁、吴湖帆均作好评。

10月28日,钱瘦铁等发起新雅集秋兴画展,假大新书厅举行公展七天。是日为画人节,钱瘦铁等七十余人参加画人节酒叙。

12月4—9日,钱瘦铁画展在大新公司四楼画厅举行,作品百余幅。贺天健为之撰文介绍。

1942年

民国三十一年　壬午　四十六岁

2月1日,翁瑞午之女翁香光与张沅吉结婚,钱瘦铁与朱忆劬、张聿光、孙雪泥等人合作鸳鸯手卷。钱瘦铁题签:"吉光燕喜"以及贺词:"鸿光燕喜",贺词右下角印章"长乐永康"。下面写:"三十一年二月一日为沅吉画家香光女士结婚嘉礼集古篆鸿光燕喜四字题鸳鸯谱之端"。右下角是钱瘦铁的印章"钱崖私章"。

8月27日,女钱明康出生(钱明康育有一女归华)。

9月26日,中日文化协会上海分会讨论审查第一次中日文化协会美术展览会(南京)征品。决议由中日双方分别推选,中方推选钱瘦铁主持。

11月20日，日本京都现代作家名画展览会在上海亚尔培路（今陕西南路）明复图书馆举行，日本帝国美术同人协会主办。钱瘦铁、唐吉生、孙雪泥等为介绍人。

冬，钱瘦铁书苏东坡《前赤壁赋》（纵46厘米，横65厘米）、《酒中八仙图》（纵40厘米，横50厘米）。

是年，钱瘦铁为《"上海画人节"签名录》题名"画人节发起人提名录"。

1943年

民国三十二年　癸未　四十七岁

3月14日，钱瘦铁刊出启事，称顷有某会以鄙人为书画征集委员，但鄙人忙于书画篆刻，无暇参与，亦不敢参与任何集会，此后非经鄙人签名盖印概不负责，此启。

3月17日，购得吴湖帆义卖之杨花卷，为捐助申报助学之需。

4月24日，桥本关雪在日本《西部朝日新闻》上刊发《上海杂记》，盛赞钱瘦铁是"吴昌硕、王一亭、俞语霜逝世后的今日，最近执上海画坛之牛耳"者。该文经翻译后在《申报》发表。

9月16日，孙智敏太史、钱瘦铁、若瓢和尚、唐云、马公愚应上海画厅主人陈志振之请，合作书画义卖助学，四画家合绘梅兰竹菊，复加孙智敏题诗。半日内卖一万零一百元，以半数助学。

左起：钱明康、张珊、钱明直合影

1944年

民国三十三年　甲申　四十八岁

1月15日，钱瘦铁参加刘海粟与夏英的婚礼。

6月25日，徐晚苹书画展开幕，陈列有与钱瘦铁的合作画。

7月6日，郎静山发表《观钱瘦铁画展》一文，称"唯瘦铁先生能静和两派，而以宋元人逸笔来写江南风景以及黄山奇景，实可称为划时代的大画家"。

7月10—15日，钱瘦铁画展于上海大陆画廊举行。

9月3日，钱瘦铁与贺天健、郑午昌、陈定山在中国画苑参观孙雪泥画展，并对客挥毫助兴。

10月25—31日，钱瘦铁书画展在宁波同乡会五楼画厅举行。

11月16日，钱瘦铁为中华基督教青年会美术奖金展览会开设题为"画家修养"的讲座。

是年，女钱明敏出生（钱明敏育有一子一女，子奚翔，女奚巧巧）。

1945年

民国三十四年　乙酉　四十九岁

1月16日，钱瘦铁与商笙伯、贺天健、郑午昌、吴湖帆、汪亚尘、孙雪泥、王师子等，在中国画苑公祭陈定山先生之母栩园夫人。

2月16—22日，古今书画展在中国画苑举行，由《申报》主办，展出古今书画名家石涛、吴大澂、康有为、徐世昌、叶恭绰、张大千、吴湖帆、钱瘦铁等人的精品三百余件。

3月20日，桥本关雪遗作展览会在上海成功举办。钱瘦铁作为发起人之一，并有近作陈列。

5月，钱瘦铁作《青山红树图》及《古寺春色图》（均纵135厘米，横33厘米）。

在北京举行画展。

抗战胜利后，钱瘦铁迁居外白渡桥畔之黄浦路73号，其画室面对黄浦江与吴淞江汇合处，因言其室曰"蒭淞阁"，亦名"临江观日楼"。钱瘦铁在"芋香宧"中作《苍鹰图轴》（纵80厘米，横28厘米，朵云轩藏）。

1946年

民国三十五年　丙戌　五十岁

1月16日，为帮助政府征募教育资金，钱瘦铁参与在中国画苑举行的名人书画义卖。

3月25日，上海美术协会成立，钱瘦铁当选为监事。

4月27日，上海美术界为孙雪泥和张中军参选市参议员选举刊登广告，钱瘦铁为倡议人之一。

秋，为谷崎润一郎书斋号"潺湲亭"，并刻"潺湲亭"斋名章。

是年，钱瘦铁赠周炼霞玉兰砚一枚，并请符铁年为之作铭，铭曰："玉兰香发煤麝研，炼霞填词词清妍。兹砚自足以人传，谁其赠者叔厓钱。从而铭之符铁年。"钱瘦铁并言"俾五百年后，知我三人为挚友也。"

1947年

民国三十六年　丁亥　五十一岁

钱瘦铁以联合国占领军中国驻日本代表团文化秘书之职赴日本东京，同时受戴英浪相嘱携木刻协会作品二百余件在东京银座三越吴服店举行木刻展览会，组织中华俱乐部并任会长，和青山和夫等组织群众读书会，赞助日本人民战线活动。由香港华商报记者丘成担任选择书报数十种、杂志数种以供日本进步人士和华侨阅读，并举行座谈会。

作白香山诗画《静听松涛声》（纵42厘米，横31厘米），桥本关雪题词。

新春，钱瘦铁作《观瀑图》（纵134厘米，横66厘米）及仿梅清《黄山日出图》（纵70厘米，横46厘米）。

3月17日，女钱明伟出生（钱明伟育有一女王音）。

3月21日，梁俊青、吴曼青伉俪画展开幕，钱瘦铁为发起人之一。

3月25日，上海美术作家协会画展假大新公司二楼画厅举行，展品二百余件。钱瘦铁有国画参展。

4月，"中国画会"恢复活动，钱瘦铁被推为候补理事。

夏，钱瘦铁在日本，托人将郭沫若夫人安娜的信送至国内，并由钱大礼送至上海的郭宅，郭沫若亲收。

8月，桥本关雪的儿子节哉氏为继承关雪的遗志支持钱瘦铁，在京都举行"瘦铁书额领布会"。

是年，为会津八一的歌集《寒灯》刻印"落合山庄图"。

1947年钱瘦铁在日本

1948年

民国三十七年　戊子　五十二岁

夏,钱瘦铁邀请刘海粟及陶寿伯赴宴。

钱瘦铁作《黄山瀑布图轴》(纵131厘米,横34厘米)。

1949年

己丑　五十三岁

2月,刻闲章"执古之道"。边款为:"执古之道。老子句。集石鼓文字。己丑仲春。叔厓并记。""执古之道可以御今之有。老子名言当座右铭。铸斋宝此。为处世经古道哉。乃得道之窍也。厓又记。"

10月1日,中华人民共和国成立。

10月8日,钱瘦铁在香港书家信回沪,介绍在港筹备画展的情况,鼓励妻子照顾好家庭。

是年,钱瘦铁辞去文化秘书之职后转赴香港。

是年,在日本新泻开个展。

是年,在香港举行风景写生画个人展览会,并积极筹划港九美术家协会。

钱瘦铁得知吴稚晖因旧政府将亡而自杀,书吴稚晖《绝命书》以嘲(纵21厘米,横11厘米)。相约梅汝璈回国。同年经戴英浪介绍在华南局公安处工作。

在九龙山钱瘦铁作《秋江渔隐图轴》(纵96.2厘米,横34.6厘米,见苏富比拍卖行图录)。

1950年

庚寅　五十四岁

是年,许多香港朋友都希望钱瘦铁留下来,可是钱瘦铁说:"我是中国人,我要回去参加工作,我不能像白俄那样在这里当白华。"旋即钱瘦铁搭"美琪"号邮轮离港返回内地(当时上海吴淞口被美国第七舰队封锁)。

返沪后,钱瘦铁随即从事国画革新运动,加入了上海新中国画研究会和彩印图画改进会,投身于创作之中,热情十分高涨。

1951年

辛卯　五十五岁

2月17日，钱瘦铁参加沈之瑜和陈秋辉在浦东大楼的婚礼，并与贺天健、孙雪泥、朱屺瞻、林雪严、郑午昌、沈子丞、应野平、唐云等九位画家，当场合作绘画作为贺礼。

创作《抗美援朝支持前线的运输队》《抗美援朝保家卫国》《抗美援朝进军图》《志愿军拂晓出击图》等，表现志愿军以钢铁般的意志打击美帝侵略军。

1951年春，冒鹤亭79岁生日，吴湖帆、钱瘦铁、马公愚、吴青霞、周炼霞等人设宴于苏渊雷钵水斋为之祝寿。

是年，为周碧初刻印"周仁之印""周碧初""西父"等。

1952年

壬辰　五十六岁

元旦，钱瘦铁作《背写范仲立山水》。

赴周炼霞召集的午餐，同席者有冒鹤亭、孔小瑜、周怀民、吴青霞等。冒鹤亭作《题螺川诗屋雅集图》，钱瘦铁等人提议每周举行画会，主人轮流，持续至1954年春成立上海中国画院为止。

4月，苏渊雷执教于华师大寓居西区，书斋仍袭"钵水斋"旧名。一次正植其斋内三株铁梗海棠繁花盛放，钱瘦铁与众人在钵水斋雅集观花，并合作画《钵水斋看花图》。题诗云："花开花落总萦心，翩反情随一往深，岂必夜游烧绛烛，不惊春睡即春阴。"

8月，钱瘦铁作《黄山图卷》并为上海龙华寺作大幅《黄山图》。还创作了《向军属贺年》。

8月12日，上海市文化局邀请吴湖帆、唐云、朱屺瞻、钱瘦铁等鉴赏家对接亚洲文会109幅古画进行鉴定，结果其中绝大多数为伪作。（上海市文化局档案）

参加文艺整风及上海文化局主办的美术工作者政治讲习班学习。

11月27日，子钱明吉出生（钱明吉育有一子钱欣）。

钱瘦铁、张珊夫妇（摄于20世纪50年代）

是年，钱瘦铁参加华东地区书画展览。

是年，为苏渊雷刻斋名"钵水斋"印，闲章"生于丙午"等。

1953年　癸巳　五十七岁

6月，钱瘦铁参加吴湖帆、梅兰芳六十岁生日宴会。

1953年中伏，冒鹤亭杀鸡治酒，招邀钱瘦铁、唐云、江寒汀等8人食粥。

8月，81岁高龄的冒鹤亭为钱作《赠钱瘦铁》"江南印人有三铁，曰苦曰冰一曰瘦。此语我闻郑小坡，至今流播尚人口。我处吴门识老缶，书画长笺姿求取。兴酣使笔复使刀，寿山青田无不有。王生过从迹较疏，行箧犹存二三钮。分行补白聚谨严，比似奚陈未甘后。晚交喜得钱梅溪，胸有云墨吞八九。高歌白眼骂世人，董龙汝是何鸡狗。黄山白狱宇内奇，收拾峰峦入双手。冰天千里关河封，栈道万重霄汉陡。小楼日夜对江流，数尽帆开听江吼。几时为我一奏刀，合配吴王三不朽。"

钱瘦铁作《千里冰封图》（纵150厘米，横364厘米）。

1954年　甲午　五十八岁

元旦，国画小品展在上海东方美术社举行，展品数十幅，多为花鸟虫鱼和部分反映现实生活的作品，钱瘦铁有作品入选。

钱瘦铁为第二届全国美展华东美协评选委员，并当选华东美协候补理事。

3月作《庐山新貌图》。

春，钱瘦铁赴无锡、镇江、扬州游。

6月，钱瘦铁写生创作《惠泉山图》及《惠泉山揽胜图》（纵35厘米，横46厘米）、《镇江壮观图》（纵80厘米，横148厘米）、《扬州瘦西湖图》（纵51厘米，横35厘米）、《华东水文站图》（纵50厘米，横67厘米）、《风景这边独好图》（纵59厘米，横92厘米）。

夏，为参加第二届全国美展，钱瘦铁以"太湖工人疗养院"为题材进行创作，反映新中国工人阶级享受的特殊优待。赴无锡写生准备素材，先后创作多幅同题材作品，其一为：《华东工人太湖疗养院》（纵66.5厘米，横107.5厘米。题跋：华东工人太湖疗养院在中独山上面对横云公园风景绝佳。瘦铁画。）后同题材设色作品入选第二届全国美展。创作期间在无锡周怀民寓所遇吴觉迟，对其刻印颇赏识，赠山水画并收为学生。

不久，又创作《桂林山水》（纵50厘米，横36厘米）。

10月，钱瘦铁创作《节日夜景》。

1955年

乙未　五十九岁

2月，钱瘦铁作《红梅图》（纵32厘米，横38厘米）、《鞍钢的朝晨》。

3月12日，钱瘦铁与白蕉、程十发、贺友直等出席中国美术家协会上海分会举行的美术家座谈会。

5月8日，参加上海市第二次文化艺术工作者代表大会，被选为委员。

是年，参加张鲁庵发起成立的中国金石篆刻研究社筹备会。

1956年

丙申　六十岁

上海中国画院成立，钱瘦铁受聘为画师后，谢之光及朱屺瞻先后在钱瘦铁影响下从钱瘦铁学习创新。其间，钱瘦铁常与郑逸梅、孙悟音等友善。是年，收汪大文为入室弟子。

3月，钱瘦铁赴杭州，游富春江。归来创作《西湖春晓图》（纵67厘米，横100厘米）。《富春江图》（纵158厘米，横71厘米）、《富春渔乐图》扇。

5月，写生创作《包殿皇府》及《汉柏》。

6月，为徐孝穆画《西湖》扇面，题曰："丙申六月为孝穆同志，瘦铁。"钤印：钱（朱）瘦铁（白）。

20世纪50年代，钱瘦铁与家人在上海人民公园的合影

7—10月，为鲁迅刻"倪朔尔""豫才""旅沪记者""丰瑜"四印刊于《鲁迅笔名印谱》。并为此印谱写序文(宏圆出版)。

8月，撰写了《因人废言的事实》，为陆俨少等国画家画檀香扇鸣不平，争取权利。全文发表于《文艺》杂志。后因此被打成右派，在上海的美术史上，称之为"檀香扇事件"。

9月8日，入选上海中国画院第一批画师。

11月8—23日，钱瘦铁与贺天健、朱屺瞻、张聿光等赴黄山、雪窦山及桐庐写生，先后创作《黄山云起图》(纵141厘米，横94厘米)、《黄山云松图》(纵71厘米，横45厘米)、《云门峰》(纵68厘米，横762厘米)、《松下高士图》(纵36厘米，横42厘米)、《听松图》(纵71厘米，横45厘米)、《始信峰》及《拟黄宾虹夜山图》等。

1957年

丁酉　六十一岁

春，钱瘦铁作《超山宋梅图》。

3月，作《鲁迅故乡览胜图》(纵40厘米，横480厘米)。

4月，钱瘦铁写生创作《淞滨清晓图》(纵53厘米，横55厘米)、《上海港的早晨》(纵43厘米，横67厘米)及《黄浦一隅》《黄浦江即景》扇。

4月下旬，钱瘦铁与朱屺瞻赴川、陕等地作万里壮游。先乘长江轮至武汉，于武汉参观并游览写生。5月19日至宜昌，20日起乘江轮过三峡，于舟中作速写甚多，其中作于明信片上一幅，于途中付邮寄上海《文汇报》，刊于该报"笔会"版上。下旬至重庆，30日转赴成都。6月1日钱瘦铁与朱屺瞻出席成都国画家座谈会，会上交流画艺并合作挥毫。之后钱、朱二人在吴一峰"一峰草堂"小住两日，临别，钱瘦铁为其篆刻题词："一峰篆刻。一峰吴君工书善画，其刻印駸駸入古，游刃有余，自成面目。可喜！乐为题端。"中旬由成都乘火车至陕西宝鸡。25日至西安，次日与陕西省美术家协会与西安诸画家欢晤，其中有石鲁、赵望云、方济众等。石鲁对钱瘦铁之艺术极为倾倒，至欲从之为师。7月初，钱瘦铁与朱屺瞻乘车自西安返沪，写生创作甚多。《巫峡云雨》(纵54厘米，横38厘米)、《明月峡》(纵109厘米，横66厘米)、《三峡夜航》(纵56厘米，横55厘米)、成都《文殊院双杉图》(纵71厘米，横50厘米)、青城山《天师洞古银杏》(纵71厘米，横50厘米)、《深山磨坊图》(纵36厘米，横41厘米)、《陆放翁诗意图》(纵40厘米，横34厘米)及《灌县全景图》《宝成铁路图》(纵100厘米，横68厘米)、《西安莲池公园》，不久又创作《深山访友图》(纵50厘米，横58厘米)、《巫峡风雨图》(纵54厘米，横38厘米)、《飞流直下图》(纵54厘米，横38厘米)、《松峰朝辉图》(纵75厘米，横45厘米)及《搜尽奇峰打草稿》。

钱瘦铁和朱屺瞻一路甚是投契，归沪后，钱瘦铁为朱屺瞻刻"学而不厌"白文印一方，跋云："丁酉(1957年)暮春，与屺老从武汉经三峡，过秦岭，至长安，万里壮游中谈论中外艺术，自石涛、八大、冬心、谷柯、塞尚、马蒂斯至缶老、白石，我二人所见相同，屺老駸駸不懈，因刻斯印赠之。叔厓。"

左起：钱瘦铁、钱明吉、钱明直在黄浦路73号家门口

是年，为石鲁刻"石庐""石鲁所画""石鲁书画""林氏石庐"等印。

秋，钱瘦铁在上海中国画院被错划为右派。每月工资只拿80元，而家中儿女又多，入不敷出，为了购置画纸，一角七分钱一张的宣纸他舍不得买，经常托人去买四分钱一张的皮纸作画。其间，钱瘦铁所画作品均不得署名，以化名与闲章落款。作品大都为青绿山水，供外贸出口。尽管生不得志，但钱瘦铁对自己的作品很自负，他曾对人说："我的作品将来可以进入博物馆收藏。"

冬，钱瘦铁创作《龙华蓊景图》（纵136厘米，横100厘米）。

1958年

戊戌　六十二岁

是年，钱瘦铁创作《苍鹰图》（纵144厘米，横68厘米）、《松鹰图》二帧（纵138厘米，横68厘米；纵70厘米，横47厘米）、《墨鸡》（纵34厘米，横30厘米）、《雏鹏》（纵46厘米，横54厘米）及青绿山水《树梢百重泉图》（纵138厘米，横69厘米）、《碧峰飞瀑图》（纵40厘米，横52厘米）、《云凝树醉图》（纵110厘米，横66厘米）、《溪山深秀图》及《琴歌不与少时同图》（纵35厘米，横48厘米）。

1959年

己亥　六十三岁

9月，为唐吉生刻闲章"黄山袖得故乡云。"

冬，钱瘦铁作《奔牛图》。题跋："己亥冬，伴麟庐、宝善两同志游吴门，得见梁松《奔牛图》，今背临之。叔厓。"

是年，王克勤由其父亲画家王康乐领着，去钱瘦铁家拜师学画。

1961年

辛丑　六十五岁

元旦，钱瘦铁作《岁朝清供图》。题跋："辛丑元旦写岁朝清供图于蓊淞楼，叔厓并题。钤印：瘦铁（白）、叔厓（朱）。"

钱瘦铁全家福
第一排左起：钱明敏、张珊、钱明吉、钱瘦铁、钱明伟
第二排左起：钱明康、钱明直、钱明政、钱明芝

1961年钱瘦铁、陆俨少在杭州西泠印社

同日，为汪大文刻"汪大文印"。

仲春，钱瘦铁作《无量寿佛图》（纵32厘米，横24厘米）。

9月，钱瘦铁被摘取右派帽子，恢复创作。

秋，为学生刘小晴作楷书《千字文》册页廿开（纵24.5厘米，横9.5厘米）于蒭淞楼。

初冬，钱瘦铁在汪大文家与许麟庐酒后合作《松石睡禽图》。

是年，为许麟庐刻"老许""麟庐""渤海许生""麟庐泼墨""寄居景山北海之间"等印。为陆俨少刻"岭海回来"印两枚。

1962年

壬寅 六十六岁

2月，钱瘦铁作《杜少陵诗意图》（纵68厘米，横108厘米）。

春，汪大文购得一方鸡血石，钱瘦铁为其刻"汪大文印"。

是年，钱瘦铁开始为毛泽东诗词三十七首书写长卷。收徐璞生、赵宝荣为学生。

钱瘦铁刻"毛主席诗词十首"。

是年,购得徐天池砚台一方,连同家藏丁敬身(龙泓山人)一方,回家后刻"天池龙泓研斋"印为斋室名。

钱瘦铁作《卜算子词咏梅》(纵138厘米,横35厘米)、《墨梅图卷》(纵28厘米,横130厘米)及《老梅越老越精神》。为谢之光作《墨梅图》(纵136厘米,横69厘米)。

是年,郭沫若和邓拓同志看到钱瘦铁在1957年3月创作的《鲁迅故乡揽胜图》长卷后,非常赞赏,分别为画卷作了题词。邓拓题的诗并跋,跋语云:"钱瘦铁画师作鲁迅故乡揽胜图长卷,携来北京,一再披览,忆及前年绍兴之行,得见鲁乡景物,历久不忘,爰题七律一首。一九六二年仲夏。"7月27日,钱瘦铁从上海专程去北京,将此幅描写鲁迅家乡风光的画卷捐献给北京鲁迅博物馆。(《新民晚报》)

是年,钱瘦铁刻"梁溪钱氏图书",边款为:"叔厓老自制用印。其用刀游刃。恢恢洒脱。古艳得前贤之未曾有。明直兄当世宝之。壬申八月。豆庐天衡记。(1992年韩天衡补跋)"。

赴京之前,为汪大文书篆书对联"安知峰壑今来变,不露文章世已惊。"

9月,钱瘦铁创作《巫山十二峰图》(纵45厘米,横51厘米)、《天地图》(纵93厘米,横53厘米)

9月27日至10月,钱瘦铁与张大壮、来楚生等十六位画家的国画作品展览,在美术馆举行。

钱瘦铁旅北京,寓画友许麟庐家(许为和平画店店主),一时闻声前来求画求刻者甚多,为之应接不暇。盖多年抑郁,此时稍得舒展也。其时所画,以花鸟蔬果为多,用笔奔放多变,淋漓酣畅。代表作:《瓜实图》(纵58厘米,横81厘米)、《向日葵图》(纵68厘米,横40厘米),中央美术学院亦请钱瘦铁前去讲学,讲后,反应极佳。岁暮返沪。

在和平画店,钱瘦铁又与邓拓相识。此时邓拓写《三家村札记》《燕山夜话》而为读者所称道,钱瘦铁刻了"三家村""燕

山夜话""邓拓古物""邓拓文物""邓拓珍藏""马南邨""左海欢喜""潇湘竹石之居"诸印相赠。在邓拓的藏品《山水图册12开》里有几幅打上了钱瘦铁刻"邓拓珍藏"印,出版于《艺苑掇英》第28期上。(1986年2月上海人民美术出版社出版)

中秋,钱瘦铁创作《益鸟图》(纵136厘米,横68厘米)与许麟庐酒后合作《松鹰图》。

重阳,钱瘦铁创作《重阳隽味》(纵68厘米,横47厘米)。

10月,刻闲章"黄山之友"。

是年,为黄永玉刻"黄茅""黄永玉"等印,黄永玉为钱瘦铁作钢笔素描一幅,并于1975年补题:"六二年瘦铁翁来京小住舍下,喜蛮妮每来必治印,不以小儿女纠缠为烦。今铁翁已作古,昨捡旧箧得当日所作速写,烦德麟兄(许麟庐先生)转至钱家子弟以为纪念。乙卯年秋。黄永玉补记。"

是年,为黎雄才刻"雄才""雄才速写"等印。为李可染刻"李""可染""可贵者胆""所要者魂"等印。为吴作人刻"吴作人""五十以后学篆""病中遣兴"等印。为萧淑芳刻"淑芳""淑芳借鉴"印。为黄胄刻"梁""梁黄胄""黄胄珍藏书画"等印。为叶浅予刻"浅予速写""浅予""浅予藏画"等印。为谢稚柳刻"稚柳""老谢"等印。为艾青刻"艾青"印。为赵望云刻"赵望云"。为郭味蕖刻多枚名章。

1963年

癸卯　六十七岁

元旦,钱瘦铁为宋文治画扇《古梅图》(正面),款识:"癸卯年元旦文治道兄属写墨梅于天池龙泓研斋,叔厓。"(背面)写书法杜甫的《李潮八分小篆歌》。

立春,钱瘦铁为汪大文画《雄鹰》。

5月,钱瘦铁书"罗瑞卿将军语"(纵69厘米,横30厘米)。

7月,刻闲章"虎踞龙盘今胜昔",边款为:"我们的国家不愧为伟大的国家。我们的人民不愧为伟大的人民。我们的军队不愧为伟大的军队。我们的党不愧为伟大的党。中国共产党八届十中全会公报摘录。铁飞同志座右。叔厓镌。一九六三年。八一前夕。"

国庆期间，钱瘦铁被邀至京郭沫若家做客，其间书郭沫若词《满江红读毛主席诗词》（纵136厘米，横65厘米），并为之作"鼎堂"朱文印、"郭沫若"白文印。获邓拓赠七绝诗一首："老来盛誉满燕京，书画兼长篆刻精。更有一心为人民，舞刀泼墨见平生。"

秋，了庐由吉祥寺主持若瓢上人陪同拜识钱瘦铁以求书道，钱瘦铁云："学书要兼学汉碑，取纵横之势，古拙之意。"又云："功夫在书画之外，读画最为重要，读史书更为重要。尤其是《资治通鉴》。"钱瘦铁又自云："毕生以书法第一，印第二，画第三。"

12月，正值毛泽东主席七十寿辰，为谢之光《鹤寿图》（纵180厘米，横90厘米）。题款：鹤寿。毛主席七秩大寿（谢之光画，钱厓题）。

冬至，钱瘦铁作《鹰击长空图》（纵167厘米，横96厘米）。

1964年

甲辰　六十八岁

元旦，画墨梅《东风时雨大地皆春图》。

同日，作篆书对联（纵128厘米，横30.5厘米）。联文：奋发图强，自力更生。款题：一九六四年元旦，瘦铁。钤印：瘦铁印信（朱）、人书俱老（白）。

发行钱瘦铁刻《毛主席诗词十首篆刻集》2册。

1月，作《化悲愤为力量》（纵114厘米，横94厘米）。题款：化悲愤为力量，巴拿马爱国反美烈士千古不朽，一九六四年一月，钱厓敬绘。钤印：钱厓私印（蓝阴交）、瘦铁（蓝阳文）。

2月7日，为学生吴一仁（即吴颐人）刻仿汉封泥意一印，印文为"吴一仁印"。

8月，作书《毛主席满江红词》，题跋：毛主席《满江红词》，一九六五年八月，叔厓书于天池龙泓研斋。钤印：钱厓私印

（白）、瘦铁（朱）。

是年，钱瘦铁书《唐人诗》《石涛画语录》《孙过庭书谱》等以自勉。为学生赵宝荣作《黄山始信峰》（扇面）。

1965年

乙巳　六十九岁

春节刻闲宁"淞滨病叟"自用。

清明，刻"钱厓之印"，边款：乙巳清明，叔厓仿汉。

6月，为玉麟81岁寿辰作扇窗《南山劲松》（正面）和《行书〈兰亭集序〉节选》（反面）。

夏，刻闲章"宁作我"，边款为：乙巳夏伯世说句，瘦铁。

8月，刻闲章"生于丁酉"，边款为：叔厓自制。乙巳八月。刻闲章"强行者有志"，"不失其所者久"。

12月，钱瘦铁作《流水有妙响逸情图》。

1966年

丙午　七十岁

元旦，拓朱砂印谱，自题"天池龙泓研斋印集"，唐云题"天池龙泓研斋朱迹"，印谱共含约47方新近所刻印章，赠郭若愚。

正月，刻闲章"以古籀草隶作画"，边款为："身心尚顽健。篆隶入图绘。丙午正月。叔厓刻于天池龙泓研斋。"

"文化大革命"开始，钱瘦铁首当其冲地被画院造反派揪斗，所藏书画、印章、图籍及个人资料悉被捆载而去，许多东西至今尚无下落。又被诬为特务、奸细等莫须有的罪名，加之知己交态，年逾古稀又身患疾病的羸弱老人备受折磨。为学生王克勤作《抚龙松》等册页二十三页（纵12.5厘米，横16厘米）、《小中见大》山水册。

3月，钱瘦铁书《蓝蒂裕烈士示儿诗》（纵139厘米，横61厘米）。

3月21日，钱瘦铁为学生吴颐人刻"忘我庐"印，边款为"一九六六年三月二十一日瘦铁为颐人刻于上海天池龙泓研斋。"

为刘海粟刻"海粟欢喜""海粟泼墨""海粟七十后所作""海翁年七十以后画""海粟所得铭心绝品""黄山是我师"等印。

1967年

丁未　七十一岁

2月12日,钱瘦铁作《水仙》,题跋:一九六七年二月十二日,瘦铁。钤印:叔厓(朱)。

9月,钱瘦铁作《听松图》(纵71厘米,横45厘米)、《听松观瀑图》(纵69厘米,横46厘米)、《江上千峰》(纵72厘米,横54厘米)及《十二开山水册》。

是年,钱瘦铁完成《毛泽东诗词三十七首》书法长卷(纵45厘米,横400厘米)。

12月17日,钱瘦铁与友人钱君匋相值途中,牵其袖曰:"日来颇难为人,苦痛异恒!今日能见,未必今后能再见!"语毕即拱手蹒跚而行。

12月18日,钱瘦铁因肺气肿并发心脏病而不能救治,病故于上海黄浦路73号家中。享年七十一岁。

12月中旬,学生王克勤前往钱家,张姗将钱瘦铁去世前一两个月所作的册页转交给他,可惜册页中还剩两页没有画完。

1968年8月4日,爱妻张姗于上海黄浦路73号家中去世。享年五十五岁。

1978年9月3日,上海市书法篆刻展在上海美术展览馆举行,已故的钱瘦铁、来楚生、吴湖帆等人作品亦参展。

1979年10月1日,上海美术展览馆新增辟出的上海美术作品陈列室对外宾开放。钱瘦铁等人的代表作陈列其中。

1979年10月11日,上海中国画院在上海龙华革命公墓大厅举行"吴湖帆、钱瘦铁同志追悼会"。

1981年4月9—19日,钱瘦铁金石书画展在上海美术展览

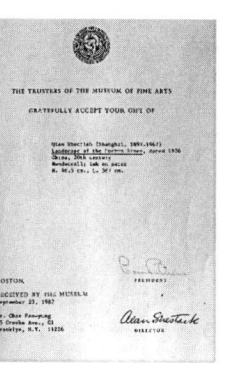

馆举行,展品一百六十件,由美协上海分会主办。

1987年1月27日—3月27日,钱瘦铁作品陈列于上海美术馆,并于3月27日举行"钱瘦铁先生中国绘画成就学术讨论会"。

1987年,由瞿谷量先生主持的美国中华艺术研究会,在学生赵宝荣协助下于纽约举办了"钱瘦铁先生书画展",其中《富春江山水图卷》(纵18.25厘米,横144厘米)由美国波士顿博物馆收藏。

1991年7月30日—8月5日,上海中国画展在兰州市甘肃画院展厅举行,由上海美术馆主办,钱瘦铁等海派大师及中青年画家作品展出。8月18日,移至新疆乌鲁木齐市自治区文联展厅展出。

1993年8月20—25日,"钱瘦铁遗作展"在朵云画廊举行,由上海市美协、上海中国画院、朵云轩举办,展品百余件。

1994年4月,由桥本关雪先生之孙桥本归一先生邀请、大阪现代中国艺术中心当铭藤子协助,钱瘦铁次子钱明直携其父遗作赴日,在京都白沙村庄桥本先生纪念馆隆重举办"桥本关雪钱瘦铁回顾展"。

1997年11月7—16日上海中国画院于刘海粟美术馆举行"王个簃、钱瘦铁诞辰100周年书画展"。

1998年7月10—22日,上海中国画院已故画师作品选展在该院举行,有钱瘦铁作品展出。

1999年5月7—18日,钱瘦铁作品展在上海美术馆举行,由该馆主办。

2006年4月12日,"钱瘦铁、孔小瑜、唐云作品展"在上海中国画院开幕,本次展览由杭州西湖风景名胜区管委会、上海市美术家协会、上海中国画院主办。

2011年8月12日,"逸韵高致——钱瘦铁'三绝'作品展"在上海中国画院美术馆举行。特选出院藏的《山水册页》四十余幅及《毛泽东诗词篆刻书法手卷》等展品。

2015年11月24日—12月6日,"铁骨丹心·薪火永存——钱瘦铁艺术展暨钱大礼从艺七十五周年作品展"在浙江美术馆举行。

2015年12月19日—2016年2月19日,"江上数青峰——钱瘦铁作品展"在无锡博物院举行,陈列49件国画作品,其中48件作品由北京保利艺术博物馆收藏。

2017年1月15日—2月26日,"钱瘦铁、钱明直作品展"在上海程十发艺术馆举行。

2018年10月1日—2019年9月,"铁骨丹青——钱瘦铁艺术作品展"在中华艺术宫33米层展厅举行。共展出馆藏作品89件,内容涵盖山水、花鸟和人物,不少作品为首次展出。10月12日,中华艺术宫专门举办了"铁骨丹青——钱瘦铁学术研讨会",艺术家、艺评家、社会学研究者等多领域的专家、学者济济一堂,共同探讨钱瘦铁的"金石丹青"和"铮铮铁骨"。钱瘦铁家属代表向中华艺术宫捐赠了一本钱瘦铁20世纪60年代创作的《毛泽东诗词印谱》,中华艺术宫执行馆长李磊表示:"印谱所载内容堪称钱瘦铁金石艺术的高峰之作,也为中华艺术宫日后深入研究钱瘦铁的金石作品提供了重要的范本和学术依据。"

王个簃、钱瘦铁诞辰100周年书画展艺术研讨会[1]
沈沪林　整理

Art Workshop on the Painting and Calligraphy Exhibition Commemorating the 100th Birthday of Wang Geyi and Qian Shoutie
Collated by Shen Hulin

编者按：

今年是上海中国画院原名誉院长王个簃（1897—1988）和著名画师钱瘦铁（1897—1967）100周年诞辰，由上海中国画院主办，上海美术家协会、上海书法家协会、刘海粟美术馆、上海文史研究馆协办，于1997年11月7日至16日在上海刘海粟美术馆隆重举行了二老书画展。

这个画展，一是为了表达我们的敬仰、思念之情。画院的同仁以及属于他们儿孙辈的不少中年书画家，提起"个老"和"铁老"总是把谦虚、谨慎、朴素、平易近人等这些美德和他们联系在一起的。也每每回忆起他们对后学的不倦教诲、循循

---

[1] 原载于《上海中国画院通讯》，1998年第2期。

善诱的言行而为之感动。二是为了向二老学习,学习他们将诗、书、画、金石熔于一炉,融会贯通,在艺术的天地里,狠下苦功,纵浪大化、自由聘驰的精神。在展览期间的11月14日,画院创研室全体同仁以及二位老人的家属,在画院举行了艺术研讨会,由画院副院长韩天衡先生主持。

韩天衡: 我们今天在此怀念已故的老院长王个簃先生与画院老画师钱瘦铁先生,举办两位艺术大师的画展并请来了他们的亲属和艺界朋友与我们画院全体画师,在这里举办一次研讨会,以缅怀我院老画师对中国美术事业做出的贡献,敬仰与学习二位艺术大师的丰功伟绩,并进行研讨。这次成功的展览得到各方的支持,在此表示感谢,相信两位老前辈在九泉之下会感到欣慰。

谢春彦: 我看了两位老前辈的展览,很有些感触。对王老的晚年生活尚还熟悉,因为有经常接触的机会,与老人谈点画、谈点艺术。钱老我尚未见面,只是对他的艺术风范略有所知。但这次二位诞辰100周年的书画展,使我颇有一种感觉。如臧克家有诗曰:"有的人活着,他已经死了;有的人死了,但他还活在你的心里……"这二位的展品虽然还不是很完整的体系作品,但已颇能见其人品与画品了。

王个簃先生晚年,即使是在92岁的高龄时,每次相遇总是听他兴致勃勃地在谈如何使画搞得更新、如何更老辣,并且提些问题与大家一起磋商。在书法艺术创作上,反复强调的是"刚",以秤杆的倾斜作形象的比喻,给我以启迪。记得有次去探望,看到一张他画的《画桌即景》,看似随意的漫不经心之作,实颇有新意,具印象派、点彩派等许多想法特点。

钱瘦铁先生生活经历坎坷,尤其到了晚年,更是一般人所难以忍受。如同其名字也特别,既"瘦"且"铁"。社会对他的冷漠与不公正,生活的折磨没能磨掉铁老许多可贵的东西。他身上所具有一股郁勃之气、正义之气,这是时下所缺少的。他的人品、道德涵养，反映在作品中，更能看出钱老民族绘画的深厚功底，笔笔出手都是言之有物，而又风格独具的。从中我们得到深刻的道德涵养上的感染。我认为对钱先生无论是在技法上、更重要的是在道德力量上，需作深入研究，他是位不应受冷落的画家！

杨正新： 这次展览很成功，有许多作品很精彩。钱瘦铁书、画、印既擅长且精绝。绘画虽然以山水为主，但花鸟也精，老鹰与梅花是海上画家中所少见的好。建议在社会上的这些精彩的代表性的佳作，应想法子收藏到我们画院。钱先生的篆刻、书法都是超一流的。经常听谢之光先生讲他的好，对他的崇拜，溢于言表。钱老线条艺术性强，确实又瘦又硬，以钢筋般的倔强出现。展品中的"老鹰"，黑色的鹰、翅膀看起来似反装，但更见其硬朗的郁勃之气。其"镇江小景"，以没骨法出之，细腻动人。老先生作画强调艺术性，而现在的年轻人缺乏这些，这与修养功底有关。

　　王个簃也是位诗、书、画、印四绝的画家，是吴昌硕画派的集中代表者。其修养全面，书法更是跳出吴昌硕的范围而别出新意。当年我们这辈的年轻人无论在美校学习还是后来在画院，个老对我们都是倍加关心和爱护的。

　　从画院当时发展状况来看，在社会上是显示了"半壁江山"的力量和实力。他们都是绘画上的"狠将"，看年龄他们当时也是50—60岁的旺盛期，与之对照，真愧之不及！作为后辈，应好好向他们学习。

童衍方： 这次二人的画展济济一堂，看来倍感亲切。对个老，一般人的讲法总以为是像吴昌硕，其实细看，从20世纪60年代开始，其作品是富有新意的。如《织绒线》等现实题材，其创新意识还是很强的。书法也是有其发展的地方。从他写给沙孟海的信看，无论是文采与书法表现，都是富有变化和趣味的。这是很值得我辈认真学习与研究的，不能轻轻地一晃而过，面对他们的研究不应停留在表面上。

瘦铁先生是位有着深厚传统底子,又是富有才气的一位大师。他的传统功夫发挥得十分好,所书写的篆书"自力更生,发奋图强"一联,以白云笔出之,具宽勃、浑厚之感,并且富有书卷气。他学《张迁碑》,以反其道而行之,显得细而有劲。曾也受过吴昌硕的影响,但另辟蹊径,开出了自己的面貌。所刻之印,以唐宋官印为宗,又取法乎广。内容也丰富,几乎将毛主席诗词都刻遍了。而且对"多字印"也善于表现。这很难,刻过印的都知道"多字印"是较难安排的,而在钱老则显得很轻松。他画的小手卷,我也几次听唐云先生谈到他的好,说曾也受其影响,得其益处。铁老的梅花,虽然高野侯有"画到梅花不让人"之称,而与铁老在一起时,还是对其称道不已、甘拜下风。铁老的墨梅浓淡层次丰富,用笔老辣绝妙,是近现代画家所少见的。展览尽管不大,但得到的启示是十分大的。

张　森：我对钱瘦铁先生虽然不熟悉,但对其艺术是十分喜欢的,记得1965年看书法展览时,就深深地喜欢上了,而这种感受、感染又是令人难以忘怀的。我与个老较熟。过去宣传上,将杭州沙孟海捧上天,个老许多人说"太像老师",我当时就不同意这种看法。我说可以进行比较。个老的"诗、书、画、印"与沙老,二位在故世之后再进行比较,也许更客观。只是上海方面显得宣传少。说个性,艺术上的个性是不可能一样的,艺术到后来是性格、个性、修养的综合反映。墨守成规是不必要的,面孔毕竟只有一只面孔,创新也不是天上掉下来的,应是个渐变的过程,创新是对整个时代的综合看法,而首先对传统继承得好也不错了。两位大师的作品,实在是我们学习的榜样,值得我们敬仰。

唐逸览：现在我们开的是"研讨会",过去是"读画会",现在又恢复了学术空气,这对提高我们的艺术水平有好处。通过这次举办二位大师的展览，我们究竟学什么？我觉得学创新的精神最重要。记得我们美校刚毕业到画院，第一次看个老作画时的情景。在一幅六尺纸前，只见个老凝视良久之后，饱沾笔墨，然后胸有成竹来到纸前，纵横挥洒，笔墨淋漓，一气呵成地完成了，其气势实在逼人。他时常对我们说，一个画家像蚕吃桑叶一般，吃进桑叶后，排出糟粕，吸取精华，吐出的是丝。画家学习传统，不是照搬，是吸取之后，变为自己的东西。中国画有几千年的历史，如何学，在他们身上有许多答案。观个老的画，其线条变化异常，十分有创新精神，有许多现实题材的作品，这是吴昌硕的画中所不可能看到的。

钱老我称他为伯伯的，"文化大革命"时不得意，经常来我家。我父亲经常劝劝他，说"留着青山在，不怕没柴烧"。老一辈画家之间都是互相鼓励、敬重的。钱老的画一是"奇"，二是"清"，在画上集中体现了。但我要与杨正新商榷的，以一流的画家而论，没有谁第一，一流的画家很难评高低，都有自己的优缺点，不是一好都好。

毛国伦： 举办这二位大师展览，本身是一种很好的学习机会。如前言所说，一是为了纪念他们，缅怀他们高尚的人品和朴素、谦虚、谨慎、平易近人的作风；二是为了学习他们治学严谨，将诗书画印诸门艺术融会贯通。我们更怀念与老先生一同共事的一段难忘的年代。在我17岁刚进画院时，个老是副院长，他看到我们总是很亲切，生活上也是十分关心。记得有次我洗衣时，个老跑过来跟我说，搓洗衣服时，该用力的要用力，这样才洗得干净。走路时，他提醒我们该挺胸的要挺胸，这样对身体有益。这些现在回想，备感亲切。我有幸1985年与个老一起出访日本。日本的大画家梅舒适等对个老是十分崇拜，要做他的干儿子，但个老却显得十分平易近人，说您就做我的弟弟吧。一次到奈良，日方让我们随意挑礼品送给我们，个老只是拿了面小旗说送给小孙子。在艺术上，即使他的晚年,他也经常与我们晚辈一起开座谈会讨论绘画艺术,评画也是十分具体、详细。如对我作的《苏武牧羊》,他给我指出了画的羊角一只只太清楚不好,要有虚实变化,可见他对我们都是非常认真、严格的。这次展品中个老画的枇杷,叶子十分饱满、白描功夫十分到家。而60年代多见他画的农作物,气势相当酣畅。他在吴昌硕艺术领域里,又有了自己的新的追求,无论从题材、构图、时代气息等都有发展,尤其是在农作物上,更布其独到处。路子也广,鸽子、猫、绒线等日常事物,也善于表现。他的书法,与他的画一样,更能看出他的气势磅礴,他创作时,似打仗冲锋陷阵般,气势夺人,同时,又能细心收拾。

钱老当年也是经常给我们谈画,并且一边讲,一边画些稿子给我们看。他说,他是先画几个点,然后再串起来,点线串连,气韵相通。他的书法,篆、隶、草、行、正诸体俱精,酣畅随意,如闲庭信步,动中寓静。艺术上谢之光经常说钱老,对他显得十分崇拜。这不仅是对他的艺术,更重要的是人品,都非常值得我们学习。这次二位的书、画、印俱精,功底全面,我们从中可以学到不少东西,而我辈缺少的就是这些扎扎实实的功夫。

潘德熙: 展览很成功。二位老先生性格不同,在艺术当中充分表现出来。看钱老性格,爽直倔强;个老性格平和温润,真是画如其人,都集中反映出来。二位老先生都是大师,二人也确实很难比较,个老画吴昌硕路子,但有发展,与吴老并不一样。实际上,创新是我们中国画艺术的一个传统。如果一个人学传统,没有变化发展,则不算成功。他们二位固然有继承、学习传统的,更重要一点也有其发展。所以"创新"是我国书画艺术的一大传统。钱老我更熟,我经常听其说这么句话:"要创新是真难啊!"我以为他是有自己心得。他认为创新就要超出老师,既要有传统,又要有超出原有水平。正因为他有如此要求,所以"难"!这是要跳出老师面貌,也要创出自己的好面貌。钱老的印章,早年学吴昌硕,而且非常像,大约到日本后有了些变化，吸收东西很多，有了多方面尝试。以后刻章一直在追求新的变化。是从多方面在吸收，吸收之后的融会贯通。

邱陶峰： 展览办得精彩，给我们学习、欣赏的好机会。王个老是我们敬仰的老前辈，在我没进院的业余学画时，早就闻名的，有时看展览时他遇见我们业余作者也特别亲热，十分平易近人。进了画院后，我们的见面更是频繁，不断向他请教。个老在创作前，总是反复推敲、认真打腹稿，动脑筋，当正式创作时，显得十分的无拘无束、随心所欲，所以我们很喜欢看他的画。每年开迎春画展，他也经常与我们一起评展品，对画要"画七分"，有其独特见解，印象挺深。他主张要善于把握好画面的恰到好处的火候。在创新上他是十分努力求新意，一张画反复画，创作《一尘不染》见他反复推敲修改，以达到自己理想效果。90多岁，仍是孜孜以求创新探索，他们全面的艺术修养功底，太值得我们好好学习。

钱老是进院后知道的，我在画院时，经常看他在画水墨画，觉得很有味。以后有机会又与之一起深入生活，看钱老写生作画，觉得他十分沉稳，随便拿支笔，在出手时却显得非常有分量，他的出手就是很厚重。这次展览实在是次难得的高质量的艺术盛会和精神享受！

王公助： 这次画院举办隆重的画展，作为子女的我们很感谢。去年在南通我们也搞了王个簃艺术纪念活动，这次画院也如此重视，十分难得。天衡兄让我写些怀念先父的文章，使我较系统地分析和整理了一些老先生艺术方面的有关史料。我觉得老先生，始终是在不断进行探索、创新的。老先生的创新，是在传统意义上的创新，是注重"大、拙、重"上的创新，这更见难度。这里还有个做人问题。即"画品与人品"问题，"如果人品不好，画品也自然不好"，这是先父时时告诫我们子女的。

韩天衡： 此二位大师都是我十分敬仰的，个老早些，60年代曾在雁荡写生回来，方介堪先生领我拜访他，当时王个老是60岁光景，满头银丝，是个谦谦长辈，个老道德文章大家都是有口皆碑。

今年正巧是二位大师的百岁诞辰，正巧二位又是书、画、印全面发展的大师，那么看画展更有些感触。相比较的话，王个老在1949年后一直一帆风顺，钱铁老却是一路坎坷，这个对比显得十分强烈。但他们的作品，却同时又强烈地反映出他们对新生活的热爱。个老热爱党，党也确实爱他；铁老热爱党、热爱社会主义、热爱新社会，而当时的他并不受到关爱，又把他打成右派，可他仍是歌颂党、社会主义、新社会，不与自己的个人厄运联系，这个精神境界非常不易。这是一个艺术家胸襟宽阔，对生活一片真挚在作品中的集中体现。错划右派，虽然是一种历史的误会，但我们的艺术家为人都是光明磊落的。当然在逆境中的铁老比在顺境中的个老，要承担更多的压力，但都反映了他们高尚的人格。

王个老的艺术，特别是在他80岁之后，在画画领域里，晚年是从"意象"的方面发展，这既不是具象，又不是抽象，在更大程度上带有意象。这是个老的新探索。我想天假其年，个老在创新领域里再多活几年的话，则定将有个新天地。书法方面，其在85岁后，在吴昌硕的基础上，有很大的发展。我觉得遗憾的是近来我们很少研究个老的书法境界。昌硕先生的石鼓、行草都是强调用笔的"实"字，个老80岁前也是较实的笔笔送到，而85岁后，领悟到别于老师，因此以"虚"取胜，微风发势般轻轻过去，线条在朦胧、虚脱中更见超脱的境界。如果说个老的画在"意象"上尚未达到成熟的话，那么至少在书法领域里开创了新天地。这是我们过去忽略的。而这研究、采撷的过程就是我们学习的过程。

我与钱老失之交臂，从未见过面。我曾写过五六篇文章，纯是从我对他的艺术的理解而写的。如果说王个老的作品以温和取胜，那么铁老的艺术则以强烈示人。这二位都是非常有个性的艺术家，只是王个老的"火"是烧在肚里，而铁老则在外；前者须从深层体会。铁老是一位天分非常出众的艺术家,其天分远远超过了他的学历。他从小没有机会好好读过书,十三四岁就去学刻碑,因而使他在治艺上腕力过人。他的画,表现为一个"浑"字,在朦胧中分层次,体现其含蓄的美。如"黑鹰",调门很高,以浓墨、焦墨出之。而首日封上的"鹰",则以低八度的微妙变化来表现不同于前人的墨韵。他的大写意的画,是非常用心的画,创作上显得特别严谨。书法上看,十分"拙",他写古碑帖,去掉表面的漂亮,则非常高古,在一代人当中显得十分独立。其线条,拉力特强,用墨与笔性是其特有的天分所具有。记得陆俨少先生曾告诉我说:"有人比喻我的线条,如金属般线条,钱老的线条,似紫檀的线条。"老先生之间话虽不多,但反映了本质的东西。对钱的印章,更是我的偏爱,特点是"大",无论与谁比,都显得大、重,不是小家子气,是表现了时代的力量和他的胸襟。在用笔技巧上,他不是刻、冲、切、削,而是在"勒"字上有其特殊的表现力,线条具有非常微妙的摆动,从而在写意的印章里开了一个风格。但由于他的厄运,没有得到应有的宣传,这是需要我们作弥补的。如今社会,太平盛世,应该还其本来应有的面貌和地位。

二位老先生为我们画院添了许多光彩,他们在学习前人基础上也有自己的发展,使我们这些不成熟的中青年,在他们的作品面前,在他们的人格面前,得到了力量,使自己充实起来。而我们现在的画家要再造"半壁江山",则需大众的齐心协力。研讨会仅是一个开始,而对二位艺术家的研究,今后还要深入。

钱大礼: 由于研讨会发言人很多,很热烈,加上时间的关系,没有轮到发言。请允许我作书面的补充发言:我对个老接触甚少,拜读他的作品看出个老在创作上是下过一番功夫的。像那幅水墨淋漓的玉兰花,题上了一尘不染的款,一股清气;另一幅打毛线衣的作品,生活气息很浓,这都是个老追求创新的成果。个老为人很谦虚,记得1987年铁老遗作展在上海美术馆展出时,个老也来参观了，由两位年轻人扶着走进了展厅，个老对着叔父的一幅墨梅中堂说"瘦铁这幅梅花实在画得好"，而且看了许久，记得个老有方印章，刻的是"学到老"三字。想起个老当时已经八十多岁了，还是那么专心学习，而且很谦虚，这是我们后辈的好榜样。

瘦铁先生是我的叔父，大家已谈了不少，我想我以书面补充谈三点：第一，他历史上在上海有如下几项颇为重要的活动：自民国时期他即任上海美术专科学校教授，后被聘为国画系主任，也许是因他擅长于山水、花卉又学有大成的缘故吧！而在社会活动方面，他又曾与海上名家郑午昌、贺天健、孙雪泥等组织过"中国画会"。听陆抑非先生告诉我，叔父任会长。他还参加过蜜蜂画社，参加和主持过海上题襟馆、红叶书画社、素月画社、停云书画社等书画篆刻组织，前些年还听到朱孔阳老前辈告诉我，叔父还参加过萍花诗社，很早就向张子祥、高邕之等前辈请教画艺，在当时的艺坛上显示出他才华横溢的锋芒。他的艺术成就是从博采众长和勤奋苦学中得来的。他的治学精神是精益求精的。在出版方面，他主编过《美术生活》画报，影响后学匪浅。1949年后他入上海中国画院为画师，专心艺事，曾老年入川，过三峡，上青城，游都江堰，再越秦岭而西安，胸襟为之宏阔，作书画也更见老辣，作篆刻也更具奇崛之气。第二，他在中日近代书画篆刻交流史上也有着不可磨灭的记载：他1923年就东渡日本进行文化交流，颇受日本著名画家桥本关雪的赏识，把叔父誉为"东亚奇才"。在日本京都的游览胜地"白沙村庄"（现为桥本关雪纪念馆），那里收藏着数十件书法与篆刻，在叔父去世的7年后，1974年就举办过"钱瘦铁刻桥本关雪遗印展"，次年又举办了"钱瘦铁遗芳展"。而在1994年则由桥本关雪纪念馆出面在京都举办了规模盛大的"桥本关雪、钱瘦铁交流回顾展"，展出叔父书、画、篆刻、书简等数十件作品，还印制了图录，为后世留下了关于钱瘦铁与日本艺术交流的最重要的系统资料。叔父以篆刻艺术布道东瀛，除了广交日本著名艺术家、文士之外，还积极介入日本的书法篆刻活动，比如：组织中日民间的书画团体"解衣社";任当时日本最大的《书苑》杂志的顾问编辑,发表过不少有关书法篆刻的评论文章,他以铁笔与日本著名书画家小杉未醒、桥本关雪、会津八一、中村不折、长尾甲、河井仙郎等交往,留下大批印作,使他成为中日近代交流史上的一代宗师。

第三,是他的爱国主义精神,1937年抗日战争前夕,在日本发表过对日本军国主义的侵略行为的强烈谴责言论,被军方注意,又因相救郭沫若氏秘密归国而代为受累,又以他违反《治安维持法》与间谍罪被关押。日本的警监审讯他时,要其下跪,他不仅不下跪,而且怒斥日警说:这不是侮辱我个人,而是侮辱我整个中华民族,并以身旁铜质烟缸痛砸日本宪警,后又以杀人未遂定罪。当时他在日本的较有身份的友人奔走与关怀下,三年半后被释放回国,时在1941年之夏。记得他曾对我说过这样一些话:他说他出狱时被两名警察从牢狱直接送至轮船上,对前来送他的日本友人都不准会面说话,只得挥手点头相送,日警在船上宣布他被驱逐出境,还说今后你将永远不能再踏上日本的国土,所以后来他在日本军国主义无条件投降后为了扬眉吐气,又以联合国占领军中国驻日本代表团文化秘书身份再次踏上日本的国土。上海解放不久,他就搭乘"美琪"号邮轮离日本归国,当时因上海吴淞口被美国第七舰队封锁不得已转道香港被延迟一两年后才返回上海。他还对我说过这样的话:"我在日本的各方面的条件很好,但我是中国人,我不愿做'白华',所以我回到了自己的祖国。"我感到叔父在近代的书画篆刻交流史上是名声大噪的,贡献是卓著的,恐怕同时代人中无与媲美,特别是从民国以来的书画篆刻家中,像他这样经过历险的除他之外恐无二人,我对此次画院领导组织展览与研讨会非常感激。我相信今后通过中日双方的共同努力,会对这位近代中日篆刻书画交流的前驱、具有坚贞不屈品格的艺术巨匠的业绩有深入的认识。

铁骨丹青
——钱瘦铁艺术作品展学术研讨会会议纪要

钱晟　整理

Painter of Fortitude:
Minutes of Seminar on Qian Shoutie's
Art Works Exhibition

Collated by Qian Sheng

时　　间：2018年10月12日 14：00
地　　点：中华艺术宫103会议室
主　　持：中华艺术宫顾建军副馆长
参会人员：中华艺术宫李磊馆长
　　　　　策展人薛晔博士
　　　　　澎湃新闻艺术版主编顾村言
　　　　　艺术评论家石建邦
　　　　　上海社会主义学院周武研究员
　　　　　上海中国画院画家萧海春
　　　　　美术史家江宏
　　　　　上海师范大学邵琦教授
　　　　　上海人民美术出版社副总编乐坚
　　　　　程十发纪念馆陈浩博士
　　　　　钱瘦铁家属等

顾建军： 今天，主要围绕着钱瘦铁的艺术创作的成就，邀请各位专家一起做些梳理，希望这次展览能带动今后对钱瘦铁的研究。在研讨会开始之前，有一个简短仪式，钱老的家人今天特别向中华艺术宫捐赠一套钱瘦铁的印谱，借此机会，在各位专家老师的见证下，向他们的家人表示感谢。

李　磊： 今天的展览和研讨会有赖于钱瘦铁先生留给我们宝贵的文化财富。这次展览主要是中华艺术宫和上海美术馆馆藏的钱老的绘画作品。作为金石大家和书法大家的钱先生，他的作品并没有完全的呈现，这次的展览仅仅是个开始。今天家属捐赠的这套毛主席诗词的印谱是钱瘦铁20世纪60年代创作的精品，可谓高峰之作，这将会成为今后中华艺术宫研究钱老艺术的重要资料之一。

这次展览的契机是几年前顾村言和我们一起作"文心雕龙"时，大家反复商量如何把中国文化和海派文化的艺术精品进一步发掘和弘扬的结果之一。除了现在已经为大家所了解和熟知的之外，还有哪些是需要进一步发掘的？我们一致认为钱瘦铁先生是其中很重要的一位。从国际交流上看，钱瘦铁对东洋（日本）起到很大的影响。尽管到了近代，中国在经济、政治上曾一度受到列强的压迫，但文化上，一直受到日本有识之士的尊重，这是特别值得关注的。就国内看，谈到长三角一体化，谈到江南文化的时候，我们也不妨尝试从钱瘦铁切入，思考下海派文化与江南文化之间的一脉相承、水乳交融的关系。当然由于之前对他的研究相对较少，系统看到他作品尤其是绘画作品的机会不多，影响了对他的了解。我们该如何再认识、挖掘和再弘扬他的艺术？我与上海人民美术出版社的乐坚曾讨论过，我们希望今后有机会可以将其作品汇集出版，这是为文化积功德的事情。

本次展览由薛晔博士策划并做了初步研究，今天的研讨会希望各位专家从各自的研究领域切入分析，帮助我们把研究进一步深入。也希望通过媒体对社会进行传播，把我们的研究成果展示出来，让文化界、美术界眼睛一亮，让大众看到蒙尘的明珠又一次发光。

江　宏：　我觉得办钱瘦铁的画展和研讨会，对海派绘画、篆刻、书法是一个壮举。钱瘦铁的书法、篆刻、绘画是很雅的，以雅为主。当然，他也有一些"大跃进"时期的应酬作品，这是一种对社会的应酬之作。从他的金石与绘画，书法与绘画可以看到他根子里的文人气。什么是文人画？海派里文人画的地位是什么？很多人对文人画的认识有偏颇，认为文人画的就是文人画。我认为文人画是文人表现自己心境的绘画形式，有三条：文人画一定是文人画的；所有文人画的画不一定是文人画；能用笔墨表现心迹，具有自己的心象，有个人特征的，比如八大山人的作品就是文人画。

钱瘦铁是上海很典型的文人画家。他的书法、篆刻把他的审美提到很高。有了这种审美做根基，他自然可以把自己底蕴表现出来。为什么在众多海派画家中他能保持自己的风格？一说到海派就想到雅俗共赏，受市场欢迎，但钱瘦铁的作品就是文人画的典型。通过此次会议和展览把钱瘦铁发扬光大，也就是对海派文人画的发扬光大。

萧海春： 在我印象里，海派无派，但一个地方绘画发展，没有一个派是不行的。文化不是靠热闹搞起来的。海派的特点在哪里？高点在哪里？中国画要有一个源头的东西。太多元就令大家束手无策。文化的归拢是一个艰难的过程，只有有人做，才有高度。中国画院里的老先生里面我最崇敬的三位画家：钱瘦铁、谢之光和来楚生。老先生们对那个时代是真心诚意的，钱瘦铁先生的那张彩色的外滩公园简直像张宗教画，情感上是非常真诚的，没有虚假。我特别喜欢他的新时代题材的画，很有创意，从对色彩的探索来看，非常大胆的配色，很多人都受其影响，尤其是程十发。可惜他被时代旁落，时代不选择他做主流，虽然他非常落寞，但值得尊敬。中国画本身的内核，从南北宗看，江南文化与董源一脉相承接的，文化的根要竖起来，明确起来。西方有许多人围绕人创作，从原始的到当代的，表现人的情感入手，看东西是盯着一个点上的。但中国人对世界的看法不会这么极端，中国人的山水精神中每个人都有各自的特点。文化不同于其他，文化不是不停"扬弃"，旧文化和新文化都是有价值的。如何从文化断层中区别对待，按现代人的理解来挖掘传统？那就是不要把传统作为过去时，不要觉得今天的肯定比过去的好，其实根本不是这么回事。

江南文化是应该梳理的。以前傅抱石是南京中国画坛的代表，北京是李可染，杭州是黄宾虹，但是五六十年代海派被称为中国画的半壁江山的上海呢？钱瘦铁不仅代表中国人精神的至高点，也代表了海派中国画非常集中的一个典型，但他一个人太单薄,应该有更多人。虽然现在再谈钱瘦铁已经有些太晚,但晚谈总比不谈的好。

邵　琦：　第一,我想谈谈绘画与文化的关系。钱瘦铁的画并不讨喜,欣赏他有一个门槛。不是单纯的视觉感官愉悦,而是内心的需要。钱瘦铁用颜色,有时候是比较明亮的,体现海派的一种元素。我认为近代以来的新文化运动是一种向下普及,而不是向上提升的运动,有以高就低的趋势。钱老在当时一定是落寞的,但当我们感到心灵、精神需要提高时,重新认识钱瘦铁和他的时代,重新赋予他应有的艺术和历史地位,其实也是对我们时代文化的一种重新认识。第二,海派中间的文人画家概念,值得去研究。海派不仅仅代表诗、书、画、印四绝,更包含中国文化最重要的核心——人品,包括文人的内心、含蓄、敦厚温柔等。对海派的研究一直都过分强调其市民化、世俗化的一面,如今钱瘦铁的这个展览,把口子撕开,看到了海派文人画的一面,可能是更精彩,对时代和未来意义更大。美术史的撰写,应该如何去重新整理,如何突破对那个时代阶级斗争的范围,而重回文化的建构中,是值得我们思考的。

石建邦：　对钱瘦铁先生的作品,我是很有感情的。二十多年前,我与钱瘦铁之子钱明直先生熟悉,由此观摩了很多钱瘦铁的书画印作品。随着岁月的积累,越来越体味到金石气远比漂亮画好。2012年,在日本京都的银阁寺下偶遇日本的画界泰斗桥本关雪的故居"白沙村庄",觉得异常淳朴雅致。在那里,我看到桥本先生与钱瘦铁的合影,看到了一巨石上写"郁勃纵横",觉得用来概括钱瘦铁先生的艺术特别贴切。钱瘦铁先生的书法得自《张迁碑》,有汉碑的厚拙之味。钱瘦铁的第一位老师郑文焯(郑大鹤)是大文豪,不但学问好,在钱老求知欲最强的十四五岁教其诗文,而且还介绍其给吴昌硕。钱瘦铁的隶书与篆书,与众不同。题画风格也是随心所欲,为我所用,有司马迁的"雄声雅健"的味道。他的篆刻被认为是继缶翁后的另一个高峰。李可染有两方章,"可贵者胆""所要者魂",皆为钱瘦铁所刻,非常合李先生的大气魄。钱瘦铁先生的写景能力很强,水田、村庄与红太阳准确而生动,用色大胆不俗,不拘一格。

周　武：　　　太平天国将江南数百年精华扫荡已尽,大批江南画家尽归上海,与上海文化融会,汇集海上画派。义和团运动,北方大乱,京城沦陷,大批士人一部分入西安,一部分被接到上海的,对上海文化的影响很大。1910年,上海成为江南新人文的中心,新文化的渊薮,新文化的枢纽。海派的精髓在何处？第一个精髓在其融会。融会古今,融会中西,融会不同艺术样式,如钱瘦铁先生自称书第一、印第二、画第三,其实我们仔细看可见三者的融会贯通。第二个精髓在其市场化。正因为海派文化融汇中西的特点,加上非常成熟的文化市场,这样的沃土才让更多的优秀艺术家在上海成长为"参天大树"。

陈　浩：　　　近年来我们一直致力于研究20世纪百年以来的艺术大家。去年,我们程十发艺术馆举办了钱瘦铁诞辰120周年钱明直80寿辰的展览,借此契机,我们特别研究了钱瘦铁先生与其他海派画家的区别。他铮铮铁骨的品性,他雄健苍茫、以墨代笔的方法等,对于当时包括程十发在内的一批年轻画家都产生过极大的影响。

乐　坚：　　　上海人民美术出版社每隔三四年都会对艺术家进行一次梳理。七八年前,我开始关注钱瘦铁先生的作品。从绘画的角度,我一直在研究艺术家的败笔问题,钱瘦铁笔墨线条里面的拙味与不确定性,很自然流出来的感觉,与其他画家很不一样,导致我想要出一本他的画册。现在我们正在编辑钱瘦铁画册,期望明年问世后,会让公众对钱瘦铁有一个更为全面的了解。

顾村言：钱瘦铁有一种胸怀天下的精神，他的艺术作品就是"以画为寄"。而"'铁骨丹青——钱瘦铁艺术作品展'就是对海派精神的重铸，也希望中华艺术宫能通过更多展览将中国文化的写意精神延续下去。"

薛　晔：作为策展人，首先要感谢对这次展览给予很大帮助的了庐、郑重、顾村言三位先生以及钱瘦铁家属。这是中华艺术宫第一次系统展出馆藏钱瘦铁作品，这次从馆藏的180余件作品中精选89件，如果以后条件允许我们也会考虑进行更换。我对钱瘦铁的认识应该是随着展览的筹备和策划而循序渐进的。以钱瘦铁为代表的这一代艺术家所经历的诸多变幻是以往任何一个时代都无法比拟的。对于那个特殊年代生存的一代人而言，他们的艺术更有一种语义叙述的沧桑感。

从艺术风格上看，钱瘦铁的绘画作品还是非常传统的。他借助传统书法艺术中那种挥洒自如的笔姿和多变而寄寓感情的线条表现其胸中丘壑，乍看之下，似曾相识，如是石鼓文之气质雄浑，古茂遒朴，细而辨之却依然写其胸中逸气尔。在似与不似之间画家的思想感情借画面和观者交流，这正是在传统绘画中早已为人所认识的"气韵生动"的体现。钱瘦铁独特的人生经历，他的铮铮傲骨，他扎实的传统艺术素养以及通古变今的艺术探索，张扬了独创意识，光大了中国文化艺术精神和视觉审美领地。他的艺术为后学昭示了不迷古不媚洋的成功之路。中国画要有前途、有发展，没有独创精神不可能。希望本次展览可以抛砖引玉，为进一步研究以钱瘦铁为代表的那代艺术家为海派绘画乃至中国传统绘画所做出的贡献。

李　磊：本次展览取名"铁骨丹青"，丹青是表象，铁骨是核心。不管是从艺术上还是人生履历上，"铁骨"贯穿着钱瘦铁的一生。他笔墨中所透露出的"铁骨"精神，是我们特别值得倡导和推崇的，也是我们中华民族的脊梁。艺术是完整的，钱先生笔墨中透出的气息有追古又有开新，其中有些生涩而不完善的地方，或许正是其开新或性情使然，当然也和他特殊时期的生存际遇有关。今后我们还会进一步对钱瘦铁先生的社会意义、作品细节、生平做持续的研究。

编后记
Afterword

写在后面
钱 晟

Afterword
Qian Sheng

　　有关此书的缘起是2019年春节后我去拜访冯宁先生。他对中华艺术宫举办的爷爷钱瘦铁大展赞不绝口，但话锋一转，问："下一步，你准备为你爷爷做什么？"我一下子愣住了。"难道是办文献展？"我试探性地问。他笑着说："你爷爷的书法、篆刻、绘画作品集都已经出版过了，唯独没有一本研究或纪念他的文集出版，要让大家全面地了解他，我觉得这是最当务之急要做的！"于是，从那天起，我开始收集整理散落在各处的写他的和他写的文章，并特别邀请"铁骨丹青——钱瘦铁艺术作品展"的策展人薛晔博士一起参与编著工作以提高专业性。

　　此书与其说是一部文集，不如说是一套文献资料集，其中有之前发表于各类书籍、期刊、报纸、网络上的纪念或研究钱瘦铁的文章，有各类钱瘦铁作品集的序和跋，有中华艺术宫展览相关的讲座内容精选、观展感言，还特别录入了从民国期刊、珂罗版画册上找到的钱瘦铁亲自撰写的文章……由于想赶在中华艺术宫的钱瘦铁展览撤展前出版,本书从起意到成书只有短短的4个月,时间极为仓促,难免会存在星星点点的错处,请大家包涵和原谅。

  特别感谢周武先生百忙之中帮忙理出文集框架,并联系出版社,没有他的相助,此书是断然不可能这么快成书的!本书的出版还得到众多亲朋好友的无私帮助,在此一并感谢。

2019年4月15日午夜

图书在版编目（CIP）数据

铁骨丹青：钱瘦铁纪念文集 / 薛晔，钱晟编. —
上海：上海社会科学院出版社，2019
 ISBN 978-7-5520-2818-8

Ⅰ.①铁… Ⅱ.①薛… ②钱… Ⅲ.①钱瘦铁
（1897—1967）－纪念文集 Ⅳ.①K825.7-53

中国版本图书馆CIP数据核字（2019）第132579号

铁骨丹青　钱瘦铁纪念文集
PAINTER OF FORTITUDE
Festschrift of Qian Shoutie

编　　者：	薛　晔　钱　晟
责任编辑：	王　睿
封面设计：	周清华
出版发行：	上海社会科学院出版社
	上海顺昌路622号　邮编200025
	电话总机021-63315947　销售热线021-53063735
	http://www.sassp.org.cn　E-mail: sassp@sassp.cn
排　　版：	南京展望文化发展有限公司
印　　刷：	上海新文印刷厂
开　　本：	710×1010毫米　1/16开
印　　张：	21.5
字　　数：	341千字
版　　次：	2019年8月第1版　2019年8月第1次印刷

ISBN 978-7-5520-2818-8/K·519　　　　　定价：88.00元

版权所有　翻印必究